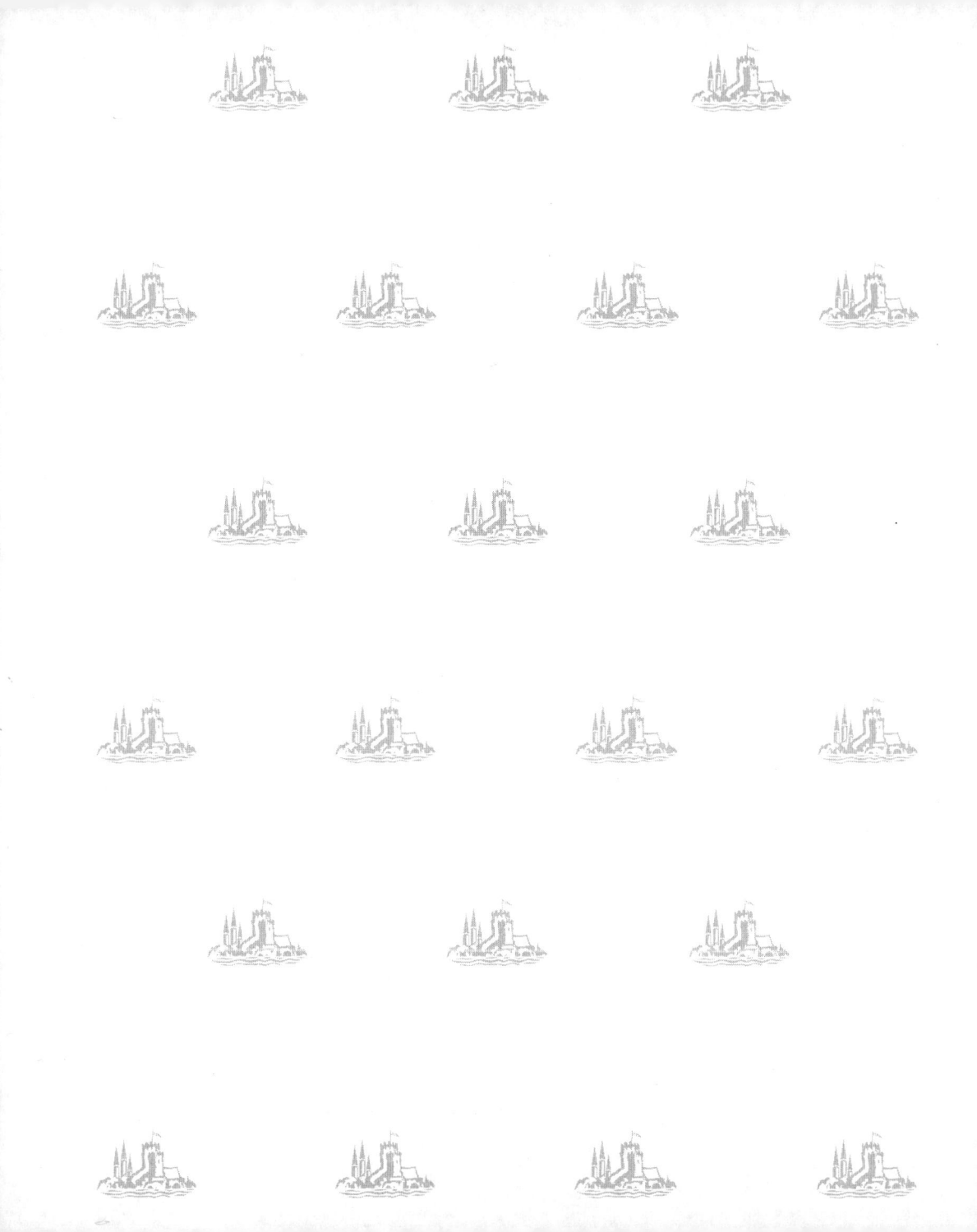

Typisch
Schlesisch

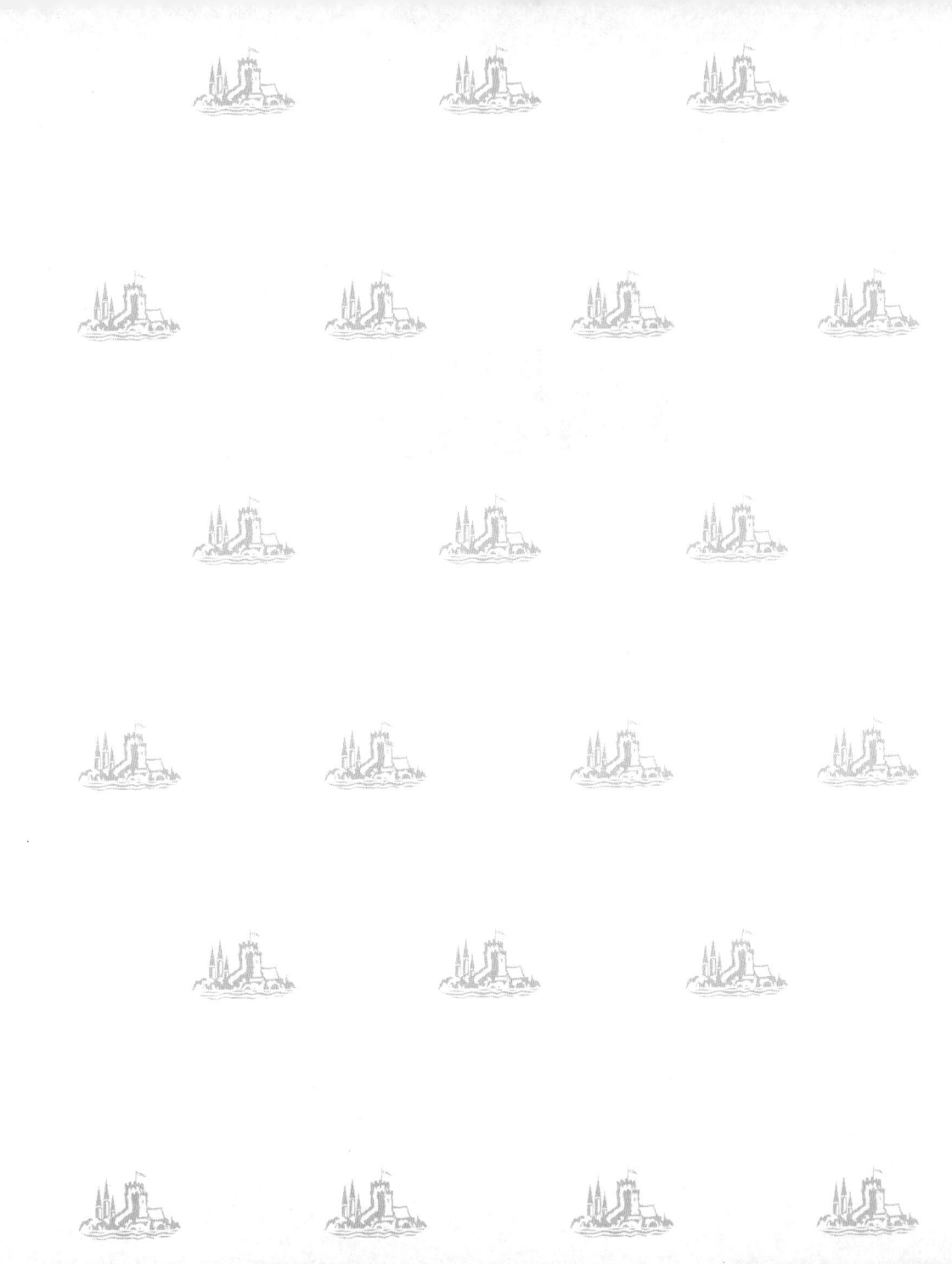

Hajo Knebel

Typisch Schlesisch

FLECHSIG TYPISCH

Umwelthinweis:
Dieses Buch und der Umschlag wurden auf chlorfrei gebleichtem Papier gedruckt.
Die Einschrumpffolie – zum Schutz vor Verschmutzung –
ist aus umweltverträglichem und recyclingfähigem PE-Material.

Zeichnungen von Helmut Hellmessen, Maintal

Trotz intensiver Bemühungen war es nicht möglich,
alle Rechteinhaber zu ermitteln.
Wir bitten diese sich an den Verlag zu wenden.

Sonderausgabe für Flechsig-Buchvertrieb
Genehmigte Lizenzausgabe für Verlagshaus Würzburg GmbH & Co. KG, Würzburg
© Stürtz Verlag GmbH, Würzburg
Originalausgabe: Weidlich Verlag, Würzburg
Printed in Spain 2001
ISBN 3 – 88189 – 409 – 8

Inhaltsverzeichnis

Einführung

von Hajo Knebel

Typisch schlesisch? – Nichts leichter und einfacher als das – für einen geborenen Schlesier jedenfalls. So habe ich gedacht, als ich, vor Jahren, mit den ersten Vorarbeiten zu diesem Buch begonnen habe, nichts leichter und einfacher als das ...
Inzwischen freilich bin ich vorsichtiger geworden, gedämpfter in meinem Optimismus, bescheidener in meinen Hoffnungen, Vorstellungen und Erwartungen, verzagter angesichts der meterhoch in meinem Arbeitszimmer gestapelten, in vielen, vielen Arbeitsstunden durchblätterten, studierten, gelesenen ,Schlesica' (heißt das so?), der Almanache, Jahrbücher und Kalender, der Zeitungen, Zeitschriften und Festausgaben, der Erinnerungsbücher, Geschichtswerke, Landschaftsbeschreibungen, der Anthologien, Gedichtbände und Volksstück-Sammlungen, der Gesamt-, Einzel- und Detaildarstellungen, der landes-, volks-, sprach-, heimatkundlichen Abrisse, Übersichten und Überblicke, der Periodica, der Raritäten auch, der Memorials und mitunter sogar der Kuriositäten.

212 eng bedruckte Seiten umfaßt allein der Katalog ,Schlesien – Nieder- und Oberschlesien' der Düsseldorfer Bibliothek: Die Fülle des Schrifttums aus und über Schlesien, die schier unübersehbare Menge gedruckter Literatur aus und über Schlesien, von und über Schlesier, der Reichtum und die Vielfalt des Materials erfreut und beglückt, schüchtert aber zugleich auch ein und erschreckt, macht den Herausgeber, wenn nicht mutlos, so doch zumindest bescheiden, dämpft den anfänglichen Überschwang, raubt Illusionen, ernüchtert, verstärkt die Zweifel an Sinn und Nutzen eines solchen tollkühnen Unterfangens, führt zu Selbstzweifel und stellt mehr Fragen, als es Antworten gibt: Was könnte ein neues Buch über Schlesien und über die Schlesier da schon bieten?

✻

Typisch schlesisch – diese Zweifel und Selbstzweifel? Typisch schlesisch auch die in der Fülle des bereits vorliegenden gedruckten Materials zum Ausdruck kommende Mitteilungsfreudigkeit dieses Volksstammes, seine Redseligkeit und Schreiblust, ja -sucht, die Freude daran und die Fähigkeit dazu, etwas aufzuschreiben, mitzuteilen, wiederzugeben, festzuhalten? Das ‚Labern' – typisch schlesisch?

Jeder Schlesier, wenn nicht gar ein Dichter, so doch wenigstens ein Schriftsteller? Die Schlesier, ein deutscher Volksstamm von lauter Schreibern; und natürlich auch – o weh – von Kritikern und Kritikastern, von berufenen und befähigten, selbsternannten und unberufenen Rezensenten, von Anders- und Besserwissern, von Nörglern und Meckerern (da kann einem schon angst und bange werden, o Lerge), ein Stamm von Viel- und oft sogar auch von Gut-Schreibern (nicht nur von Guts-Schreibern)?

Liliencrons Spott von den 666 schlesischen Dichtern und Poeten gilt längst nicht mehr; 999 sind es inzwischen bestimmt geworden, 999, wenn nicht gar noch mehr. Welche andere deutsche Landschaft, Schwaben vielleicht ausgenommen, könnte sich rühmen, eine so reiche, vielfältige, fruchtbare Literatur hervorgebracht, so viele Poeten besessen, so viele Dichter und Schriftsteller jeglicher Colour gezeugt, genährt, getragen und oft auch bloß ertragen zu haben; und dazu noch der ganze Kometen-

schweif der Dichter- und Schreiberlinge, der Auch- und Möchtegernschriftsteller, der wirklichen Begabungen, der überragenden Talente, der eingebildeten Versedrechsler, der verhinderten Poeten, der Schubladenschreiber, der Hof-Rühmlinge, der Heimat- und Mundartsänger, der Lobpreiser und Lobhudler.

Arno Lubos hat in seiner dreibändigen Literaturgeschichte Schlesiens, bereits ausgewählt und vorsortiert, auf insgesamt 1728 Druckseiten etwa 3600 Autoren (auf hundert mehr oder weniger kommt es dabei gar nicht mehr an) verzeichnet, in Band I von Abt bis Zwingli, in Band II von Rudolf Aberle bis Paul Zychtinski, in Band III von Johann Acaluthus bis Zdzislaw Zygulski; und der ‚Kürschner', Kürschners Deutscher Literaturkalender, das einigermaßen vollständige und ziemlich verläßliche Nachschlagewerk literarischer Namen und Eitelkeiten, vermeldet unter den etwa 8000 deutschsprachigen Autoren der Jetztzeit bei nahezu 1200 den Zusatz „...geboren in Schlesien".

Typisch schlesisch also dieser Drang zum Höheren; typisch schlesisch dieser mitunter fatale, oft verräterische, manchmal auch unglückliche, mißratene, selbstquälerische, entblößende, nicht selten Wechselbälger zeugende und gebärende, meist jedoch anheimelnd-liebenswerte Hang dieses Volksstammes zur Literatur und zur Poesie? Typisch schlesisch freilich auch das, was mein Freund Egon H. Rakette, geboren in Ratibor, aufgewachsen in Breslau, rein närrisch vor Freude darüber, daß die Oder immerzu die Oder und die Schneekoppe immerzu die Schneekoppe bleibt, als ‚Binsenwahrheiten‘ seinen und meinen Landsleuten ins Stammbuch geschrieben hat?: „Den schlesischen Landsmann erkennt man zwar immer an der Anstecknadel, weniger oft aber an seinem Bücherschrank.“ Und: „Wenn vier Millionen Schlesier jedes Jahr nur ein Buch kauften, gäbe es jedes Jahr vier schlesische Buchmillionäre unter den Autoren. Das wären in einer Generation einhundertzwanzig Buchmillionäre. So viel Dichter gibt's ja gar nicht. – So viel Buchkäufer schon lange nicht.“

Anmerkung und Nachtrag: Daß es so viele Dichter in einer Generation Schlesier nicht geben sollte, das mag füglich bezweifelt werden. Der Augenschein der Schneekoppenberge schlesischer Literatur spricht da gar anschaulich eine andere Sprache. Daß es jedoch so viele Buchkäufer unter den Schlesiern nicht gibt: jeder Verleger, jeder Buchhändler, jeder heute lebende schlesische Autor wird's seufzend bestätigen; aber vielleicht – schönste, verzweifelte Hoffnung – widerlegt die Nachfrage nach diesem Buch die pessimistische Ansicht. Schön

wär's; und dem mutigen Verleger, dem bisher noch nicht reich, nicht einmal wohlhabend gewordenen Autor und seiner Familie, den Schlesiern insgesamt ‚dieserhalb und desterwegen‘ wär's von ganzem Herzen zu gönnen.

✻

Es wäre nun freilich auch einmal ernsthaft zu untersuchen, zu hinterfragen und zu fragen, zu erforschen, zu klären, auszudeuten und zu begründen, nein, nicht, woher diese schlesische Abstinenz gegen Bücherkäufe, aber woher dieser poetische, dieser fast schon wieder erschreckende, beinahe furchteinflößende literarische Reichtum Schlesiens und der Schlesier, zumindest doch seit der Zeit des Barock und in den Dezennien der Romantik, kommt, was Schlesien zu einem solchen Laichplatz der Literatur gemacht hat, wo die Wurzeln, Ursachen, Hintergründe und auch Abgründe und Abgründigkeiten der glücklich-unglücklichen Liebe des Schlesiers zum Literarischen liegen, herkommen und hinführen: im Abgründigen, Vieldeutigen des schlesischen Charakters, im Gedoppelt-Sein seines Wesens, im „Juju-neenee“ der Schluck- und Jau-Seele, in der schlesischen Unentschlossenheit, Wankelmütigkeit, Unsicherheit, Vielfältigkeit, im schlesischen Umhergetriebensein des

„Weinen möchte ich, heulen wie ein Schoßhund, so glücklich bin ich"? Liegt's an der Herkunft dieses Volksstammes aus fränkischem, bayrischem, niederländischem, luxemburgischem, moselfränkischem, rheinischem, hessischem, thüringischem, sächsischem Geblüt, an seiner Mischung aus deutschen, flämischen, polnischen, wendischen, sorbischen, böhmischen, schwedischen, kroatischen, litauischen, pruzzischen, tschechischen, russischen, slowakischen, tartarischen, hunnischen, mongolischen, germanischen, illyrischen und werweißwasnoch-für-Vorfahren, an diesem Gebräu aus preußischem, österreichischem, böhmischem, jüdischem, polnischem, wohl auch italienischem und französischem Geist?

Man könnte lange darüber nachdenken, welches Gemisch der Schlesier in diesem Schmelztiegel der Rassen und Völker, der Stämme und Gruppen, in dieser Völker-, Bluts-, Glaubens- und Geistesmühle nun eigentlich ist? Der Schlesier als solcher – aber welcher Schlesier nun: der Ober- oder Niederschlesier, der Grafschafter aus der Glatzer Ecke oder der Niederlausitzer, der Gebirgler oder der Oderschlesier, der preußische Schlesier, der österreichische Schlesier, der sächsische Schlesier, der brandenburgische Schlesier, der Ostoberschlesier, der Schlesier, vorzüglich der Breslauer, in Berlin, der Bauer, der Städter, der Wäldler, der Bergmann, der zweisprachig Aufgewachsene, der Deutsche mit dem slawischen Namen, der Pole mit dem deutschen Namen (und vom Herzen soll hier gar nicht gesprochen werden), der im Lande Geborene und Aufgewachsene, der Zugereiste, der hierhin Umgesiedelte, der hierhin Vertriebene, der von hier Fortgejagte, der hier Hängengebliebene, der hierhin Verschlagene, der Emigrant, der Flüchtling, der Zillertaler aus Tirol, der Hugenott' aus Frankreich, der vor einem Progrom in Wilna oder Lublin hierhin Gerettete, der Breslauer, der Liegnitzer, der Bunzlauer, der Schlesier aus der Heide, der aus dem Mittagsland, der von der andern Oderseite, der von der Herren- oder Lausigel-Seite, der Isergebirgler, der Riesengebirgler, der jüdische Viehhändler aus Tarnowitz, der millionenschwere Hütten- und Bergwerksbesitzer, der unermeßlich reiche Adlige, seine Stallmagd (die ihm vielleicht die schönsten Kinder gebar), das arme Kräuterweiblein, der Tagelöhner, der kleine Landwirt auf magerer Scholle, der Goldsucher, der Glasbläser, der Leineweber, der Holzknecht, der Oderschiffer, der Flößer, der Pastor, der biedere Handwerker, der Gottsucher, der Spintisierer, der Gottflucher, der Heide-Imker, der Zechenkönig, der Baudenwirt, der Töpfer, die Butterfrau, der Rabbi von Kreuzburg, das Gänseliesel, der wandernde Scholar, der . . .: Ein seltsames, ein merkwürdiges Völklein, diese Schlesier, die heute immer kostbarer, weil immer seltener werden. Ein aussterbendes Völklein gar? Da sei Gott vor.

Die Schlesier? Dies tälsche Vulk: Uneins, zerrissen, unterschiedlich, gegensätzlich, einander herzlich zugetan und zugleich einander herzlich gram und spinnefeind, unterschiedlich selbst in der Sprache, in der Mundart, unterschiedlich im Glauben, unterschiedlich in Herkunft, Rang und Stellung, unterschiedlich im landschaftlichen Daheim, unterschiedlich in Auffassung, Geistesgaben und Meinung; einig vielleicht nur darin, sich möglichst wenig einig zu sein; die Heimat, die schlesische Herkunft verleugnend, versteckend, beschimpfend und doch zugleich wieder stolz darauf, Schlesier zu sein, aus Schlesien zu kommen, schlesische Heimat und Herkunft mitunter pathetisch-triefend beschwörend und lobpreisend; heimwehkrank ein Leben lang, heimwehkrank bis zum letzten Atemzuge, heimwehkrank schon zu jener Zeit, da sie noch ‚derheeme‘ waren und in der ‚Heemte, der guldenen Heemte, im lieben Schläsing‘ lebten: Die Schlesier, ein Leben lang nach dem wahren Schlesien wie nach dem wahren Jerusalem suchend! Ach, ihr meine lieben, guten, dummen, einfältig-schlauen, ihr träumend-verträumend-tätigen, liebens-

würdig-liebenswerten, gutmütig-gemittlichen (mitunter freilich auch arg ungemütlichen, einem auf die Nerven und aufs Gemüt fallenden), ihr widerborstig-dickschädeligen, jeder Entscheidung ausweichenden, allen Seiten recht gebenden, keinen Schnaps stehen lassenden, stets zu Spiel und Spaß, Tanz und Festlichkeit aufgelegten, frommen-unfrommen, heidnisch-abergläubischen, überaus toleranten, grundehrlich-fleißigen, um die Heimat betrogenen, dennoch nicht verbitterten, selbst im tiefsten Unglück noch nach Glück suchenden und Glück findenden, ihr himmelhochjauchzenden und doch auch trübetümpelichen, ihr allezeit verläßlich-treuen Schlesier: Wie lieb ich euch; wie haß‘ ich euch; wie sehr bin ich selbst ein Schlesier durch und durch! (Hätte ich anders dies tollkühn-selbstmörderische, verzweifelte Wagnis eines neuen Schlesien- und Schlesier-Buches auf mich genommen, längst schon zwischen Hoffnung und Resignation schwankend, zwischen Himmel und Hölle balancierend? Typisch schlesisch, sagen Sie?)

Typisch schlesisch: diese Haßliebe, dieser Selbstzweifel, diese Unentschlossenheit und Unentschiedenheit, diese fehlende Entschlußkraft, dieses Schwanken, dieser Wankelmut, und doch zugleich auch diese Treue im einmal Begonnenen, diese Verläßlichkeit im einmal Angefangenen, diese Festigkeit trotz allem: Und sollte es in die Hölle gehen, so möchte ich auf diesem Wege einen Schlesier an meiner Seite wissen. Vor'm Teufel sollte mir da nicht bange sein. Wer einen Schlesier zum Gefährten hat, braucht sich vor nichts und niemand mehr zu fürchten (allerhöchstens noch vor seinem Begleiter).

*

Auch dieses Buch wird all die schlesischen Rätsel nicht lösen, die Geheimnisse nicht enthüllen, die Besonderheiten nicht klären, die Eigentümlichkeiten nicht an den Tag bringen: Auch dieses Buch – es müßte eben kein schlesisches sein – dürfte mehr Fragen stellen als Antworten wissen.

Typisch schlesisch? Der eine wird dies vermissen, der andere jenes; der dritte wird beides für überflüssig finden. Ich habe das ausgewählt, was mir selbst als typisch schlesisch unauslöschlich in der Erinnerung geblieben ist, also das Altbekannte, Altvertraute, das Liebgewohnte, das in der Kindheit und Jugend Erlernte, Erfahrene und Erlebte, das von der Mutter und Großmutter Gehörte, das Charakteristische aus Sage und Volksmund, aus Geschichte und Überlieferung, aus Liedgut und Volksleben, aus Sitte und Brauchtum, aus Küche und Keller; und ich habe daneben und dazwischen ein

paar neue Tupfer gesetzt, ironische Anmerkungen, verfremdende Schlenker; Texte also, die manches Gewohnte anzweifeln, in Frage stellen, zurecht- und geraderücken, Texte, die neu, und Texte, die weithin noch unbekannt sind.

*

Typisch schlesisch? Selbst aus den Klischees und Vorurteilen, aus den Zerr- und Spiegelbildern ließe sich mühelos eine nicht einmal falsche schlesische Landes-, Volks- und Heimatkunde entwerfen. Der Fülle der Bilder, Eindrücke und Namen könnte man sich (und kann man sich) nicht entziehen: Rübezahl und die Schneekoppe, die ,ale Gake' (Schneeeee-Koppe!); das Riesengebirge im Winterkleid und der umkämpfte Annaberg; Breslauer Lerge und Glatzer Nazla; Antek und Frantek; Pierunje bei Gleiwitz und Kattowitz – umsteigen; Hanneles Himmelfahrt und die Armut der Weber; Gerhart Hauptmann und Joseph von Eichendorff; „O Täler weit, o Höhen..." und das oberschlesische Zechen- und Hüttengewirr, in Rauch und Lärm gehüllt; der Kahn der fröhlichen Leute auf der noch blauen Oder von einst und die Jahrhunderthalle; Sängerfest und Turnerfest; der Zobten im Abendsonnenschein und die Reifträgerbaude im Schneegestöber; der saure Grünberger Wein und die abge-

12

schnittenen Christenohren nach der Schlacht auf der Wahlstatt; Friedenskirchen, Hakenkreuze und brennende Synagogen (ja, auch das war Schlesien und gehörte dazu); der Blütenduft in der niederschlesischen Heide; das Lied der Dreschmaschine; der Herbstwind über den Stoppelfeldern; der Eisgang auf der Oder; Stille und Sturm der Bergwälder; die Bunzlauer Kaffeekanne; die Liegnitzer Gurken; Christkindchesmarkt zu Breslau; die Burgruine Kynast; der schneidende Wind von Osten her; der sagenhafte Vogt Barthold und der Herr Garschin; schlesisches Himmelreich, Streuselkuchen und Mohnstriezel; das Quieken des geschlachteten Schweins; das Federschleißen; Mohnklößla; das Sommersonntagssingen „Rotgewand, Rotgewand..."; der Breslauer Dom; die blühenden Kastanienbäume im Frühjahr '45, als die Türme der Oderstadt wie Heu brannten und Breslau starb; „Rusla, wenn du meine wärst" und der wehmütige Klang des Volksliedes „Und in dem Schneegebirge"; der Trompeter an der Katzbach und der Choral von Leuthen; erste Liebe, erstes Leid; Wirklichkeit und Wahrheit; Legende und Überlieferung; Sage und Märchen; Spiegelbild und Traum: All das (und noch viel mehr) war (und ist) Schlesien und gehört zum Kapitel des typisch Schlesischen – oder?

Typisch schlesisch? Zaubernamen wie Malapane, Hotzenplotz oder Przemsa; Märchennamen wie Spillahulla, Klimtschok oder Melisona; Sagennamen wie der der Kunigunde von Kynast oder des Gotsche Schoff samt dem Vogel Greif; Dämonennamen wie Mora und Mara, die Mittagsfrau, wie der Skarbnik mit den roten Augen und der Utoplec mit der roten Mütze; Traumnamen wie Madeja, wie Einäuglein, Zweiäuglein und Dreiäuglein; Heiligennamen wie der der heiligen Hedwig, der schlesischen Schutzpatronin, wie der der Jungfrau Maria, der heiligen Katharina, der heiligen Barbara; Ketzernamen wie die der Töchter der Udillyndis; angsteinflößende Namen wie Hussiten, Tatern, Mongolen; Glaubensnamen wie Herrnhuter, Adventisten, Brüdergemeindler, Rosenkreuzler; Jakob Böhme und Angelus Silesius; Kosenamen wie ‚Herzepünkerle'. Typisch schlesisch das alles; wo freilich anfangen und wo aufhören (und schon diese Frage ist wiederum typisch schlesisch: der Schlesier liebt das lange Gemähre, erzählt umständlich, erzählt und erzählt, schweift ab und vergißt über all dem Erzählen allzugern die Pointe).

Typisch schlesisch also: Schweineschlachten und Schmackostern; Maiandacht und Marienwallfahrt; „Lätare, Lätare, die Stare kumm', die Stare..."; Pfingstmaien und Johannisfeuer; Kirmes und

13

noch einmal Streuselkuchen; die Paschbude und der Dorfkretscham; Oster-
wasserholen und das Lied von der
Vogelhochzeit; Kascheln über die Luschen, die Kitsche und die Potschen; das
Brüllen der hungrigen Kühe zur abend-
lichen Melk- und Fütterzeit; der Duft
von Bratkartoffeln überm Dorf; der
Klang der Abendglocke; Hans von
Schweinichen und Peter Wlast; die Tafelfichte, der Gröditzberg, der Zackelfall;
die Pestkiefer, der entengrützige Dorfteich; die weichwarmen Nüstern des
Fohlens von der Koppel; der verträumte
Waldsee bei Dreieichen; Hochwassernot
am Bober; Kachelofenwärme und Bratäpfelduft; der krumme Feldweg zwischen wogenden Getreidefeldern; und
rot und groß und rund und schön der
volle Mond überm Land; graue Miets-
kasernen in Breslaus Arbeitervierteln;
die funkensprühende Straßenbahn; der
gefallene Sechzehnjährige an der Neiße;
Brandschutt des niedergebrannten Dorfes; die erfrorenen Säuglinge zwischen
Breslau und Neumarkt im Straßengra-
ben; der überrollte Flüchtlingstreck; das
Heimwehlied: „... sehn uns wieder am
Oderstrand"; das alte Mutt'chen bettel-
arm; und wieder die brennende Syn-
agoge; und noch einmal: die Sonne über
der schlesischen Landschaft.
Ach ja, das Land war schön; das Land
war anders als andere Lande; die Luft

war anders; das Licht floß anders; die
Liebe zu diesem Land war (und ist) grö-
ßer als jede andere Liebe zu einer anderen Landschaft; und selbst der Himmel
stand (und steht) höher über Schlesien.
Und jeder von uns Schlesiern trägt sein
eigenes Schlesien in sich, ein anderes
Schlesien als das des Nohber, ein eigenes, unverwechselbares, nichtaustausch-
bares Schlesien, ein Schlesien der ganz
persönlichen Erinnerungen, Gefühle, Eindrücke, der ureigensten Empfindungen,
Heimlichkeiten, Sehnsüchte, ein Schlesien
der Kindheit, der Jugend, der Schulzeit,
des Erwachsenwerdens, des Erwachsen-
seins, des Alters, der ersten wehsüßen
Liebe, des ersten tiefen Leids, des un-
stillbaren Wehs, ein Schlesien des Ab-
schieds, der Trauer, der Not, des Glücks,
der Enttäuschungen auch, ein Schlesien
des Friedens und des Untergangs, der
kriegerischen Verwüstung, der leidvollen
Erfahrung, ein Schlesien der Gräber, der
Hoffnungen, des Trostes, ein Schlesien
der Schmerzen, ein Heimwehland des
Herzens.

*

Ja, was ist nun also typisch schlesisch?
Die Mundart? Aber – welche Mundart?
Das Neiderländische, das Gebirgsschle-
sische, das Wendische, das Tschechische,
das Böhmische, das Polnische, das Schlesische der Nieder- oder Oberlausitz, das

harte Oberschlesische, das Wasserpolnische, das Schlesische der Zillerthaler, das des Riesen- oder Isergebirges, des Waldenburger Berglands, des Glatzer Schneegebirges, das Breslauische aus der Weißgerberohle? Typisch schlesisch? Von welchem Schlesier sprechen wir, von welchem Schlesien schreiben wir: Schlesien, ja – aber: wo liegt es?

Nein, nicht bloß zehnfach interessant, wie der alte Goethe (der damals noch fast der junge Goethe war) bei seinem schlesischen Besuch wähnte, war dieses Land; hundert-, meinetwegen auch tausendfach interessant war und ist es, unfaßbar eigentlich, facettenreich, ein Kaleidoskop: Immer, wenn man glaubt, man habe ein Zipfelchen der schlesischen Geheimnisse, der schlesischen Rätsel, der schlesischen Vielfältigkeiten und Unbegreiflichkeiten erfaßt, so tauchen gleich neue Zweifel und Fragen und Geheimnisse auf: Ein Land, das man nicht ausstudieren, ein Volk, das man nicht bis auf den Grund seiner Seele erforschen und kennenlernen kann, ein Volksstamm, der gut ist für immer neue Überraschungen, ein Völkchen auch, das sich selbst noch gar nicht kennt (und vielleicht auch nicht kennenlernen will).

*

Und doch muß es ja einen gemeinsamen Nenner für das spezifisch, das typisch Schlesische geben, sonst würden wir nicht den Schlesier unter den anderen deutschen Stämmen und Landsleuten erkennen und uns selbst nicht als Schlesier im Schlesier wiedererkennen. Nur: wer wüßte dies zu benennen, wer wüßte den gemeinsamen Nenner zu finden!

Es ist gewiß kein Chauvinismus, kein schlesischer Nationalismus, kein Revanchismus, wenn wir Schlesier heute so verzweifelt nach dem Schlesischen in uns, nach dem typisch Schlesischen an uns fragen und suchen. Wir suchen unsere eigene Seele, unsere eigene Identität; wir suchen uns selbst, um uns nicht zu verlieren; auch schlesische Landsleute sind mitunter Landsleute, die zwar die gleiche Sprache sprechen, sich aber dennoch nicht verstehen; und viele Schlesier haben ihre Heimat oft erst entdeckt, als sie sie bereits verloren hatten; und – auch das gilt, und das mag bitter sein, aber es gehört zur schlesischen Wahrheit – unter ihren schlesischen Landsleuten sind zu allen Zeiten die schlesischen Dichter Emigranten gewesen.

*

Das Buch will, um es noch einmal deutlich zu sagen, das typisch Schlesische beispielhaft aufzeigen und festhalten, in die eigene und die gemeinsame Erinnerung zurückrufen, um es so einzubringen in das größere Deutsche als einen nicht un-

15

wesentlichen Teil und Beitrag unserer Gemeinsamkeit: Ist nicht sogar dieser Vorsatz, dieser Anspruch ein typisch schlesischer? Freilich: was wäre Deutschland ohne Schlesien gewesen, das deutsche Volk ohne die Schlesier, Berlin ohne die Breslauer meinetwegen? (Und dies ist ohne Überheblichkeit gesagt und ohne den Vorsatz, an Grenzpfählen zu rütteln.)

✳

O jeckersch nee, beinahe hätt' ich jetzt 'was Wichtiges tatsächlich noch vergessen:
Ich schenke und schreibe mir dieses Buch über das typisch Schlesische zu meinem 50. Geburtstag als mein schönstes (und – hoffentlich/vielleicht) bleibendes Geburtstagsgeschenk. Ich habe es nicht in erster Linie für die Leser, nicht im Blick auf meine schlesischen Landsleute, nicht im Schielen auf allerlei Neugierige geschrieben, sondern wirklich zuallererst für mich ganz allein: Ich wollte wissen, warum und wieso, ob und wie, weshalb und weswegen, wodurch und womit ich ein Schlesier bin.

Ma mecht sprecha, es wär' nie meeglich? Doch, doch; es ist möglich, wie dieses Buch beweist.

Und, meinen Sie nicht auch, dies ist nichts anderes als: typisch schlesisch?

Simmern im Hunsrück,
19. Juli 1979,
an meinem 50. Geburtstag
Hajo Knebel

Schlesien – lexikalisch

Zur Wissens- und Gedächtnisauffrischung — nicht nur der Schlesier

F. A. Brockhaus

Schlesien — lexikalisch (1886)

Schlesien, ein ehemals zur Krone Böhmen gehöriges Herzogtum, wird geographisch in Ober- und Niederschlesien, politisch aber in Preußisch-Schlesien und Österreichisch-Schlesien geteilt.

1. *Preußisch-Schlesien* bildet eine der acht älteren Provinzen des preußischen Staates und umfaßt den Territorialbestand des preußischen Herzogtums Schlesien, mit Ausschluß des 1815 dem Regierungsbezirk Frankfurt einverleibten Kreises Schwiebus, dagegen mit Einschluß der Grafschaft Glatz, einiger böhmischer Enklaven, des 1815 von Sachsen an Preußen gekommenen Anteils der Oberlausitz und eines kleinen Teils des ehemals zum Kreise Krossen gehörigen Gebiets der Neumark, bestehend aus dem Städtchen Rothenburg am Queis und einigen Dörfern.

Die Provinz grenzt im Osten an Posen, Russisch-Polen und Galizien, im Süden an Österreichisch-Schlesien, Mähren und Böhmen, im Westen an Böhmen und Sachsen (Königreich und Provinz), im Norden an Brandenburg und Posen.

Als Schlesien an Preußen kam, unterschied man aus alter Zeit her

a) Niederschlesien oder die sogenannten neun alten Fürstentümer Glogau, Sagan, Jauer, Liegnitz, Wohlau, Schweidnitz, Breslau, Öls und Brieg nebst den Standesherrschaften Trachenberg, Beuthen-Carolath, Wartenberg, Militsch und Goschütz;

b) Oberschlesien oder die Fürstentümer Münsterberg, Neiße, Oppeln, Ratibor und Teile der Fürstentümer Bielitz, Teschen, Troppau und Jägerndorf, sowie die Standesherrschaften Pleß und Beuthen (ungefähr der jetzige Regierungsbezirk Oppeln),

c) die Grafschaft Glatz.

Die Provinz umfaßt 40 300 qkm und zählte (1880) 4 007 925 Einwohner, darunter 1 865 290 Evangelische und Protestanten, 2 082 038 Römisch-Katholische (überwiegend in Oberschlesien und der Grafschaft Glatz), 5554 sonstige Christen (davon 2158 Herrnhuter und Mährische Brüder, ungefähr die Hälfte aller im preußischen Staate) und 52 682 Juden (davon 17 543 in der Stadt Breslau und 24 348 im Bezirk Oppeln, namentlich in den Grenzkreisen auf dem rechten Oderufer); nach den vorläufigen Ergebnissen der Volkszählung von 1885 betrug die Bevölkerung 4 111 399 Seelen. Von der Gesamtbevölkerung sind ungefähr 78 Prozent Deutsche und 22 Prozent Slawen. Die Polen, mit der sogenannten wasserpolnischen Mundart, überwiegen im Regierungsbezirk Oppeln, woselbst sie im Osten der Oder etwa drei Viertel der Bevölkerung ausmachen. Im Westen der Oder nehmen sie nach und nach ab und verschwinden in der Höhe von Oberglogau und Leobschütz fast ganz, so daß die Glatzer Neiße von ihnen nicht mehr erreicht wird. Auf der rechten Oderseite zieht sich das polnische Element auch in den Regierungsbezirk Breslau hinein, wo sie in den Kreisen Breslau und Wartenberg etwa die Hälfte der Bewohner bilden, im Kreise Brieg zum letzten Mal die Oder berührend. Die Mähren wohnen im Süden der Zinna in den Kreisen Ratibor und Leobschütz. Die Böhmen, der evangelischen Kirche angehörend, sind erst durch Friedrich den Großen hereingezogen und wohnen in Kolonien in den Kreisen Glatz, Oppeln, Strehlen, Wartenberg und Großstrehlitz. Die Wenden leben in den Kreisen Rothenburg und Hoyerswerda.

Schlesien besteht seiner physischen Beschaffenheit nach aus Bergland und Flachland. Das Bergland umfaßt die kleinere Hälfte der Provinz und wird durch eine flache Talsenkung, das schlesische Längental, welches die Provinz in der ganzen Länge vom Ursprunge der Malapane im Osten bis zum Austritt der Schwarzen Elster im Westen durchzieht, in ein südwestliches und ein nordöstliches Bergsystem geschieden. Die nördliche Grenze des südwestlichen, sogenannten Schlesischen Berglandes bezeichnet etwa die Linie, welche Niesky mit Hainau, Kanth, Grottkau und der oberen Malapane verbindet und in einer Meereshöhe von 155 bis 180 m liegt. Ein Busen des Tieflandes erstreckt sich hier zwischen der Glatzer Neiße und der Oder in das Bergland hinein, fast bis an die österreichische Grenze. Von jener Grenzlinie erhebt sich das Land allmählich südwärts, bis es etwa 315 m an Seehöhe erreicht. Sodann entwickelt sich nahe der Grenze das Schlesische Gebirge, das nur den mittleren, aber bedeutendsten Teil der Sudeten umfaßt und die höchsten Erhebungen Norddeutschlands, teilweise mit ausgebildetem Hochgebirgscharakter und reichen landschaftlichen Reizen, enthält, während die Provinz weder im Nordwesten noch im Südosten bis an den Gebirgszug dieses Systems selbst heranreicht. Im Nordwesten gehören davon der Provinz nur wenige isolierte, vom Lausitzer Gebirge abgerückte Berge (Landeskrone, 429 m) und Berggruppen an. Ebenso ziehen im Südosten nur einzelne Ausläufer des Mährisch-Schlesischen Gebirges, welches Mähren von Österreichisch-Schlesien scheidet, über die preußische Grenze herüber. Es gehören zur Provinz das Isergebirge mit der Tafelfichte (1124 m) und seine nördliche Vorstufe, weiter das Riesengebirge mit der Schneekoppe (1601 m), das Katzbach- und das Waldenburger oder niederschlesische Steinkohlengebirge mit den Porphyrmassen des 847 m hohen Hochwaldes und dem zerrissenen Neuroder Gebirge; das Glatzer Gebirgsland mit dem Eulen- (1014 m) und Reichensteiner Gebirge, dem Glatzer Schneegebirge (1424 m), dem Habelschwerdter-, dem Mense- (1085 m) oder Reinerzer- und Heuscheuergebirge (919 m); die Vorstufe des Eulengebirges mit dem Zobten (718 m) und die Vorstufe des Mährisch-Schlesischen Gebirges mit der Bischofskoppe (887 m) im Nordosten des Altvaters und dem Plateau von Leobschütz. Im Osten der Oder ist das Bergland nicht gebirgig und umfaßt nur ausgedehnte Plateaulandschaften mit welliger oder hügeliger Oberfläche. Hier liegt zunächst im Süden der Malapane das Oberschlesische Steinkohlengebirge, das im Südosten an die Weichsel, im Osten an die Przemsa und Brinitze stößt und – nebst dem Polnischen Berglande – als Vorstufe der nördlichen Vorkarpaten (Beskiden) zu betrachten ist. Es nähert sich dasselbe zweimal der Oder, bei Ratibor und im Annaberg (399 m) bei Krappitz. Zwischen beiden Vorsprüngen befindet sich eine von der Ruda, Birawka und Klodnitz durchflossene Talsenkung, die sich kreisförmig im Osten bei Gleiwitz schließt, etwa 220 m hoch und wellig und reich an Eisenstein ist. Im Norden dieser Einsenkung werden die Vor-

sprünge zum Plateau von Tarnowitz verbunden, welches nicht ganz eine mittlere Höhe von 315 m erreicht und nordwärts zur Malapane abfällt. Von ähnlicher Beschaffenheit ist seine südöstliche Fortsetzung, das Plateau von Nikolai, das sich südostwärts zur Weichsel und deren Nebenflüssen abdacht. Weiter von der Oder abgerückt, aber ihrer Strombahn parallel, zieht sich, vom Quellbezirk der Malapane an, längs der Grenze von Polen und Posen, das Oberschlesische Juragebirge, dessen bemerkenswerteste Punkte der Groyetzberg (350 m), der Zohlberg (345 m), der Labschauerberg (350 m) usw. sind. Kaum in Verbindung mit diesem steht der Trebnitzer Landrücken, der als Wasserscheide zwischen Weida und Bartsch fast in gerader Linie von der Quelle der Weida bei Polnisch-Wartenberg westwärts bis Leubus zieht und bei Trebnitz im Weinberge 310 m Höhe erreicht. Durch das Tal der Oder von ihm getrennt, erstrecken sich von dieser bis zum Bober, das Tiefland Niederschlesiens durchlängend, die sogenannten Katzenberge, deren höchste Punkte nur noch 188 bis 228 m erreichen und die sich in dem Märkischen Landrücken gegen Nordwesten fortsetzen.

Hydrographisch gehört der weitaus größte Teil der Provinz Schlesien zum Gebiete der Oder, kleinere Teile zu dem der Weichsel (im Südosten) und der Elbe (Spree, Elster). Die Oder, der Hauptfluß der Provinz, gehört derselben in der Länge von 507 km an, erst 30 km weit als Grenzscheide gegen Österreichisch-Schlesien, dann flößbar bis Ratibor, 27,4 km, von dort abwärts 450 km schiffbar. Die Oder nimmt innerhalb der Provinz rechts die Olsa, Ruda, Bierawka, Klodnitz, Malapane (97 km weit schiffbar), Stober, Weida und Bartsch, links die Oppa, Zinna, Stradune, Hotzenplotz, Glatzer Neiße (11 km weit schiffbar) mit der Steinau, die Ohlau, Lohe, Weistritz, Katzbach mit der Wüthenden Neiße und der Schnellen Deichsel, sowie außerhalb der Provinz den ihr größtenteils angehörigen und hier durch den Queiß verstärkten Bober und die Lausitzer Neiße auf. Die Weichsel, auf der Grenze fließend und 5 km schiffbar, empfängt links den Korzyniez und die Gostine, sowie die Przemsa, die von der Mündung der Brinitze bei Myslowitz abwärts 32 km schiffbar ist. Der einzige Schiffahrtskanal Schlesiens ist der Klodnitzkanal im oberschlesischen Berg- und Hüttenrevier, der 11 km östlich von Gleiwitz unter der Erde anfängt, bei Zbrze zu Tage tritt und jetzt nur noch von Gleiwitz abwärts 45,5 km weit benutzt wird. Von Landseen ist der bedeutendste der fischreiche Schlawasee im Kreise Freistadt an der Grenze von Posen, der 11 km lang und 2,7 km breit ist; bemerkenswert ist ferner die Anhäufung von Seen größeren und kleineren Umfangs in der Militsch-Trachenberger Seengruppe. An Mineralquellen ist das Land sehr reich; von den 16 als Gesundbrunnen benutzten sind die besuchtesten Warmbrunn und Salzbrunn, nächstdem Charlottenbrunn, Flinsberg, Kudowa, Landeck, Langenau, Reinerz und Königsdorf-Jastrzemb. Das Klima ist je nach der Höhenlage verschieden, gemäßigt und ziemlich günstig in den ackerbautreibenden Tälern, rauh auf den Höhen, namentlich in Oberschlesien und in den Gebirgslandschaften. Breslau hat ein Jahrestemperaturmittel von nur 7,9 Grad Celsius; drei Monate im Jahr liegt die mittlere Temperatur unter Null. Die Regenverhältnisse sind in der Ebene normal, im Gebirge aber außerordentlich wechselvoll.

Die Bewohner beschäftigen sich in den landwirtschaftlich fruchtbaren und in den mineralarmen Gegenden ganz überwiegend mit Landwirtschaft, in anderen großen Gebieten hinwieder fast ausschließlich mit Industrie. Im ganzen entfielen von den 1882 ermittelten 1 819 934 Erwerbsthätigen, denen 2 178 848 Angehörige ohne Hauptberuf gegenüberstanden, 42,86 Prozent auf Bodennutzung und Tierzucht, 31,58 Prozent auf Industrie und Gewerbe, 6,18 Prozent auf

Handel und Verkehr, 8,74 Prozent auf persönliche Dienstleistungen, 4,20 Prozent auf Heer- und Verwaltungsdienst, sowie freie Berufsarten. Dem gegenüber waren zum Beispiel in den oberschlesischen Industriekreisen Kattowitz 65,38 und Beuthen sogar 68,63 Prozent aller Erwerbsthätigen in der Industrie beschäftigt.

Schlesiens Industrie ist eine der großartigsten in Deutschland. Im Jahre 1882 zählte sie im ganzen 213 253 Betriebe mit 539 631 gewerbsthätigen Personen. Die Urproduktion ist durch einen ausgedehnten Kohlen- und Erzbergbau vertreten, für welchen der große Reichtum der Provinz an Mineralien, namentlich an Eisen-, Zink- und Bleierzen, sowie Steinkohlen die Bedingungen bietet. Dementsprechend ist auch die Hüttenindustrie ungemein entwickelt. Das oberschlesische Steinkohlenlager ist das reichste Deutschlands, und die oberschlesische Steinkohle wetteifert mit der besten englischen. Der Regierungsbezirk Oppeln hat die meisten Eisenwerke unter allen Bezirken des Staats. Eisenerz wird in ungeheuren Mengen in den Kreisen Tarnowitz und Beuthen gewonnen und ebenda, sowie in den Kreisen Zabrze, Kattowitz und Gleiwitz verhüttet. Das Tarnowitzer Plateau hat ferner das reichste bekannte Zinklager, dessen Galmei auch das seltene Metall Cadmium einschließt; ebenso liefert es Bleierze mit Silber in bedeutenden Mengen. Zahllose Erz- und Kohlenbergwerke sowie Hütten- und Hochofenwerke finden sich auf dem verhältnismäßig engen Plateau zusammengedrängt. Auch die Vorstufen des Riesengebirges, namentlich die Gegend um Waldenburg, haben einen bedeutenden Kohlen- und Erzbergbau; hier werden namentlich Kupfererze und Kupferkies, Schwefelkies und Vitriolerze gewonnen. Auf dem Katzbachplateau und im Reichensteiner Gebirge sind die einzigen ergiebigeren Fundgruben im Staate für Arsenik-Erze. Auch Braunkohlen finden sich in den Vorbergen des Berglandes. Dagegen ist die Torfgewinnung nicht umfänglich, wenngleich sich in den Flußtälern und in den Moorfeldern des Glatzer Gebirges mächtige Torfvorräte finden. Die Berg- und Hüttenindustrie beschäftigte 1882 im ganzen 70 900 Personen. Die Industrie der Steine und Erden, welche in 3425 Betrieben 41 395 Gewerbsthätige zählte, stützt sich auf reiche Lager von nutzbaren Steinen und Erden; die Gips- und Kalksteinbrüche Oberschlesiens, die Marmor- und Steinbrüche im Kreise Strehlen, Neiße, Striegau und Schweidnitz, die Zementfabrikation Oberschlesiens, die Töpferei von Bunzlau, Sagan und Rothenburg, die Porzellanfabrikation von Waldenburg und Schweidnitz, die Glasmacherei in den Kreisen Waldenburg, Glatz, Habelschwerdt, Sagan, Bunzlau, Hirschberg (Josephinenhütte), Görlitz usw., ferner die Gewinnung von Bergkristall, Serpentin (am Zobten), Chrysopras (bei Kosenitz und Tarnau, beinahe die einzigen Fundorte), Amethyst, Topase und andere Halbedelsteine und deren Verarbeitung liefern große Mengen von Produkten, deren Ruf sich teilweise weit über Deutschlands Grenzen verbreitet hat. Die Eisengießerei, Schwarz- und Weißblechfabrikation und die sonstigen Gewerbe der Metallverarbeitung beschäftigten 1882 in 12 275 Betrieben 33 365 Personen. Der Herstellung von Maschinen, Geräten und Apparaten aller Art widmeten sich 24 356 Gewerbsthätige in 7036 Betriebsstätten; die Kreise Breslau, Liegnitz, Grünberg, Görlitz, Sprottau, Glogau, Schweidnitz (großartige Uhrenindustrie), Oppeln, Ratibor, Neiße sind die Hauptsitze dieser Gewerbezweige. Die chemische Industrie sowie die Gewerbe der Fette und Leuchtstoffe beschäftigen gegen 7000 Personen. Die Flachsspinnerei und Leineweberei Schlesiens ist die großartigste im ganzen Staate Preußen; sie hat ihre Sitze am Fuße des Gebirges in den Kreisen Lauban, Hirschberg, Löwenberg, Landeshut, Waldenburg, Glatz, Habelschwerdt, ferner Leobschütz, Neiße und Neustadt in Oberschlesien. Die Baumwollspinnerei und -weberei ist weit verbreitet auf dem platten Lande der Kreise Reichenbach, Neurode, Glatz, Schweidnitz und einigen der vorgenannten. Die Tuchfabrikation und Wollspinnerei ist vornehmlich in Görlitz, Sagan, Grünberg, Breslau, Frankenstein und Liegnitz konzentriert. Zahlreiche Hände beschäftigt auch die Stickerei und Spitzenklöppelei in den Kreisen Hirschberg, Liegnitz, Fraustadt, Breslau, Leobschütz, Ratibor usw. Die Veredelung von Garnen und Geweben weist umfängliche Betriebe auf. Die Papierfabrikation in den Kreisen Hirschberg, Schönau, Waldenburg, die Dachpappen- und Luxuspapierfabrikation in und bei Breslau, die Gerberei in Brieg und Breslau sind ausgedehnte Gewerbezweige der Papier- und Lederindustrie, welche 1882 in 4735 Betrieben 14 793 Personen beschäftigte. Die Industrie der Holz- und Schnitzstoffe hat ihre Hauptsitze in den Gegenden des Gebirges, ferner in Breslau, Liegnitz, Görlitz und anderen größeren Orten und Plätzen; in den 20 335 Betrieben dieser Gruppe fanden sich 1882: 35 774 Gewerbsthätige. In der Industrie der Nahrungs- und Genußmittel, welche durchschnittlich ca. 68 000 Personen beschäftigt, zeichnet sich die Getreidemüllerei aus, ferner die Rübenzuckerfabrikation in den Kreisen Breslau, Brieg, Strehlen, Schweidnitz, Striegau, Kosel und Ratibor, die Stärke- und Stärkesyrupfabrikation in vielen Gegenden vornehmlich des Regierungsbezirkes Liegnitz, die Cichorienindustrie in und bei Breslau, die Brauerei und Brennerei vielerorten, die Liqueur-, Schaum- und Obstweinbereitung in Grünberg und Hirschberg, die Tabakfabrikation in Breslau, Ohlau, Oppeln und Ratibor usw. Aus der großen Gruppe der Bekleidungs- und Reinigungsgewerbe, in welcher 1882 83 601 Betriebe mit 108 580 Gewerbsthätigen gezählt wurden, tritt Breslau besonders hervor, in der Hutmacherei auch Liegnitz, in der Schuhmacherei speziell der Kreis Neustadt in Oberschlesien, in der Handschuhmacherei die Kreise Schweidnitz, Habelschwerdt, Goldberg-Hainau, Liegnitz und Neiße. Auch in den Baugewerben zeichnet sich Schlesien aus; sie beschäftigten 1881: 44 134 Personen. Den vielseitigsten Gewerbebetrieb hat Breslau. Aber selbst auf dem platten Lande ist der Handwerksbetrieb vielfach noch sehr bedeutend, und namentlich in den gewerbereichen Tälern und an den Vorbergen der Gebirge reiht sich häufig meilenweit Dorf an Dorf, eine Eigentümlichkeit gerade Schlesiens.

Mit der ausgedehnten Industrie der Provinz Schlesien steht der schon von alters her sehr entwickelte Handel in enger Verbindung. 95 702 Personen lagen dem Handels- und Verkehrsgewerbe im Jahre 1882 ob. Begünstigt wird derselbe durch die natürlichen Wasserstraßen, namentlich die Oder, auf deren Regulierung große Summen verwendet werden. Ein vielverzweigtes gutes Kunststraßennetz von über 5000 km und ein sich fortwährend erweiterndes Eisenbahnnetz (Anfang 1885: 3010,2 km, das ist 74,7 m auf dem Quadratkilometer) erleichtern ferner die Entwicklung von Handel und Verkehr. Haupthandelsplatz ist Breslau; Haupthandelsartikel sind Kohlen, Eisen, Stahl, Zink, Stein-, Glas- und Tonwaren, Wolle, Leinwand, Tuch, Baumwollwaren, Leder und Lederwaren, Spiritus, Holz, Getreide, Sämereien, Obst, Tabak, Mühlenfabrikate usw.

Die Landwirtschaft, 1882 von 366 616 Wirtschaften betrieben, beruht zum größten Teil auf dem mittleren und bäuerlichen Betriebe; doch ist auch der Großgrundbesitz in einzelnen Gegenden sehr ausgedehnt (keine Provinz Preußens zählt so viel mittelbare Fürstentümer, Standesherrschaften usw. wie Schlesien), und im ganzen entfällt ungefähr ein Drittel der Gesamtfläche auf den landwirtschaftlichen Großbetrieb. Schlesien hat etwa zur Hälfte trefflichen Boden und ist fast durchweg gut angebaut. Besonders fruchtbar sind das Odertal und die Vorstufen des Gebirges von Liegnitz bis Ratibor, ebenso die Täler von Hirschberg und Landeshut, sowie die Grafschaft Glatz. Hier liegen die Hauptsitze des Ackerbaus und der Viehzucht, und die reichen Erträge dieser Landstriche haben seinerzeit der Provinz die Bezeichnung als „Kornkammer des preußischen Staates" eingetragen. Unfruchtbar ist dagegen fast das ganze Gebiet auf der rechten Oderseite und der westliche Teil des schlesischen Längentals etwa von den Sümpfen im Kreise Bunzlau an.

Von der Gesamtfläche waren 1883: 55,8 Prozent Acker- und Gartenland, 8,6 Prozent Wiesen, 2,2 Prozent Weiden, Hutungen, Öd- und Unland, 28,8 Prozent Forsten und Holzungen und 4,6 Prozent weder land- noch forstwirtschaftlich genutzt. Schlesien liefert nächst Sachsen den größten Ertrag von Weizen und Gerste im Staate, überragt im Haferertrage alle übrigen Provinzen und gewinnt auch an Roggen reichlichen Überschuß zur Ausfuhr. Buchweizen, Hülsenfrüchte, Kartoffeln, Rüben, Ölfrüchte, Flachs, Hopfen, Tabak und andere Handelsgewächse werden reichlich gewonnen. Der Obst- und Weinbau blüht bei Grünberg, Beuthen an der Oder und Muskau, ferner bei Liegnitz, Öls usw. Schlesiens Waldreichtum ist bedeutend und liefert den größten Ertrag an Nutzholz; die Nadelholzbestände wiegen mit 86,49 Prozent der Waldfläche vor; doch finden sich ausgedehnte, prachtvolle Laubwaldun-

gen namentlich im Oderthale, speziell im Regierungsbezirk Breslau. Die Viehzucht ist wohlentwickelt. Im Jahre 1883 wurden ermittelt: 275 122 Pferde, 1 397 130 Haupt Rindvieh, 1 309 495 Schafe (gegen 1873 ein Rückgang von 38,9 Prozent), 518 612 Schweine (gegen 1873: 36,1 Prozent mehr), 175 283 Ziegen und 127 903 Bienenstöcke.

In administrativer Beziehung ist Schlesien in die drei Regierungsbezirke Breslau, Liegnitz und Oppeln mit bzw. 24, 21 und 19 landrätlichen Kreisen eingeteilt und zählt 148 Städte, 5398 Landgemeinden und 3585 Gutsbezirke. Provinzialhauptstadt ist Breslau, die zweitgrößte Stadt Preußens. In den Reichstag sendet die Provinz 35, in das Abgeordnetenhaus 65 Mitglieder, im Herrenhause ist sie durch 53 Mitglieder vertreten (davon 27 mit erblicher Berechtigung, 22 auf Präsentation berufen). Sitz des Oberpräsidenten und der durch die Provinzialordnung geregelten Provinzialverwaltung ist Breslau, diejenige der kommunalständischen Verwaltung der Oberlausitz, soweit dieselbe nicht unter die Provinzialordnung fällt, in Görlitz. Die kirchlichen Angelegenheiten der evangelischen Landeskirche verwaltet das Konsistorium in Breslau. Die katholische Kirche steht unter dem exemten Fürstbischof von Breslau, mit Ausnahme der Grafschaft Glatz, welche vom Erzbischof von Prag, und des Distrikts Katscher in Oberschlesien, welcher vom Erzbischof von Olmütz ressortiert. Das Fürstbistum Breslau greift auch nach Österreich hinüber und umfaßt von Preußen noch Brandenburg und den größeren Teil von Pommern. Die Auseinandersetzungs- und Gemeinheitsteilungssachen werden von der Generalkommission zu Breslau, die Angelegenheiten der höheren Lehranstalten und der Schullehrer-Seminare vom Provinzial-Schulkollegium ebenda bearbeitet. Die Rentenbank sitzt in Breslau. Für die indirekten Steuern und Zölle ist die Provinzial-Steuerdirektion zu Breslau zuständig. Die Bergwerksangelegenheiten ressortieren vom Oberbergamt zu Breslau; für die fiskalischen Bergwerke und Hütten bestehen drei Bergwerksinspektionen und drei Hüttenämter. Die Staatseisenbahnen gehören zu den Direktionsbezirken Breslau und Berlin; die Privateisenbahnen ressortieren vom königlichen Eisenbahnkommissariat zu Berlin. Oberpostdirektionen bestehen zu Breslau, Liegnitz und Oppeln. Die Provinz bildet den Oberlandesgerichtsbezirk Breslau; zu ihm gehören die Landgerichte Beuthen mit 5, Breslau mit 5 Amtsgerichten und 2 Kammern für Handelssachen, Brieg mit 6, Glatz mit 11, Gleiwitz mit 6, Glogau mit 14, Görlitz mit 10, Hirschberg mit 12, Liegnitz mit 8, Neiße mit 8, Öls mit 10, Oppeln mit 9,

Ratibor mit 9 und Schweidnitz mit 10 Amtsgerichten. Handelskammern befinden sich zu Breslau, Schweidnitz, Görlitz (Grünberg ruht), Hirschberg, Landeshut, Lauban, Liegnitz, Sagan und Oppeln. Militärisch bilden die Regierungsbezirke Breslau und Oppeln den Garnison- und Ersatzbezirk des 6. Armeekorps (Generalkommando zu Breslau, ebenda Kommando der 11. Division; Kommando der 12. Division zu Neiße), während der Regierungsbezirk Liegnitz dem 5. Armeekorps (Kommando der 9. Division zu Glogau) zugeteilt ist. An wissenschaftlichen und Schulanstalten besitzt Schlesien die Universität zu Breslau, 37 Gymnasien, 8 Realgymnasien, 3 Oberrealschulen, 2 Progymnasien, 3 Realprogymnasien, 5 höhere Bürgerschulen, 1 Pädagogium, 29 öffentliche Mittel- und höhere Mädchenschulen, 18 Schullehrerseminare, 7 königliche Präparandenanstalten, 4079 öffentliche Volksschulen, ferner 2 Landwirtschaftsschulen, 4 Ackerbauschulen, das pomologische Institut zu Proskau, 5 Garten- und Obstbauschulen, 1 Hufbeschlag-Lehrschmiede, 1 Kunstschule, 1 Baugewerksschule, 4 Handelsschulen, 2 Bergschulen, 1 Kadettenhaus, 2 Kriegsschulen, 2 Hebammenlehranstalten, 1 Blindenanstalt, 3 Taubstummeninstitute, 3 Spitzennähschulen und 5 Arbeitsschulen, außerdem eine Reihe von gewerblichen und ländlichen

Fortbildungsschulen. Zu Breslau befindet sich ein Museum der bildenden Künste und das reiche schlesische Provinzialmuseum. Außerdem bestehen zahlreiche Gesellschaften und Vereine für Wissenschaft und Landeskunde, Kunst-, Acker- und Gartenbau, Gewerbe usw.

Das Wappen der Provinz zeigt in goldenem Felde einen schwarzen, goldbewehrten, rotgezüngten, mit einer Herzogskrone bedeckten Adler, auf dessen Brust ein silberner Halbmond liegt und zwischen dessen aufwärts gehenden Spitzen ein silbernes Kreuz hervorwächst. Die Farben der Provinz sind Weiß-Gelb.

2. *Österreichisch-Schlesien.* Derjenige Teil Schlesiens, welcher im Hubertusburger Frieden von 1763 dem Haus Österreich verblieb, umfaßt die Herzogtümer Troppau und Jägerndorf, die Minderherrschaften Freudenthal und Olbersdorf, die Herzogtümer Teschen und Bielitz und die Minderherrschaften Freistadt, Friedek, Oderberg, Deutsch-Leuthen, Reichenwaldau (Dombra) und Roy. Es sind dies sämtlich Gebiete des alten Oberschlesien.

Das Land ist durch den schmalen Zipfel des mährischen Bezirks Mistek in zwei Teile zerlegt, welche früher zwei eigene Kreise, den Troppauer und Teschener, bildeten und 1783/1849 in administrativer Hinsicht mit Mähren unter dasselbe Gubernium gestellt waren. Nach der Reichsverfassung vom 4. März 1849 wurde Österreich-Schlesien zu einem eigenen Kronlande unter dem Titel „Herzogtum Schlesien" erhoben und am 4. August 1849, mit Wegfall der vorigen Kreiseinteilung, in 7 Bezirkshauptmannschaften eingeteilt, welche 22 Gerichtsbezirke und drei Stadtbezirke (Troppau, Bielitz und Friedek) enthalten.

Das Kronland Schlesien hat ein Areal von 5147,53 qkm und zählt in 492 Gemeinden, bestehend aus 721 Ortschaften (31. Dezember 1880) 565 475 Einwohner (268 171 männliche, 297 304 weibliche, und 110 auf 1 qkm), worunter 269 338 Deutsche, 126 385 Mähren, Böhmen und Slowaken und 154 887 Polen. Nach dem Religionsbekenntnis unterschied man 477 730 Katholiken, 78 915 Protestanten und 8580 Juden.

Das Land wird im Südosten von den Karpaten, im Nordwesten von dem Mährischen Gesenke, einem Zweige der Sudeten, durchzogen und trägt durch die allenthalben hinstreifenden Gebirge mit Ausnahme einzelner schöner Täler und fruchtbarer Ebenen (Weidenau, Troppau, Skotschau) einen zwar gesunden, aber rauhen klimatischen Charakter. Als Quellenland der Oder und Weichsel ist es durch den oberen Lauf beider Ströme und die Zuflüsse derselben, die Oppa, Mohra, Ostrawitza, Olsa, Bielau, Steina

27

und Biala, reich bewässert. Auch hat es mehrere Gesundbrunnen.

Von der gesamten Bodenfläche nehmen das Ackerland 47,1 Prozent, das Gartenland und Wiesen 17,4 Prozent, die Waldungen 30,7 Prozent, das Weideland 1,6 Prozent und das unproduktive Land 3,2 Prozent ein. Der Ackerbau ist besonders im vormals Teschener Kreise wegen der steinigen Beschaffenheit des Bodens wenig ergiebig; doch zeigen sich die tieferen und ebeneren Gegenden fruchtbar für Getreide, Runkelrüben, Gemüse und Obst und das Gebirge für Flachs. Die Waldwirtschaft befindet sich in wenig günstigen Verhältnissen. Die Viehzucht nimmt an Veredelung rasch zu. Auf dem Gebirge findet eine Art Alpenwirtschaft statt. Die Käsezubereitung, die Gänse- und Taubenzucht, sowie Jagd und Fischerei sind von Bedeutung. Der Bergbau fördert große Mengen Steinkohlen vorzüglicher Art, viel Eisen, außerdem Kupfer, Blei, Zinkblende, Alaun und Vitriol. Marmor und Schiefer werden ebenfalls gewonnen. Sehr bedeutend ist der Industriebetrieb. Eisenwaren liefern besonders Baschka, Ustron, Karlshütte, Würbenthal und Klein-Mohrau, Kupferblech Endersdorf, Maschinen Freudenthal. Das wichtigste Erzeugnis der Textilindustrie sind die Tuche und andere Wollwaren von Bielitz, Troppau, Jägerndorf, Wagstadt usw., die hauptsächlich nach Galizien, Pest, Wien und Triest gehen. Nächstdem sind zu nennen die Damast-, Leinwand- und Zwillichwaren von Freiwaldau, Zuckmantel, Würbenthal, Engelsberg, Freudenthal, Benisch, Wigstadtl usw. Auch fabriziert man Baumwollwaren, besonders im Teschener Bezirk Friedek, ferner Leder, Wagen in Troppau und Bielitz, Rübenzukker, Spiritus, Chemikalien, Steinzeug (gefärbtes Porzellan), sowie Matratzen aus Waldwolle, die stark ausgeführt werden. Überhaupt findet mit den Boden- und Fabrikerzeugnissen des Landes ein lebhafter Handel ins Ausland statt, der aber noch durch den vorteilhaften Kommissions- und Transithandel mit österreichischen und ungarischen Weinen, russischen Justen, Talg, Leinsamen und Pelzwerk, galizischem Steinsalz, moldauischem Schlachtvieh und Wiener Modewaren übertroffen wird. Gute Straßen fördern den Verkehr, und durch die Kaiser-Ferdinand-Nordbahn (Wien-Krakau) mit den Seitenbahnen Schönbrunn-Troppau-Oderberg-preußische Grenze, Dzieditz-Bielitz ist das Kronland mit Mähren, Galizien, Preußen und Polen in die nächste Verbindung getreten.

An der Spitze der Landesverwaltung steht die kaiserlich-königliche (k. k.) Landesregierung in Brünn. Für die Gerichtspflege bestehen unter dem Ressort des Oberlandesgerichts zu Brünn das

Landesgericht zu Troppau, Kreisgericht zu Teschen und 24 Bezirksgerichte. Das Kronland gehört zur Finanzlandesdirektion zu Brünn, zum Sprengel der Berghauptmannschaft zu Olmütz und ist mit Mähren zu einem Generalat vereinigt, das vom Landesgeneralkommando zu Brünn ressortiert. In kirchlicher Beziehung stehen die Katholiken teils unter dem Erzstift zu Olmütz, teils unter dem Fürstbischof von Breslau, der für das österreichische Schlesien einen Generalvikar zu Teschen ernennt, welcher jedoch der Bestätigung des Kaisers zu Österreich bedarf. Die Protestanten stehen unter der Superintendentur zu Brünn. Deutsche Bildung ist durch das ganze Kronland verbreitet. Für den höheren Unterricht sorgen die Obergymnasien zu Troppau, Teschen, Bielitz und Weidenau, das Realgymnasium zu Freudenthal, die Oberrealschulen zu Troppau, Teschen, Bielitz und Jägerndorf, die Gewerbeschulen zu Bielitz, die Bildungsanstalten für Lehrer zu Troppau, Teschen und Bielitz und die Bildungsanstalten für Lehrerinnen zu Troppau. Der Landtag des Kronlandes besteht aus 31 Mitgliedern: dem Fürstbischof von Breslau, 9 aus den Großgrundbesitzern, 10 aus den Städten, Märkten und Industrieorten, 2 aus den Handels- und Gewerbekammern und 9 aus den ländlichen Gemeinden Gewähl-

ten. Den Reichstag beschickt das Kronland mit 6 Abgeordneten.

Geschichte Schlesiens: Im Altertum wurde Schlesien von den Lygiern und Quaden bewohnt. Beim Weiterziehen der germanischen Stämme gegen Westen nahmen nachdrängende Slawen diese Wohnsitze ein, und nur in den Gebirgen blieben Deutsche zurück. Den Namen, der in der Form Zlezia oder Zlesane zuerst um das Jahr 1000 vorkommt, erhielt das Land nach einigen von Zle, das ist böse, mit welchem Worte von den Polen die Quaden bezeichnet wurden, nach anderen von dem Silenserberge, dem jetzigen Zobtenberge, nach anderen endlich von dem Flüßchen Slenza, Sleca, dem Namen des Flüßchens Lohe (Laue). Vor der Zeit der slawisch-deutschen Kriege scheint Schlesien erst zum großmährischen Reiche, nach dessen Zerstörung aber zu Böhmen gehört zu haben. Im Anfang des 10. Jahrhunderts kam es unter Polen und erhielt aus dem Stamme der Piasten eigene Herzöge. Mieczislaw I. führte 965 das Christentum in Schlesien ein und stiftete das Bistum Schmoger, das später (1052) nach Breslau verlegt wurde. Infolge seiner Lage zwischen Polen und Böhmen konnte Schlesien lange nicht zur Selbständigkeit gelangen. Erst durch den Vertrag von 1163, in welchem der polnische König Boleslaw IV. den drei Söhnen des 1159 in der Verbannung

29

gestorbenen Herzogs Wladislaw II., Boleslaw, Mieczislaw und Konrad, das Land zurückgab, setzte der Statthalter Peter Wlast es durch, daß Schlesien unabhängig von Polen wurde. Die drei Brüder, welche erst gemeinschaftlich regierten, dann aber sich das Land teilten, wurden die Stammväter der schlesischen Herzöge aus dem Geschlecht der Piasten. Um das verheerte Land wieder zu bevölkern, zogen diese Herzöge deutsche Ansiedler nach Schlesien, besonders nach Niederschlesien; und ihre Nachfolger, gewöhnlich mit deutschen Fürstentöchtern verheiratet, führten allmählich deutsches Recht und deutsche Sitte ein. Die zahlreichen Nachkommen jener drei Herzöge teilten sich wieder in ihre väterlichen Landesteile, so daß eine ganze Reihe von Fürstentümern entstand. Doch gab es, besonders in Oberschlesien, auch noch Fürsten böhmischen Stammes, von einem natürlichen Sohne des Königs Ottokar II. (gestorben 1278), namentlich die Herzöge zu Troppau, Jägerndorf und Ratibor. Unter den Fürsten aus der niederschlesischen Linie zeichnen sich aus Heinrich I. der Bärtige (gestorben 1238), der Gemahl der heiligen Hedwig, der mehrere blutige Kriege mit Polen führte und zuletzt 1235 Regent von Polen wurde, sowie sein Sohn Heinrich II. der Fromme, der in der Schlacht bei Liegnitz

1241 gegen die Mongolen fiel. Aus der niederschlesischen Linie entstanden wieder die drei Herzogtümer Breslau, Liegnitz und Glogau, aus denen später die Linien Brieg, Schweidnitz, Jauer und Münsterberg, ferner Sagan und Öls sich ausschieden. Auch Oberschlesien zerfiel durch wiederholte Teilungen in mehrere Herzogtümer, von denen Teschen, Oppeln, Ratibor, Jägerndorf und Troppau die wichtigsten waren. Durch die Teilungen geschwächt (es bestanden zu Anfang des 14. Jahrhunderts in Schlesien 17 regierende Fürstenhäuser), unter sich in stetem Kriege begriffen, suchten die schlesischen Fürsten, um nicht eine Beute Polens zu werden, Schutz bei Böhmen, indem sie sich unter dessen Lehnsherrlichkeit begaben. Namentlich gelang es dem König Johann von Böhmen, durch Geld und Einmischung, die schlesischen Herzöge dahin zu bringen, daß sie von 1327 an allmählich alle, mit Ausnahme zweier, ihn als Lehnsherrn anerkannten. Aber sein Sohn und Nachfolger, Kaiser Karl IV., wußte durch seine Gemahlin Anna sich das Erbfolgerecht auch in den beiden noch übrigen Fürstentümern Jauer und Schweidnitz zu verschaffen und zog, nachdem die Könige von Polen 1335 und 1338 (wie nachher wieder 1356 und 1372) auf Schlesien Verzicht geleistet, 1355 das Land zur Krone Böhmen, dessen Schicksale es nun teilte.

Unter der böhmischen Herrschaft breiteten sich Huß', Luthers, Calvins und Schwenkfeldts Lehren hier aus, und deren Anhänger erhielten zum Teil Freiheit zur Ausübung ihres Gottesdienstes. Wie von den hussitischen Unruhen und Verwüstungen, so litt Schlesien auch von den Kriegszügen Georg Podiebrads, des Königs Matthias von Ungarn und Wladislaws von Polen und den Schrecknissen des Dreißigjährigen Krieges.

Die Reformation wurde von den schlesischen Herzögen begünstigt, von den Kaisern aber, welche durch einen Oberlandeshauptmann das Land regierten, in den an sie heimgefallenen Gebietsteilen auf alle Weise verhindert. Seit 1648 wurden die Jesuiten eingeführt, alle evangelischen Kirchen, mit Ausnahme einiger Friedenskirchen, geschlossen, die Protestanten gedrückt und dieses Verfahren auch, als 1675 mit Herzog Georg Wilhelm von Brieg und Liegnitz der letzte piastische Herzog starb, auf die nunmehr an den Kaiser gefallenen letzten Herzogtümer Liegnitz, Wohlau und Brieg übertragen. Einige Milderung erlangten die Protestanten erst unter Kaiser Joseph I. durch die von König Karl XII. von Schweden in der Altranstädter Konvention von 1707 ihnen ausbedungenen Begünstigungen, infolge deren den Protestanten außer Zusicherung der Wiederteilnahme an öffentlichen Äm-

tern, 121 Kirchen zurückgegeben und die Erbauung von 6 neuen Kirchen (Gnadenkirchen) gestattet wurde. Unter Karl VI. jedoch erneuerten sich die Bedrückungen wieder. Zugleich verloren die Fürsten- und Landtage ihr Ansehen völlig, und die Steuern wurden willkürlich erhoben. Diese Umstände waren es vorzüglich, welche Friedrich II., als er nach Maria Theresias Thronbesteigung, auf seine durch einen Erbvertrag von 1537 begründeten Erbrechte gestützt, 1740 Schlesien ansprach, die Eroberung dieser Provinz vielfach erleichterten. Schlesien wurde zwar seit seiner Vereinigung mit Böhmen zu Deutschland gerechnet, stand aber nie in unmittelbarer Verbindung mit dem Deutschen Reiche und war nie ein Reichslehen. Frühzeitig germanisiert, nahm es aber, besonders Niederschlesien, an allen wissenschaftlichen Bestrebungen und materiellen Fortschritten Deutschlands stets lebhaft und selbsttätig teil und brachte eine Menge vorzüglicher deutscher Gelehrter hervor.

Schlesische Dichterschulen: zwei Dichtergruppen in der deutschen Literaturgeschichte; Haupt der ersten war Opitz; die zweite schloß sich an Hofmann von Hofmannswaldau und Kaspar von Lohenstein an.

Schlesische Kriege: So nennt man die von dem Könige Friedrich II. von Preu-

31

ßen mit Österreich über den Besitz Schlesiens geführten drei Kriege (1740/1742; 1744/1745), von denen der dritte (1756/1763) den besonderen Namen des „Siebenjährigen Krieges" führt ...

F. A. Brockhaus

Schlesien — lexikalisch (1956)

Schlesien, ostdeutsche Landschaft beiderseits der mittleren und oberen Oder.
Den Hauptteil nahm die preußische *Provinz Schlesien* ein, 36 696 qkm mit (1939) 4,8 Millionen Einwohnern; sie bestand aus den Regierungsbezirken Liegnitz, Breslau und Oppeln, Hauptstadt Breslau. 1945 kam die Provinz bis zur Oder-Neiße-Linie unter vorläufige polnische Verwaltung, die Restgebiete diesseits dieser Linie zur sowjetischen Besatzungszone (Land Sachsen, 1952 auf die Bezirke Dresden und Cottbus verteilt).
Landesnatur: Schlesien umfaßt die Ostabdachung der vielfach gegliederten Sudeten mit ihren weitschwingenden Gebirgsketten und Vorstufen und ihrer höchsten Erhebung (Schneekoppe 1603 m). Ihnen vorgelagert sind die inselartigen Sudetenvorberge (Zobten, Striegauer und Strehlener Berge), die fruchtbaren Flußebenen entlang der Oder

und ihrer Nebenflüsse (Schlesische Bucht mit den flachen Mulden des Breslau-Magdeburger und des Glogau-Baruther Urstromtals) und die flachwelligen Hügelketten der binnenländischen Landschwelle (Schlesisch-Polnischer Landrükken) mit Katzengebirge und Dalkauer Hügeln. Im Südosten geht der Landrükken südlich der Malapane in das Hügelland der Oberschlesisch-Polnischen Platte über (Tarnowitzer Höhen, im Annaberg 385 m hoch); sie schließt südlich der Klodnitz das Kohlenbecken ein. Das Quellgebiet der Oder und Weichsel bis zur Nord-Abdachung der West-Beskiden und mit dem Durchgangsgebiet der Mährischen Pforte bildete das ehemalige Kronland Österreichisch-Schlesien. Die Flußebenen und Hügellandschaften im Gebirgsvorland dienen, fast waldfrei, dem intensiven Ackerbau und der Viehzucht (Schlesische Ackerebene), die auch die Berghänge hinauf zu starken Ausrodungen der von Natur aus dicht bewaldeten Vorstufen und Höhenzüge führten. Die niederschlesische Heide (Muskauer, Görlitzer, Saganer Heide) und die Lausitzer Höhen im Norden sind mit weiten Kiefernbeständen bedeckt.
Entwässert wird Schlesien fast ausschließlich von der Oder und ihren Nebenflüssen ...
Klimatisch ist Schlesien die ausgeprägteste kontinentale deutsche Landschaft,

mit extremen Temperaturen im Sommer und Winter (600 mm jährlicher Niederschlag).

Schlesiens Wirtschaft (Stand 1939): Das Schwergewicht lag in Oberschlesien beim Kohlenbergbau und der Metallindustrie, in Niederschlesien bei der Verarbeitungsindustrie und der Landwirtschaft. In dieser waren 1,07 Millionen beschäftigt (22,8 Prozent der Bevölkerung). Die landwirtschaftliche Nutzfläche betrug 2,2 Millionen ha mit 235 000 Betrieben von durchschnittlich 9,3 ha Größe. In Oberschlesien überwogen bäuerliche Klein- und Mittelbetriebe, in Niederschlesien Mittel- und Großbetriebe. 11,4 Prozent der Fläche wurden von 123 400 Betrieben von weniger als 5 ha, 42,3 Prozent von Betrieben mit 5 bis 20 ha und 25,9 Prozent von Betrieben mit mehr als 100 ha bewirtschaftet. Angebaut wurden Roggen, Hafer, Weizen, Gerste (insgesamt 49,3 Prozent des Ackerlandes), Kartoffeln, Zucker- und Futterrüben (insgesamt 20,7 Prozent), ferner Gemüse, Obst und Tabak. Bedeutend war die Viehzucht; der Viehbestand umfaßte 1 554 000 Rinder, 1 716 000 Schweine, 224 000 Schafe, 257 000 Ziegen. Die forstwirtschaftliche Nutzfläche betrug 27 Prozent der Bodenfläche. Der Wald bestand meist aus Kiefern und Fichten; die Holzindustrie war weit verzweigt. Der Fremdenverkehr war in den Kurorten und Wintersportplätzen der Sudeten bedeutend, besonders in Flinsberg, Warmbrunn, Kudowa, Krummhübel, Reinerz, Altheide, Schreiberhau, Brückenberg und Salzbrunn.

Von größter Bedeutung waren die Bodenschätze, besonders in Oberschlesien (Oberschlesisches Industriegebiet). Im Waldenburger Revier lagern rund 2,9 Milliarden Tonnen Steinkohlenvorräte, die Förderung betrug 1938: 5,3 Millionen Tonnen, 1944: 4,6 Millionen Tonnen. 1938 betrug der schlesische Anteil rund 17 Prozent der deutschen Steinkohlenförderung. Von elektrizitätswirtschaftlicher Bedeutung war das niederschlesische Braunkohlenrevier um Hoyerswerda (Förderung 1944: 9,2 Millionen Tonnen). Kaolin wurde am Zobten, Granit an den Striegauer und Strehlener Bergen, Magnesit und Nickel bei Frankenstein, Basalt bei Lauban abgebaut. Von gesamtdeutscher Bedeutung war die oberschles. Förderung von Zink- und Bleierzen. Die Energie-Versorgung beruhte auf Wärme-(Steinkohlen u. Braunkohlenbasis) u. Wasserkraftwerken, besonders an Malapane u. Bober.

In der Industrie (1 Million Beschäftigte) herrschte die eisenverarbeitende, vor allem in Breslau (Waggons, Kessel, Werkzeuge, Kraftmaschinen, Armaturen, Instrumente), Neiße, Ratibor, Bunzlau (Maschinen), Hirschberg, Wal-

33

denburg, Brieg, Schweidnitz (Kraftmaschinen), Liegnitz und Brieg (Holz-
verarbeitungsmaschinen) vor. Die chemische Industrie, auf der Gewinnung von
Koksnebenprodukten und der Kohlever-
edlung beruhend, errichtete besonders
während des Zweiten Weltkrieges neben
Stickstoffwerken große Hydrier- und
Synthesewerke in Heydebreck (Kan-
drzin), Blechhammer und Odertal. Die
Textilindustrie umfaßte 180 größere Betriebe mit 193 000 Spindeln und 24 000
mechanischen Webstühlen; die Konsum-
güter- und Nahrungsmittel-Industrie
(91 800 Beschäftigte) hatte ihre Stand-
orte besonders in Breslau, Liegnitz, Görlitz und Sagan.

Das Verkehrsnetz war als Teil des mitteleuropäischen Verkehrsraumes sehr dicht,
mit starken Bindungen an Berlin und
Sachsen, und hatte wichtige Durchgangs-
adern nach Polen und Südost-Europa.
An Eisenbahnen waren 4923 km, an
Autobahnen waren (1938) 250 km, an
Reichs- und Landstraßen 1. und 2. Ordnung 15 140 km vorhanden. Direkte
Flugverbindungen bestanden von Breslau nach Berlin, Wien, München und
Frankfurt an der Oder. Die Oder war
trotz erheblicher Wasserschwankungen,
Stromversetzungen und winterlichen Eis-
blockierungen zu einem Großschiffahrts-
weg 1. Ordnung ausgebaut worden.
Nach Vollendung des Klodnitzkanals be-

stand eine direkte Wasserverbindung
vom Kohlenrevier bis Stettin; Cosel war
der zweitgrößte deutsche Binnenhafen
geworden. Mit dem geplanten Oder-
Donau-Kanal (320 km) von Cosel nach
Wien sollte die Verbindung zur Donau
hergestellt werden.

Heutiger Stand: Die ausgetriebenen
Deutschen wurden nach 1945 in sehr viel
geringerer Dichte allmählich durch
zwangsumgesiedelte Polen aus den an
die Sowjetunion abgetretenen ostpolni-
schen Gebieten und durch Umsiedler aus
den südlichen Woiwodschaften Zentral-
polens ersetzt; in den Grenzen von 1939
zählten die ehemaligen Provinzen Ober-
und Niederschlesien (1948) 2,2 Millionen
Einwohner. Die Kreiseinteilung wurde
im wesentlichen beibehalten; die großen
Verwaltungseinheiten (Woiwodschaften)
mehrfach umgegliedert, zuletzt am 1. 1.
1950. Seitdem bestehen die Woiwodschaften Breslau (Wroclaw), Grünberg
(Zielona Gora), Oppeln (Opole) und
Kattowitz (Stalinogrod).

Die polnische Wirtschaftspolitik mit
ihrer einseitigen Förderung der Grund-
stoff- und chemischen Industrie vernach-
lässigte die Land- und Forstwirtschaft
und zerstörte damit das gesamte Wirt-
schaftsgefüge von Grund auf. 17 Prozent
der Nutzfläche werden von Staatsgütern,
rund 65 Prozent von Kollektiven bewirtschaftet. Aus Mangel an Arbeitskräften

blieben Tausende von Hektar unbewirtschaftet. Die Anbauflächen sanken bei Getreide um 25, bei Kartoffeln um 46, bei Zuckerrüben um 37 Prozent; die Hektarerträge bei Getreide um 58, bei Kartoffeln um 57, bei Zuckerrüben um 52 Prozent (1951). Der Viehbestand (je 100 ha Nutzfläche) fiel bei Rindern von 56 auf 21, bei Schweinen von 78 auf 41. Verkehrspolitisch wurde Schlesien aus dem mitteleuropäischen Wirtschafts- und Kulturraum gelöst und an Osteuropa angegliedert.

Geschichte Schlesiens: Schlesien, dessen Name sich wahrscheinlich vom wandalischen Teilstamm der Silinger ableiten läßt, der von etwa 300 vor Christus bis 350 nach Christus an der Oder siedelte, wurde seit dem 6. Jahrhundert nach Abzug des Hauptteils der Germanen von kleinen slawischen Stämmen eingenommen. Seit dem 10. Jahrhundert herrschten in Schlesien die polnischen Piasten. Infolge polnischer Thronstreitigkeiten griff Kaiser Friedrich I. in Polen ein und erreichte 1163 die Bildung von zwei schlesischen Herzogtümern: Herzogtum Breslau (unter Boleslaw) und Herzogtum Ratibor (unter Mieszko). Beide Herzöge sind die Stammväter der zahlreichen schlesischen Piasten, die im Mittelalter mehrere Teilfürstentümer gründeten. Die Herzöge Heinrich I. (gestorben 1238) und Heinrich II. (gefallen 1241 bei Lieg-

nitz) bemühten sich besonders durch Ansiedlung deutscher Kolonisten, ihr Land kulturell zu heben. Nachdem durch die Verträge von 1335, 1338, 1356 und 1372 die polnischen Könige auf ihre schlesischen Ansprüche verzichtet hatten, trat Schlesien unter die Lehnshoheit der Könige von Böhmen, seit 1526 der Habsburger; die schlesischen Fürstentümer bewahrten sich jedoch stets ihre Eigenständigkeit. Dies zeigte sich im 16. Jahrhundert bei der Ausbreitung der Reformation in Schlesien. Der Dreißigjährige Krieg und die Gegenreformation brachten dem Lande viele Leiden. Karl XII. von Schweden erreichte 1707 die Rückgabe von 128 Kirchen an die Protestanten und das Recht, sechs neue Kirchen (Gnadenkirchen) zu bauen.

Nach dem 1. der Schlesischen Kriege fielen 1742 (Vorfriede von Breslau, Friede von Berlin) Niederschlesien, ein großer Teil von Oberschlesien und die Grafschaft Glatz an Preußen; der südliche Teil des alten Oberschlesiens blieb habsburgisch. Die 1742 habsburgisch gebliebenen Teile Schlesiens: Jägerndorf und Troppau, Teschen und Bielitz bildeten bis 1918 das Kronland Österreichisch-Schlesien mit der Hauptstadt Troppau. Durch den Frieden von St. Germain (1919) kam das Troppauer Gebiet und der Westen des Teschener Gebiets (4423 qkm mit 1930: 738 000 Einwohnern) an die Tschechoslowakei, 1938 zum Sudetenland (Regierungsbezirk Troppau), das Olsagebiet an Polen und 1939 zum Regierungsbezirk Kattowitz der preußischen Provinz Oberschlesien. Die östliche Hälfte des Teschener Gebietes kam nach der Teilung vom 28. Juli 1920 an Polen und wurde mit dem 1922 erworbenen Ost-Oberschlesien zur Woiwodschaft Slask vereinigt (Slask: 5280 qkm mit 1931: 1,55 Millionen Einwohnern, Hauptstadt Kattowitz).

Die preußische Provinz Schlesien wurde 1807 aus den 1742 erworbenen Gebieten und dem größten Teil der bislang kursächsischen Oberlausitz gebildet. Seit 1919 erlitt sie einschneidende Veränderungen. Der neue polnische Staat erhob, von Frankreich unterstützt, Anspruch auf Oberschlesien. Die Pariser Friedenskonferenz sah die sofortige Abtretung dieses Teilgebietes vor: durch die Vermittlung Großbritanniens wurde im Versailler Vertrag eine Volksabstimmung über das politische Schicksal Oberschlesiens festgesetzt; gleichzeitig wurden ohne Abstimmung das Hultschiner Ländchen an die Tschechoslowakei, nördliche Grenzgebiete des Regierungsbezirkes Breslau an Polen abgetreten. In Oberschlesien übernahm Anfang 1920 eine Internationale Kommission unter französischem Vorsitz die Regierungsgewalt im Abstimmungsgebiet, das gleichzeitig von

allierten Truppen besetzt wurde. Die Polen suchten unter ihrem Führer Korfanty durch wiederholte Aufstände (August 1919, August 1920) die Abstimmung zu verhindern oder gewaltsam zu beeinflussen. Die Abstimmung fand am 20. März 1921 statt. Aufgrund ihres Ergebnisses forderte Deutschland die Rückgabe ganz Oberschlesiens, Polen eine Teilung, die ihm das ganze Industriegebiet zusprach. Den polnischen Aufständischen, die wiederum vollendete Tatsachen schaffen wollten, leisteten die Selbstschutzorganisationen erfolgreich Widerstand. Der Völkerbundsrat fällte schließlich die Entscheidung über eine Teilung, die die Botschafterkonferenz am 20. Oktober 1921 bekanntgab. Polen erhielt danach den wertvolleren Teil Oberschlesiens mit vier Fünftel der Industrie und dem Hauptteil der Kohlenlager. Durch das deutsch-polnische Abkommen in Genf (15. Mai 1922) wurden auf 15 Jahre noch wirtschaftliche und minderheitsrechtliche Sonderbestimmungen getroffen.

Unterdessen war im Oktober 1919 der Regierungsbezirk Oppeln zur Provinz Oberschlesien erhoben worden; die Reg.-Bez. Liegnitz u. Breslau bildeten die Provinz Niederschlesien. 1934 wurden beide wieder vereinigt, 1941 wurde die Provinz Oberschlesien neu errichtet. (Am 17. Mai 1939 gab es im Regierungsbezirk Liegnitz die Kreise Grünberg, Freystadt, Glogau, Fraustadt, Sprottau, Hoyerswerda, Rothenburg/Oberlausitz, Görlitz, Bunzlau, Lüben, Lauban, Löwenberg, Goldberg, Liegnitz, Jauer, Hirschberg/Riesengebirge, Landeshut; im Regierungsbezirk Breslau die Kreise Guhrau, Militsch, Wohlau, Trebnitz, Groß-Wartenberg, Neumarkt, Breslau, Öls, Namslau, Schweidnitz, Ohlau, Brieg, Waldenburg, Reichenbach/Eulengebirge, Strehlen, Glatz, Frankenstein und Habelschwerdt, im Regierungsbezirk Oppeln die Kreise Kreuzburg/OS, Rosenberg/OS, Grottkau, Falkenberg/OS, Oppeln, Guttentag, Neiße, Neustadt/OS, Groß-Strehlitz, Tost-Gleiwitz, Beuthen-Tarnowitz, Hindenburg/OS, Beuthen, Cosel, Leobschütz, Ratibor.)

Als im Januar 1945 die sowjetische Großoffensive die deutsche Front von den Karpaten bis zur Ostsee durchbrach, gelang einem großen Teil der Bevölkerung trotz der Schnelligkeit des Vormarsches, der bereits Ende Januar Oberschlesien umgangen und Anfang Februar nördlich von Breslau den Bober erreicht hatte, die Flucht ins Gebirge und ins Sudetenland; am Tage der Kapitulation (8. Mai 1945) waren noch etwa 1,5 Millionen Schlesier zurückgeblieben (von 4,4 Millionen Ende 1944). Sofort nach der Kapitulation setzte die Rückwanderung der Flüchtlinge ein, besonders nach Niederschle-

sien; als Polen Ende Juni die neuen Grenzen an der Oder und Neiße und zur Tschechoslowakei sperrte, waren etwa 1 Million Schlesier zurückgekehrt. Noch bevor der Kontrollrat Pläne für die in Potsdam vereinbarte ‚humane Umsiedlung' ausgearbeitet hatte, begannen die Polen, die Deutschen unter Drangsalierungen auszutreiben; den Höhepunkt brachte der Sommer 1946; erst nach Abschluß eines britisch-polnischen Abkommens (1946) wurden die schwersten Mißstände der ungeregelten Austreibung beseitigt. Nur etwa 700 000 Schlesier blieben zurück, vor allem deutsche Bergarbeiter im Waldenburger Revier und die in der Mehrzahl mehrsprachige Bergbau-, Hütten- und bäuerliche Bevölkerung Oberschlesiens (Autochthone). 550 000 Schlesier waren umgekommen. Von den 3 150 000 nach Deutschland Geflohenen wurden rund 2 Millionen in der Bundesrepublik Deutschland, die übrigen in der Deutschen Demokratischen Republik aufgenommen.

Schlesier: Ostdeutscher Stamm beiderseits der mittleren Oder und an den Osthängen der Sudeten, der sich im 13. Jahrhundert aus deutschen Einwanderern bildete, besonders aus den thüringischen und (später) sächsischen Ländern, aus Franken vom Rhein-Main-Gebiet und aus Hessen, zum Teil auch aus ober- und niederdeutschen Siedlern. Diese Siedler kamen auf Wunsch der Piastenfürsten als Handwerker, Bauern, Kaufleute und Bergarbeiter ins Land; auch die Bischöfe von Breslau und die Zisterzienser (Klöster Heinrichau 1221, Grüssau 1292, Camenz vor 1247) waren an dieser friedlichen Kolonisation beteiligt. Bis etwa 1350 wurden 120 Städte und über 1200 Dörfer nach Magdeburger Recht gegründet und großenteils mit Deutschen besiedelt. Die zahlenmäßig schwache slawische Bevölkerung der Ebene wurde bald aufgesogen, die Gebirgsgegenden neu erschlossen; Oberschlesien blieb Übergangsgebiet mit starkem slawischem Bevölkerungsanteil.

Der Bevölkerungszusammensetzung entsprechen unterschiedliche Merkmale im Stammescharakter. Allen Schlesiern gemeinsam ist die Neigung, sich mit der Welt besinnlich-grübelnd auseinanderzusetzen. Altes Brauchtum und Trachten waren weit verbreitet, Sagen und Märchen (Rübezahl) überall bis in die Gegenwart überliefert. Das schlesische Haus gehört zum fränkischen Typ. Aus dem schlesischen Stamm kamen viele geistige Persönlichkeiten, so Jakob Böhme, Martin Opitz, Andreas Gryphius, Joseph von Eichendorff, Gustav Freytag und Gerhart Hauptmann.

Schlesische Dichterschule: In der deutschen Literaturgeschichte früher übliche zusammenfassende Bezeichnung für die Dichter, die an den Schlesier Opitz anknüpften (Erste Schlesische Dichterschule) und für die barocke (schwülstige) Richtung der Schlesier Hofmannswaldau und Lohenstein (Zweite Schlesische Dichterschule).

Schlesische Kriege: Die Kriege, die König Friedrich II. von Preußen gegen Österreich um den Besitz von Schlesien führte.

Erster Schlesischer Krieg (1740–1742). Als nach dem Tode Kaiser Karls VI. die Erbfolge seiner Tochter Maria Theresia bestritten wurde (Österreichischer Erbfolgekrieg), nahm Friedrich II. ehemalige brandenburgische Ansprüche auf das Fürstentum Jägerndorf zum Vorwand, um mit 22 000 Mann in Schlesien einzumarschieren (16. Dezember 1740). Er besiegte ein österreichisches Heer bei Mollwitz (10. April 1741), fiel in Mähren ein und siegte bei Chotusitz in Böhmen (17. Mai 1742). Maria Theresia sah sich gezwungen, im Frieden von Berlin (28. Juli 1742) Niederschlesien, einen großen Teil Oberschlesiens, sowie die Grafschaft Glatz an Preußen abzutreten. *Den Zweiten Schlesischen Krieg* (1744/1745) führte Friedrich, weil die Erfolge Maria Theresias im Österreichischen Erbfolgekrieg den Besitz Schlesiens bedrohten. Friedrich, der sein Bündnis von 1741 mit Frankreich erneuerte, eroberte Prag (16. September 1744), mußte aber bald Böhmen wieder räumen. Der entscheidende Sieg bei Hohenfriedberg (4. Juni 1745) rettete ihn aus der gefährdeten Lage. Bei einem Vorstoß nach Böhmen siegte er bei Soor (30. September) und konnte nach der Niederlage der Sachsen durch Leopold von Anhalt bei Kesselsdorf (15. Dezember) in Dresden einziehen. Im Frieden von Dresden (25. Dezember) gab Maria Theresia Schlesien endgültig preis; Friedrich erkannte Maria Theresias Gemahl, Franz I., als deutschen Kaiser an.

Schlesisches Himmelreich: Gericht aus gedörrtem Obst (Birnen, Pflaumen,

Äpfeln) mit frischem oder geräuchertem Schweinefleisch und Mehlklößen.

Schlesische Zeitung: In Breslau bis 1945 erschienene Tageszeitung, gegründet 1741 als Schlesische Privilegierte Staats-, Kriegs- und Friedenszeitung von J. G. Korn mit Privileg Friedrichs des Großen. Seit 1848 konservatives Organ unter dem Namen ‚Schlesische Zeitung‘; im Zweiten Weltkrieg unter Beibehaltung des Titels mit den ‚Breslauer Neuesten Nachrichten‘ vereint. Auflage Ende 1944: 135 000.

Schlesisch Ostrau: Früher Polnisch Ostrau; tschechisch Slezska Ostrava, Stadtteil von Ostrau (Mährisch Ostrau).

Egon H. Rakette

Die Oder bleibt immer die Oder

Die Oder bleibt immer die Oder
Strachate und Bansener Schleuse
Die Buhnen riechen nach Moder
der Fischer legt seine Reuse

Noch immer grünt Sauerampfer
Die Zeit versank uns im Strome
Bergauf keucht der radschlagende
    Dampfer
Getreide verspielt mit dem Mohne

Die Steine sind Steine geblieben
Scheitnig und Oltaschin
Der Wind hat die Möven vertrieben
die unter die Brücken fliehn

Noch immer im Schilfe das Säuseln
des Windes von Dyherrnfurth
Libellen die Brackwasser kräuseln
Die Taube im Domturme gurrt

Die Mauern von Magdalenen
Krietern und Opperau
Linke-Hofmanns Fabriksirenen
Pirscham und Morgenau

Wie kann uns das alles entgleiten
Mochbern und Carlowitz
Uns bleibt doch für Ewigkeiten
viel mehr als nur der Besitz

von Gärten und Sickerteichen
von Lüstern im Remtersaale
von Dyrrgoy und Hinterer Bleichen
vom Kahn im Umgehungskanale

Was in uns ist kann man nicht nehmen
Unendlich rauscht weiter der Strom
Man braucht sich der Liebe nicht
  schämen
zu Gräbern und Straßen und Dom

Hajo Knebel

Das schlesische Eichenblatt,
verwelkt ...

Rechts:
Olsa/Ruda/Klodnitz/Malapane/
Stober/Schwarze Weide/Bartsch/
und Faule Obra/
Warthe mit der Netze.
Links:
Oppa/Zinna/Hotzenplotz/

Glatzer Neiße/Ohle/Weistritz/
Katzbach/
Bober mit Queis/
Welse/.
Schließlich:
Dievenow/Swine/Peene
zwischen USEDOM und WOLLIN,
fern schon,
fern, droben in Pommern.
(Pommerland ist abgebrannt.)
Zauberwörter, Heimatnamen,
in der Kindheit gelernt
und fast schon vergessen.
Die blauen Oder-Rippen,
spröde geworden,
tragen das grüne Eichenblatt
nicht mehr.
Das Blatt ist verwelkt,
manche Namen fehlen schon
in der Erinnerung.

※

Aber, was tut's:
Die Oder
fließt noch immer
durch Schlesien
und fließt noch immer
IMMER
zum Meer ...

Der Schlesier als solcher
Versuch einer Charakteristik

gemütlich
treu
gesprächig
heimatliebend
phantasievoll
sanguinisch
melancholisch

Pankraz Geyer (Vulturinus)

. . . heiter an Gemüt

Der Schlesier ist heiter an Gemüt, die Traurigkeit verachtend, mild und streng in der Gesinnung, voll Liebe zur Heimat. Tugend liebt man in Schlesien, Frömmigkeit, die Gott versöhnt, und Demut und Gerechtigkeit... Berühmt ist der große Festschmaus bei der Kindstaufe, wobei die schlesischen Frauen in ihrem allerbesten Putz erscheinen; ein geflochtener Kuchen aus Mehl, Milch, Rosenwasser, mit Süßigkeiten bestreut, wird zu süßem Bier und Most aufgetragen... Vor den Toren der Stadt übt die Jugend alte Kampfspiele, wie überhaupt Bereitschaft und Wehr ein hervorstechendes Zeichen dieses ostdeutschen Bürgertums sind.

Joachim Cureus

Von der schlesischen Gemütsart

Die Gemütsart der Schlesier schwankt meistens zwischen sanguinisch und melancholisch. Deshalb trifft man bei ungebildeten Leuten (oft) eine gewisse Traurigkeit, Ernsthaftigkeit oder bäurische Schamhaftigkeit an. Wo aber durch Erziehung oder Gewöhnung erworbene Kultur vorhanden ist, zeigt sich der Schlesier nicht nur in bester Weise aller Künste fähig, sondern hat auch eine leichte Geschicklichkeit, Großes zu vollbringen.

Kaspar Schwenkfeldt

. . . frische Farben

Die Bewohner Schlesiens haben frische Farben, sind von gesundem und starkem Körperbau, umgänglich und zuvorkommend, aber sie berauschen sich leicht und oft!

Joseph Kausch

Schlesische Tugenden und Untugenden

Unter den herrschenden Tugenden des Schlesiers darf man nach meinem Erachten Bonhomie, Biedersinn, Ehrlichkeit, Untertanentreue, Toleranz, Nachgiebigkeit rechnen, zu seinen Fehlern eine gewisse Indolenz, einen Hang zu bonne chère (guter Kost) und selbst zur Gemächlichkeit.

Wenzel Scherffer von Scherffenstein

Gut schlesisch allerwege

Dies Völklein, das aufrecht,
    wenn es den Mund gerühret,

Beim Worten allemal das Herze
   mitgeführet,
Das Ehr und Tugend nie gesetzet aus
   dem Sinn,
Und Treu und Redlichkeit noch setzet
   vor Gewinn.

Paul Winckler

. . . tapfere schlesische Kavaliere

Ein jedes Land traget Rosen und Disteln,
tugend- und lasterhafte Leute, voraus
aber dieses Schlesien so tapfere Kavaliere, die sich bereits bei den Ausländern
mit allen verständigen Qualitäten der-
maßen berühmt gemacht, daß so wenig
eine böse Blatter oder bedeckte Narbe
einem schönen Leib das geringste be-
nimmt, als auch dergleichen unartiger
dem recht ehrgewidmeten in seinen rit-
terständigen Grenzen beruhenden Adel
nicht beschimpfen kann.

Johann Wolfgang von Goethe

Distichon für die Knappschaft in Tarnowitz

Fern von gebildeten Menschen,
   am Ende des Reiches,
      wer hilft euch
Schätze finden und sie glücklich zu
   bringen
      ans Licht?

Nur Verstand und Redlichkeit helfen,
   es führen die beiden
Schlüssel zu jeglichem Schatz,
   welchen die Erde verwahrt.

Arno Lubos

Der Schlesier und die Romantik

Für den Schlesier bedeutete die Gefühls-
welt der Romantik eine neue Entspre-
chung seines Wesens. Und doch bedurfte
es zu einem derartigen Aufschwung aus
dem Tiefstand des 18. Jahrhunderts
einer äußerlichen und gewaltsamen Wen-
dung, die das Land zunächst einmal zu
einem geistigen Erwachen brachte. Dieses Ereignis war der Zusammenbruch
Preußens 1806, der Einmarsch der Napo-
leonischen Heere; im Kanonendonner
von Glogau, Breslau, Glatz und Kosel
war Schlesien überraschend hineinge-
stellt in ein Weltgeschehen. Es war ein
erschütternder, aber geistig segensreicher
Umbruch, eine Erweckung des ganzen
Staats- und auch des Kulturbewußtseins.
Nicht nur in der Frage der äußeren Poli-
tik mußte sich Schlesien endgültig ent-
scheiden, zu Österreich zurückzukehren
(die Frage wurde tatsächlich erörtert)
oder aber den zu erwartenden Freiheits-
kampf als ein Kernstück des preußischen
Staates auf sich zu nehmen – das hieß:
in seiner ganzen geistigen Hinwendung

preußisch, norddeutsch zu· werden. Der Schlesier hat sich in seinem Innern freilich nicht wandeln können, aber da das Preußentum jener Zeit vom Romantischen her beseelt und verinnerlicht wurde, hat er es verstanden, sich mit ihm zu verknüpfen.

Carl von Holtei

Heem will ihch

Mihch han se ooch schund manchmal da
   und durten
gar sihr traktiert und han mer Gutt's
   getan,
bei Fürschten und Herzogen und bei
   Grawen,
scheene Frauvölker und gelehrte Herrn,
   in grußen Städten und uf hochen
   Schlössern,
in fremden Landen aber suste wu,
daß ihch eegen schaamze, weil ihch's ihm
nich wert bihn! – Nu's gefiel mir schund,
   o ja! –
Im besten Freu'n, im allergrüßten
   Teebse,
liß sihch doch immerzu de Sehnsucht
   spieren.
Nach wahs? – Nu globt mersch, ader
   globt mersch nich:
nach meinem kleenen Haus in Obernigk
samt seinem Schindeldächel und a
   Tannen,

die vur der Türe stihn, däm bissel
   Gaarten,
däm Taubenschlage und där grünen
   Laube!
Wie schilgemol, – du weeßt's, mei lieber
   Gott –
hab ihch geseufzt und seufz' ich hinte
   noch:
„Heem will ihch, suste weiter nischt, ack
   heem!"

Carl von Holtei

Fromme (schlesische) Wünsche

Und vum Uckse de Kraft
Und vum Sperlich a Saft,
Und vum Marder a Zahn,
Und do waer' ihch a Man!
   Annen Bart wie a Buck,
   Und an'n Zippelpelzruck,
   wie a Zeiske su grien,
   Und do waer' ihch wul schien!
Und de Nase vum Fuchs,
Und de Oogen vum Luchs,
Und de Beene vum Faerd,
Und do waer' ihch was waert!
   Wie a Löwe an Mutt,
   Wie ä Bählamm su gutt,
   Und su flink wie a Querl,
   Und do waer' ihch a Kerl!
Wie a Hirsch nie nich matt,
Wie a Schlammpeissker glatt,
Wie Scholastern gescheit,
Und da käm' ihch wul weit!

Arno Lubos

Eselsfresser . . .

Der Ursprung des Titels „Die Eselsfresser" (Carl von Holtei „Die Eselsfresser", 6 Bände, 1860) ist noch heute umstritten. Er ist ohne Zweifel ein Spottname auf die Schlesier, für den zwei Versionen möglich sind: die Sage, die Schlesier hätten einen Esel für einen Hasen gehalten, erlegt, in Zobten gebraten und in Breslau verzehrt – und die Bergmannssage vom goldenen Esel zu Reichenstein, nach der 99 Bergknappen der Tod ereilt haben soll, weil sie, um einen vom Teufel verheißenen goldenen Esel zu gewinnen, gegen das Sonntagsgebot frevelten. In jedem Falle bezog sich der Spottname auf Gewinnsucht. Holtei deutete sie um – und darin nahm er sich selbst und wohl auch den Eichendorff'schen Taugenichts als einen Typus des Schlesiers – vom rein Materiellen in ein Streben in die Weite, in eine stets und immer ungestillt bleibende Sehnsucht. Er wollte dabei aber auch den Widerspruch im schlesischen Charakter zeigen: aus der Heimat hinaus in die Welt zu wollen und sich dann zurückzusehnen, im ständigen Widerspiel. Die Heimat liegt im Blut, das von Träumen unruhig, vom Grübeln getrieben . . . Das Zurückfinden, wie es Carl von Holtei selbst geschah, ist das Wesentliche, ist die Harmonisierung – im Eichendorffschen Sinne – als „Heimat".

August Kopisch

Der schlesische Zecher

Auf Schlesiens Bergen, da wächst ein Wein,
der braucht nicht Hitze, nicht Sonnenschein;
ob's Jahr ist schlecht, ob's Jahr ist gut,
da trinkt man fröhlich der Traube Blut.

Da lag ich einmal vorm vollen Faß.
„Ein andrer soll mir trinken das!",
so rief ich, „und soll's der Teufel sein,
ich trink ihn nieder mit solchem Wein!"

Und wie noch das letzte Wort verhallt,
des Satans Tritt durch den Keller schallt.
„He, Freund, gewinn ich, so bist du mein!
Ich gehe", so ruft er, „die Wette ein."

Da wurde manch Krüglein leer gemacht;
wir tranken beinah die halbe Nacht.
Da lallte der Teufel: „He, Kamerad,
beim Fegfeuer! Jetzt hab' ich's satt!

Ich trank vor hundert Jahren in Prag
mit den Studenten Nacht und Tag;
doch mehr zu trinken solch sauern Wein,
müßt' ich ein geborener Schlesier sein!"

Arno Lubos

Die Schlesier und der Realismus

Vermochte Schlesien dem Realismus zu folgen? Jenes Schlesien, das so ganz barock und romantisch war und das seit Jahrhunderten in der Poesie dahinträumte? Konnte jener poetische Flug, der – ob dichterisch vermögend oder nicht – in Wahrheit stets in die Höhe des Unbemessenen und Unbegreiflichen hinaufblickt, hinabsinken in die Welt der Realitäten, an der der Schlesier seit dem Barock gescheitert war?

Die Schlesier haben im Realismus – aus ihrer Natur heraus – kein sonderliches Geschick gezeigt, obgleich die Zahl der Schriftsteller mehr als reichlich ist. Allein Gustav Freytag ist der Schlesier des Realismus, dem eine größere Bedeutung zukommt. Seine weite Popularität, die er dem nationalen Bürgertum Preußens und dem Wilhelminischen Zeitgeist verdankte, ist heute allerdings geschwunden. Freytags Realismus war dabei – wenigstens in seinem Ansatz – ein recht schlesischer, aus der Situation seiner engeren Heimat und der Breslauer Universität heraus gewachsen und immer verhaftet geblieben den ideellen Grundlagen seiner Jugendzeit.

❉

Gustav Freytag

Die Schlesier

Die Schlesier: ein lebhaftes Volk von gutmütiger Art, heiterem Sinn, genügsam, höflich und gastfrei, eifrig und unternehmenslustig, arbeitsam wie alle Deutschen, aber nicht vorzugsweise dauerhaft und sorgfältig; von einer unübertrefflichen Schwungkraft, aber ohne gewichtigen Ernst, behende und reichlich in Worten, aber nicht so eilig bei der Tat, mit einem weichen Gemüt, sehr geneigt, Fremdes anzuerkennen und auf sich wirken zu lassen und doch mit nüchternem Urteil, welches ihnen die Gefahr verringerte, das eigene Wesen aufzuopfern; beim Genuß heiterer, ja poetischer als die meisten anderen Stämme, aber in seinem idealen Leben vielleicht ohne die Größe gewaltiger Volksnaturen. Wie das Volk ist auch sein Dialekt: breit, behaglich, sorglos fallen die Worte von seinen Lippen; er ist reich an liebevollen Verkleinerungswörtern und abgeleiteten Verben, welche gemütliche Nuancen der Zustände oder Handlungen bezeichnen.

Volksmund

Schlesier unter sich

Sie spendieren gern: A bissel woas mecht schunt sein!

Sie bedauern: Där hot an eener Päch-
nälke geschnuppert!
Sie zürnen: Uff's moagerschte Faard
sätzn sich die fättesten Fliegn!
Sie warnen: Brich dir keen Zacken aus
der Krone!
Sie trösten: Olles hot a Ende – nur de
Wurscht hot zwee!
Sie lästern: Dar stinkt wie a Wiedehopf!
Lie loben: Ibern grienen Klee!
Sie freuen sich: Wie a Schniekeenig!
Sie jammern: Nu ja ja, nu nee nee!
Sie leben: Wie de Made ei'm Speck!
Sie essen: Wie a Scheunendrescher!
Sie trinken: Wie a Faard! Oder: Wie ane
Tiese!
Sie drohen: Dich sack ich dreimoal ei a
Sack und wieder raus!
Sie schreien: Wie am Spisse und wie a
Feuerkoalb.
Sie putzen sich: Wie a Fingstuckse!
Sie bedauern: Eefältig wie ane Wirts-
haussuppe!
Sie krebsen: Wie de Fliege ei der Putter-
milch!
Sie mißbilligen: Das timmste Vieh pläkt
am mehrschten!
Sie belehren: Schnelle Hopser taugen
nischt!
Sie wünschen: Kurze Prädigt und lange
Bratwürschte!
Sie spaßen: Sieben Kinderla und sechs
Hemdla is kee Spaß nicht!
Sie überlegen: Lieber im Winter a Popel

als eim Sommer a Kriepel!
Sie wissen: Man kann nich uff zwei
Huxen tanzen!
Sie bestätigen: Uff andrer Leut Puckel
is gutt rutschen!

Joseph Partsch

Vom schlesischen Volksstamm

Mit all seinen Gaben und seinen Schwä-
chen hat der schlesische Volksstamm an
dem geistigen Leben, der wirtschaftlichen
Leistung und der Wehrhaftigkeit des
deutschen Volkes einen früh in Kraft
tretenden und mit den Jahrhunderten
sich steigernden Anteil genommen, den
niemand im Gesamtbilde deutschen Lebens missen möchte. Keine Geistesbe-
wegung konnte Deutschland erfassen,
ohne ihre Wellen bis auf den schlesischen Boden fortzupflanzen, und bisweilen ging gerade von ihm aus der Anstoß zu einer neuen Richtung wissenschaftlichen oder künstlerischen Strebens.
Wohl ist es richtig, daß unter die Zahl
bedeutender Schlesier, die Deutschland
nennt, wenn es die besten seiner Männer
zählt, eine Reihe starker Individualitäten
gehört, die keine Spur vom Wesen ihres
heimischen Volkes an sich tragen und
für deren Entwicklung es ziemlich gleich-
gültig blieb, wo ihre Wiege stand. Aber
ebenso gewiß liegen bei anderen gerade

die Wurzeln ihrer originalen Kraft im Boden des schlesischen Volkstums, auch bei solchen, die erst auf fremder Erde, in einem der Heimat abgekehrten Wirkungskreise ihr Bestes geleistet haben.

Karl Weinhold

Der Schlesier — ein Kaleidoskop

Der Schlesier ist ein Kaleidoskop; je nachdem er geschüttelt wird, bietet er dem Auge verschiedene Figuren. Er ist natürlich vor allem gemütlich, er ist treu, zugänglich, emsig und klug, in Unternehmungen mühsam; er ist gesprächig, voll trockenen Humors, hat sprachlichen Formsinn und macht gern Verse, namentlich, wenn er verliebt ist, wozu er sehr neigt, und wenn es diese oder jene Festlichkeit gibt. Er liebt die Musik, hat Neigung für Phantastisches; religiöse Schwärmerei hat daher oft in Schlesien Boden gefunden. Er hat Familiensinn und liebt die Kinder, er hängt fest an seiner Heimat. Aber der Schlesier ist auch derb und realistisch bis zum äußersten, leichtsinnig und sinnlich, verfällt in weichliche Unentschlossenheit und läßt seine guten Anlagen in Trägheit und dilettantischer Zerfahrenheit verkommen. Er verwechselt im Reden und Schreiben die Breite mit der Tiefe. Er übertreibt seinen Heimatsinn bis zum

Aberglauben, daß nur zwischen den Sudeten und der Posenschen Grenzlinie sich leben lasse.

Hermann Stehr

Vom Wesen des Schlesiers

In manchen Gegenden der Flußniederungen treten dir schwere, massige Menschen entgegen, wortkarg, in einer gütigplumpen Überlegenheit. Und bist du schon einmal in deinem Leben zwischen Deventer und Zuthen hindurchgegangen, so meinst du, in den Schlesiern keine Schlesier, sondern Vlamen zu sehen, und selbst ihre Sprache hat noch vieles vom Klange ihrer holländischen Heimat.
Die Dörfer in den schlesischen Vorbergen zeigen in der sauberen Heiterkeit ihrer Gehöfte und Hütten und in der eigenwilligen Schönheit ihrer Anlage den ausgesprochenen Typus fränkischer Siedlungen. Denn schaut man auf der Eisenbahnfahrt um Feuchtwangen in Franken aus dem Wagen, so sieht es nicht anders aus, als kutschierte einen die Lokomotive durch die Striegauer Gegend. Das Schalkhaft-Spöttische der Bewohner, die heitere Gelenkigkeit, die sich merkwürdigerweise mit einem nie ganz besiegbaren Verstocktsein vereinigt, würden den Menschen schon vollkommen der fränkischen Art einreihen, wenn ihm nicht

zum Überfluß auch noch das jähe, ihn selbst überraschende Losfahren eigen wäre. Tiefer in den Bergen sitzen wohl die Nachkommen der Thüringer, versonnen, leichtsinnig, träumerisch. Sie lachen wie durch einen Schleier und befruchten und verwirren ihren Verstand durch ein Gemüt, das unergründlich und phantastisch zugleich ist. Böhmische und mährische Einschläge verdunkeln etwas die liederfröhliche Klarheit ihres thüringischen Grundwesens.

Doch damit ist die Vielfältigkeit schlesischen Wesens noch nicht erschöpft. Wie viele polnische Teiche stehen ratlos und bange darin; von wie manchem wendischem Schatten wird es beunruhigt! Aber das seltsame ist, daß in jedes schlesischen Einzelmenschen Eigenart sich alle diese Stämme und Rassen durcheinanderzutummeln scheinen, aus denen im Laufe der Jahrhunderte die Bevölkerung meines Heimatlandes zusammengemischt worden ist.

Du selbst, Schlesier, legst dich schlafen wie ein Vlame, springst wie ein draufgängerischer Franke in den Tag, arbeitest wie ein Pole, und verlierst dich, von einem sentimentalen Tschechen oder Wenden an der Linken, von einem verträumten Thüringer an der Rechten geführt, durch den Abend in die Nacht. Der Charakter der Schlesier ist wie eine Volksversammlung, die erregt debattiert und keine Resolution faßt. Noch in jedem Entschluß und Gefühl stört diese tausendfältige Problematik den ruhigen, sicheren Ablauf, und zugleich bestimmt sie die wesentliche Eigenart des ganzen Stammes, seine Veränderungssucht, seine zähe, fast kindliche Liebe zur Scholle und sein künstlerisches Talent.

August Lichter

De schläs'sche Gemittlichkeet

Wu jung und ahlt zusammahält,
do labt sich's schien und gutt.
Woas nutzt a Strump vul boares Geld,
wenn oll's sich händeln tutt.
Drüm gilt mer de Gemittlichkeet
suviel als wie a Schmotz,
dan ich ei oller Herzlichkeet
uf's Guschla ga mem Schotz.

Wenn Diech's, Du prawes Weibla Du,
vom gorscht'ga Ala kränkt,
weil Montigs, daß a do partu
bluß oan a Bräuer denkt:
Hiersch', ginn 'm ock doas Neegla Bier,
– die andern schloppern Wein –
und setz' 'm lieber Dinstigs vür
'n Harig uf die Pein.

Der Moan und 's Weib, doas is ee Leib,
drüm, Aler, merk dersch gutt:

Wünscht sich Dei Weib zum Zeitvertreib
'n Schürze, Rook und Hutt,
do mach' orscht keene Würgerei,
niem flink a Watschler raus,
greif nei recht tief, do kimmt o glei
Gemittlichkeet eis Haus.

Um doß Dei Geld ne müssig leit,
und doß De ne drüm kimmst,
do wirscht De darb vo Zeit zu Zeit
zum Steuerzoahln verbimmst.
Mach' keene Zucht, wenn Du o org
mit 'm Dauma wackeln mußt,
der Steuermoa macht sich 'n Quorg
aus Denner Wutt und Buhst.

Goar mancher koan ne glücklich sein,
led't schauderhoft'ge Nut,
und schosst, ver lauter Liebespein,
sich endlich mausetut.
Doch war gemittlich is, dar gofft
die Sache andersch oan:
„Foahr' hin, mei Kind!" spricht dar
    und schofft
sich glei 'n andre oan.

Wenn Hinder und is Gänseviehch
und Schmied's sei Taubahaar
den 'n Hoaber äga, Striech fer Striech,
de Garschte kreuz und quar:
Ock schick' a ne a Hund uf's Kleed,
und schlo ne ein se nei!
Nee, joa se ei Gemittlichkeet
a Tag zwee-, dreimool rei.

Kränkt Dich amool der Nupperschmoan
und kimmt Der sackvelgroob,
so siehch Der ock a Himmel oan
und thu, als wärscht De toob;
und looß a pulwern, wie a wiel,
und thu a ne verkloan;
denn de Ufgoata kusta viel:
Drüm bleib gemittlich, Moan!

Und weil uns de Gemittlichkeet
a frischa Mutt derhält
ei dieser Zeit, ei Surg' und Leed,
do gilt se mer wie Geld.
Drüm lußt ock, ohne Underschied,
Gemittlichkeet eis Haus:
War heute noch eim Juche zieht,
sponnt uft' schunt murne aus!

C. Luppa

Eigentümlichkeiten der Oberschlesier

Geradezu staunenerregend ist die Bedürfnislosigkeit des Oberschlesiers in
der Magenfrage, und hierin findet man
die Hauptursache zur Verächtlich-
machung dieses Volksstammes. Nach be-
kanntem Modus der Übertreibung weiß
man sich nicht genug zu erzählen, wie
schlecht der Oberschlesier ißt. Ob dies
wohl nun gerade ein triftiger Grund der
Geringschätzung ist? – Die Geschichte

rühmt wohl die einfache Lebensweise eines Sokrates, einer Diogenes, sie preist die Einfachheit in den Ernährungsverhältnissen der Spartaner – die Gegenwart findet auch wohl Bedürfnislosigkeit als schätzenswerte Tugend – nur am Oberschlesier ist sie ihr ein Grund zu tiefer Mißachtung. Wohl darf sich der Oberschlesier einer ganz ungewöhnlichen Bedürfnislosigkeit rühmen. Die Einfachheit seiner Speisekarte dürfte selbst dem strengsten Asketen imponieren, und jeder Vegetarier könnte mit Hinweis auf jene Bevölkerung den schlagendsten Beweis dafür erbringen, daß auch eine ausschließliche Pflanzenkost geeignet ist, trotz schwerer Arbeit die Menschen gesund und kräftig zu erhalten. Das regelmäßige Frühstück bilden „Zur" und Kartoffeln. Der Mittagstisch bringt Kartoffeln, Sauerkraut, Graupe, Hirse und ähnliches. Zum Vesperbrot ist Quark (frischer Kuhkäse) eine gerngesehene Zuspeise. Das Abendbrot besteht wohl wieder aus „Zur" und Kartoffeln; im Sommer ersetzt ersteren mitunter die Buttermilch. Fleisch ist ein Gericht, welches beim wohlhabenden Bauer vielleicht des Sonntags, bei der ärmeren Bevölkerung nur an hohen Festtagen den Mittagstisch ziert. Erfreut ist man schon, wenn einmal ein Hering die Einförmigkeit der Tafelfreuden unterbricht. Kartoffelklöße mit Kürbisbrei sind Delika-

tessen, welche nur besonderen Festtagen, gewöhnlich der Feier der Kartoffelernte, gebühren. Auch der Kaffee ist nur ein Sonn- und Feiertagsgetränk, bedauerlicherweise ist dies aber auch der Branntwein, ja gar nicht selten werden seinem Genusse sogar Extrafeste gestiftet.

Wie in des Oberschlesiers Ernährungsweise, so äußert sich auch in seiner sonstigen Lebensart die denkbar größte Einfachheit. Streng lehnt er sich an das biblische Wort: „Sechs Tage sollst du arbeiten, am siebenten aber ruhen", und so fleißig man ihn auch die Woche über in Feld und Hof hantieren sieht, an Sonn- und Feiertagen rührt er keinen Finger zur „knechtischen Arbeit". Nur die allerwichtigsten Gründe vermögen ihn vom Kirchgange zurückzuhalten. Sein streng kirchlicher Sinn ist auch Veranlassung, daß für ihn von ganz besonderer Wichtigkeit des Jahres Hauptfeste sind, welche er denn auch nicht allein aufs gewissenhafteste in kirchlich vorgeschriebener Weise feiert, sondern auch mit einem Kranz eigentümlicher, meist recht sinniger Gebräuche poetisch umschlingt. Der heilige Abend z.B. (24. Dezember, Abend vor dem Christfest) ist ihm ein Zeitpunkt, der ihn mit geheimnisvoll-süßem Schauern erfüllt. Selbst die stumme Natur läßt er Anteil nehmen an dem Wunderwerk der Menschwerdung des Gottessohnes. Es lösen sich die Fesseln des Natürlichen, und übernatürliche Fähigkeiten fallen Pflanzen und Tieren zu. Der entblätterte Obstbaum im Garten, wie starr und tot er auch scheinbar in den Fesseln des Winters liegt, an diesem Abende, da mischen sich seine Säfte mit geheimnisvollem Weben zur künftigen Frucht; daher versäumt auch der Besitzer zur Erzielung reicher Obsternte niemals, den Stamm mit einem Kranze jenes Strohes zu umflechten, welches er während des weihevollen Nachtmahls dieses wichtigen Abends unter das Tischtuch gebreitet hat. Von den Speisen dieses Nachtmahls läßt er auch sämtlichen Tieren seines Besitztums zukommen, und in der nun folgenden Nacht gewinnen diese in wunderbarer Weise die Fähigkeit der Sprache, kündend die unabwendbare Zukunft. Sie zu belauschen aber ist äußerst gefährlich, und die Sage erzählt von einem Horcher, der, im Stall verborgen, in dieser merkwürdigen Nacht die Gespräche seines Viehs belauschend, die Worte vernahm: „In drei Tagen fahren wir unseren Herrn zum Friedhof hinaus!" – Und so geschah es. Der Schreck hatte den Lauscher getötet.

In fast noch höherem Ansehen steht das Osterfest. Die langen Wochen der Fastenzeit brachten ihm zwar manche kirchlich auferlegte Entbehrung, und die letzten Tage der Karwoche sahen ihn nicht nur des Tages in der Kirche, sondern sogar die Nächte brachte er am Grabe seines Heilandes bei ernstem Gebet und dem Gesange tieftrauriger, eigentümlich reizvoll melodisierter Lieder zu. Wenn aber noch in der dunklen Frühe des Ostersonntagmorgens das ‚Halleluja' des Priesters die Auferstehung des Herrn kündet, dann erblickt man einen langen Reiterzug, die Jünglinge des Dorfes, unter Vorantragung kirchlicher Fahnen die heimische Feldmark umwallen, mit hellschmetterndem Sange jubelnder Osterlieder dem Gedeihen der Feldfrüchte den Segen des Himmels erflehend. Den pomphaften Charakter aller Festlichkeiten zeigt das Ablaßfest, das Patronatsfest der heimatlichen katholischen Kirche. Weit über die dörflichen Grenzen, ja über die Parochie hinaus schlägt es die festlichen Wellen. In feierlichen Prozessionen mit wehenden Fahnen und unter dem Schmettern der Musikklänge wallen die Gläubigen benachbarter Parochien zum Ablaßorte, wo sie mit vielstimmigem Glockenklange empfangen werden. Gellend erschallt die Stimme des Vorsängers, der den zu singenden Liedertext in kurzen Abschnitten vordeklamiert, worauf stets Chor und Musik brausend einsetzen. Der stille Dorfanger unweit der Kirche, sonst nur unbestrittener Tummelplatz friedlicher Gänse, Enten und Hühner, bietet heute ein gar buntes

Leben. Aus dem benachbarten Städtchen sind Kaufleute, Händler und Krämer in großer Zahl herbeigeeilt und haben hier eine lustige Zeltstadt gegründet. Hierher führt mit gönnerhaft schmunzelnder Miene der Bursche sein verschämt sich scheinbar sträubendes Schätzchen, ihm die Wahl überlassend unter den mächtigen Pfefferkuchenpaketen mit den sinnvollen Sprüchen, unter den Männern, Pferden und Herzen aus demselben süßen Material. Jener Hütejunge, dem zur Feier des Tages der gutgelaunte Dienstherr den blanken „Fünfböhmer" (50 Pfennig) gespendet hat, trachtet nach reellerem Genuß. Bald schlägt er die kräftigen Zähne in die appetitlich glänzende Wurst, die aus viel Graupe und wenigem Fleisch besteht. Eine saure Gurke beschließt das Göttermahl, dessen Kosten kaum einen Riß von 15 Pfennig in seinem Vermögensbestand verursachen. Mit dem Reste aber, o wie reich, wie glücklich dünkt er sich da! – Dort aber, da mustert der sorgsame Hausvater die langen Reihen der Schuhe und Stiefel, während die Blicke seiner trauten Ehehälfte festgebannt sind von der bunten Pracht ausgebreiteter Stoffe und Tücher. Das vorwitzige Söhnchen aber hat schon lange dem glückverheißenden Rade zugeschaut, bis mit plötzlichem Entschluß er den mächtigen Zeiger in schnarrender Bewegung kreisen läßt, der ihm dann

endlich nur weist, daß er ein ‚Narr des Glücks' ist. So erfüllt ein Wogen und Drängen, ein Markten und Feilschen das sonst so stille Dörfchen, als wäre es urplötzlich zur volkreichen, handelsbeflissenen Stadt geworden. Der nächste Morgen aber giebt ihm sein ursprüngliches Gepräge wieder.

So geteilt in ‚saure Wochen, frohe Feste' schwindet dem Oberschlesier der Sommer dahin, und die Kirmeß (Kirchmeß, Kirchweihfest) eröffnet mit Tanzvergnügen und „Keilerei", welche in Anbetracht des leicht überschäumenden Slavenblutes ziemlich programmäßig zusammengehören, die Wintersaison, deren kurze Tage er meist auf der Dreschtenne zubringt, während die langen Abende dem Spinnen des selbstgebauten Flachses gewidmet sind. Letzterer Arbeit suchen die jungen Dorfschönen möglichst angenehme Seiten abzugewinnen, indem sie sich am bestimmten Orte zum Spinnabende versammeln. Mit Eifer ist jede bestrebt, das aufgetragene Pensum möglichst bald zu erledigen. Die flackernd geheimnisvolle, behaglich anheimelnde Kienholzbeleuchtung auf dem Kamin ist trefflich geeignet, trauliche Erzählungen aufkommen zu lassen: schauerliche Märchen, düstere Sagen, abenteuerliche Zaubergeschichten – glutvoll farbenreiche Erzeugnisse einer blühenden Volksphantasie. Versiegt der Quell, dann greift man wohl zum Liede, um sich damit die Zeit zu kürzen. Bald aber erscheinen die Burschen des Dorfes, und ihre fröhlichen Scherze und übermütigen Neckereien machen es dem mit ihrer Arbeit im Rückstand gebliebenen Mädchen gar schwer, ihrer Pflicht zu genügen. Wenn aber dann Geige und Harmonika lustig erklingen, dann schwingen sich bald die Paare im fröhlichen Reihen. Doch ist die poesievolle Spinnstubeneinrichtung stark im Absterben begriffen.

Max Waldau, Gustav Freytag,
Victor Kaluza, Karl Klings-Patschkau

Über den Oberschlesier

Der Oberschlesier hat zu allem Geschick; gebt ihm ein Instrument, er spielt es in kurzer Zeit; zeigt ihm, wie etwas gemacht wird, er macht es nach; nur Gelegenheit; und die Kerle sind Tausendkünstler (Max Waldau).

Die Oberschlesier gehören zu denen, die ein wenig für sich selbst leben und ein wenig für ihre Freunde, in der Hauptsache aber für ihr Volk (Gustav Freytag).

Gott verläßt einen Oberschlesier nicht, auch wenn er etwas polnisch spricht!
(Victor Kaluza)

Gieht's uns gutt aber schlecht,
sei ber Herr aber Knecht,
giehts nach Ost aber West,
sitz ber irgendwo fest –
wu ber ziehn, wu ber sein:
Schläsinger wull ber immer sein!
(Karl Klings-Patschkau)

Georg A. Magiera

Von den oberschlesischen Bergleuten

Sie lachten gern, die oberschlesischen Bergleute, die aus den Kohlerevieren von Beuthen, Gleiwitz und Hindenburg, von Laurahütte, Kattowitz und Königshütte. Sie lachten vor Ort bei ihrer schweren Arbeit, um die langen, harten zwölf Arbeitsstunden in Finsternis und lauernder Gefahr besser überstehen zu können. Sie lachten beim Umtrunk nach der schweren Schicht bei einem Glas Sobczyk, mit dem sich so schön der Kohlenstaub in ihren Kehlen löste, und sie lachten auch gern im Kreise ihrer Familien, wenn irgend etwas gefeiert wurde.
Es ist etwas Eigenartiges um den oberschlesischen Bergmann und seinen Humor. Hier wird so recht das abgewandelte Sprichwort zur Wahrheit: „Zeige mir, wie und worüber du zu lachen vermagst, und ich will dir sagen, woher du kommst." In der Tat: Man vermag ein

Volk nach der Art zu beurteilen, in der es zu lachen und fröhlich zu sein versteht. Auch den oberschlesischen Menschen, besonders aber den Bergmann, können wir im Spiegel seines Lachens erkennen. Was ist es, was den oberschlesischen Humor, den des Kohlenpotts, so charakterisiert? Nun, der Bergmann hat trotz seiner schweren und gefahrvollen Arbeit (oder gerade vielleicht deswegen) ein weiches Herz und ist in seiner ganzen Art gemütvoll. Er bringt bei seinen heiteren Geschichten absolut den Mut zur Selbstironie auf, und wie arm ist der Mensch, der nicht über sich selbst zu lachen vermag! Sein Humor trifft genau ins Schwarze, wirkt aber nie verletzend oder den anderen bis zur Hilflosigkeit lächerlich machend. Er setzt voraus, daß der andere, der sich in der heiteren Geschichte, der Schnurre oder in der Pointe des Witzes karikiert fühlt, mitlacht. Die manchmal rauhe Art des Witzes soll zumeist das Innere ein wenig verbergen. Der oberschlesische Humor hat manches von dem ‚schlesischen Charme' schlechthin, und es wäre ein nicht wieder gut zu machendes Mißverständnis, wenn man glaubt, oberschlesischen Bergmannshumor nicht hochdeutsch erzählen zu können. Freilich gehen die Geschichten leichter vom Mund, wenn man sie in der Umgebung von Oberschlesiern erzählen kann. Aber das ist mit dem Humor aller Volksstämme so. Der Oberschlesier spricht beileibe kein schlechtes Deutsch. Für ihn war die Muttersprache Sonntagssprache, Sprache, in der er beten gelernt hat, die man in der Schule lehrte, von der Kanzel predigte und auch im öffentlichen Leben pflegte. Er spricht eine dialektfreie Sprache, die freilich manchmal durch das harte ‚R' hart wie „Bindfarrden" klingt. Mit vielen Ausdrücken aus anderen Dialekten ist die Sprache angereichert, wobei der Einfluß aus dem Niederschlesischen stark ist. Auch der Oberschlesier sagte: „So ein Gelaber", wenn einer zu lange oder zu langweilig redete. Auch für ihn war die Fußbank eine ‚Ritsche' wie für den Gebirgsschlesier das ‚Ritschla'. Fast jeder oberschlesische Bergmann beherrschte das sogenannte Wasserpolnisch, das mit der polnischen Sprache überhaupt nichts oder nur wenig gemein hatte. Und es ist ein fundamentaler Irrtum, gerade aus diesem Umstand etwa abzuleiten, daß der Oberschlesier kein guter Deutscher war. Aus diesem Irrtum ist schon viel Unheil erwachsen.

Etwas argwöhnisch und skeptisch stand der oberschlesische Bergmann freilich den aus dem Westen Zugereisten gegenüber. Er wußte, daß er von ihnen als ‚Pollack' bezeichnet wurde. Wenn über oberschlesischen Bergmannshumor geschrieben wird, so sollte auch an den pseudo-oberschlesischen Witz erinnert werden. Der ist in den Hirnen von Leuten entstanden, die sich vielleicht niemals ernsthaft die Mühe gemacht haben, Oberschlesien, seine Menschen und vor allem den oberschlesischen Bergmann, kennenzulernen. Das ist jene Art von Witzen, die den Oberschlesier als radebrechenden, dummen, von Gott und allen guten Geistern verlassenen Menschen hinstellen, um ihn lächerlich zu machen. Man muß schon viel Fingerspitzengefühl und dazu ein feines Ohr haben, den echten oberschlesischen vom ‚importierten‘ und ‚zurechtgemachten‘ zu unterscheiden. Vieles und nicht immer das Beste aus allen deutschen Landschaften mag sich da hineingeschlichen haben, beispielsweise jene lächerliche Soldatenfigur des ‚Kaczmarek‘. Sie hat mit Oberschlesien nichts zu tun, denn der Oberschlesier war bekanntlich ein guter und tapferer Soldat. Bergmannshumor zeichnet sich dadurch aus, daß er nicht schlüpfrig ist. Ferilich greifen die rauhen Bergleute, wenn sie unter Männern sind, auch einmal in die Witzkiste, in der es recht deftig zugeht und aussieht. Ansonsten aber kann jede Familie mit Kind und Kegel seine Schnurren, Anekdoten und Witzchen hören. Schlagfertig und prompt ist der oberschlesische Humor. Die Antwort kommt rasch und das manchmal aus einer Perspektive, aus der sie nicht erwartet werden konnte. Wie der Landsmann aus Bayern bedient sich auch der Oberschlesier in seinem Humor der Sonntagssprache, wenn etwas hochtrabend karikiert werden soll. Sonst aber bleibt die mundartliche Redewendung, der ‚harrrte Bindfarrrden‘ ...

Will-Erich Peuckert

Der Schlesier

Vom Schlesier und vom schlesischen Volk soll ich erzählen und bin doch selbst ein Schlesier. In diesem Lande geboren, mit ihm verbunden, an seine Menschenwelt gebunden. Vielleicht wird mein Erzählen deswegen falsch; ich werde nicht sehen können, wo Sehen notwendig ist; vielleicht auch werde ich in manchem Punkte mehr sehen als der Fremde. Oder, wo Sehen heut' nicht mehr möglich ist, kraft Blutsgemeinschaft einen Zugang zum Wesen finden, der jedem Fremden verschlossen bleiben muß. Denn es kann keiner zum Schlesier werden, der nicht in diesem Lande geboren und groß geworden ist. Und Volkstum bindet fester als andere Bande, seien es welche es wollen. Im Guten wie im Bösen kann keiner ihm entsagen, wie keiner aus einem Menschen ein Fisch oder Vogel zu werden vermag.

Ich weiß nicht, ob es „den Schlesier" gibt. Blicke ich rückwärts und mustere die Menschen, denen ich hierzulande begegnet bin – vermag ich kaum, sie alle auf einen Nenner zu bringen. Am Gröditzberge, wo meine Großmutter zu Hause war, gibt's Menschen von einer stillen, heiteren Art; sie machen nicht viele Worte; bei ihren Festen und Feiern geht's ruhig zu. Aber sie können sich niemals ganz in Schmerz und Traurigkeit verlieren. In meiner Heimat Kaiserswaldau aber, das halbwegs zwischen Bunzlau und Haynau liegt, da sind die Menschen mürrische Arbeitstiere; sie tun einem nichts an, aber sie gönnen einem auch nichts. Die aus der Lübener Heide haben oft eine lärmige Fröhlichkeit; aber es bleibt noch ohne Gewaltsamkeit. Die mischt sich etwa bei dem jungen Volk in den Breslauer Vorstädten wie in Brigittental oder in der Tschepine in seine Lustbarkeiten und steigert sie zur Rohheit. So ist es auch im Oberschlesischen; die Wildheit bricht durch und macht die Menschen schwankend, zwiespältig, gutmütig und roh, lustig und niederträchtig in einem. Vielleicht ist dieses Gedoppelte überhaupt das für den Schlesier Kennzeichnende; die evangelischen Schlesier werfen es den katholischen, und die wohl wieder den evangelischen vor. „Nim dich fer a Katholschen ei acht; die sein falsch!" warnte mich meine Mutter noch als Kind. „Ich bin getuppelt – und das kannst de mir gleba", bekennt Gerhart Hauptmanns Jau, und trifft damit sein Wesen und Schicksal.

Jeder Schlesier ist getuppelt. Ich denke an die Isergebirgler oben zwischen den beiden Kämmen auf der Iserwiese, die neben ihrer Schlichtheit und Treue zugleich auffahrend und falsch gewesen sind; ich denke an die armseligen Besenbinder der Bergtäler, die sich in ihre Dürftigkeit goldene Wunder lügen; ich denke an die lärmende Heiterkeit der Industriearbeiter, etwa der Weber in Langenbielau, die ebenso sicher religiösen Grübeleien verfallen; der roheste Holzarbeiter in Groß-Iser war eben der, der sich am eifrigsten um die Kirche bemühte. – Deswegen schlägt der Schlesier leicht um; der wüste Saufbruder wird windelweich; der Bierbankpolitiker läßt sich nicht durch Vernunftsgründe, wohl aber durch einen Appell an sein Gemüt breitschlagen. Die Hitze verfliegt sehr rasch. Jahrzehntealte Feindschaften gibt es in unseren Dörfern kaum.

Vielleicht aus solchem Gedoppeltsein läßt sich die Religiösität des Schlesiers auch begreifen. Er ist im allgemeinen recht kirchenfromm. Ein Wort gegen den Pastor oder einen kirchlichen Brauch wird so leicht nicht verziehen. Wird als ein Frevel am Göttlichen selbst betrachtet. In alledem ist man ehrfürchtig. Ja, diese

Ehrfurcht überträgt sich sogar auf alles, was nur entfernt mit religiösen Dingen zusammenhängt. Als meine Großmutter nicht mehr in die Kirche gehen konnte, las sie am Sonntag nachmittag in einem uralten Predigtbuche die Predigt des Sonntages – das war geradeso verdienstlich wie der Kirchenbesuch. Vielen jedoch genügte eine derartige Frommheit noch nicht; die Kirche, der Pastor ist ihnen zu nüchtern, zu alltäglich; sie verlangen nach mehr. Darum ist Schlesien so recht der Boden für Schwärmereien geworden. Für apokalyptische Schwärmereien. Denn eben dies ist des Schlesiers Gedoppeltsein, daß es ihn nach Erschütterung verlangt; sein ruhiges, tägliches Leben wäre ihm sonst zu leer. Ich habe solche Schwärmerei in allen Formen kennengelernt. Sie ist eine Übersteigerung kirchlicher Lehren und Übungen gewesen in den neuartigen Sekten, die hier Fuß faßten, nachdem sie aus Amerika herüberkamen; sie war im Biblischen befangen während des Krieges, als sich die Leute in den Gebirgstälern hinter die ‚Offenbarung‘ setzten, und aus den Zahlen des Propheten Daniel das Ende des Blutbades errechnen wollten; sie grenzte sogar an sexuelle Verwirrungen.

Hierher mag man auch rechnen, wovon noch einmal ausführlich zu sprechen sein wird: den Glauben an übernatürliche Erscheinungen. Viel ausgebreiteter noch, als es gemeinhin den Anschein hat, ist das Bewußtsein davon, daß die unsterbliche Seele des Menschen sich zeigen könne und sich zeige. „'s gibt halt viel Dinge zwischen Himmel und Erde, von denen die klugen Leute nischt wissen", pflegte meine Mutter zu sagen, und meine Großmutter knüpfte daran: „Gesahn hoa ich no nischt, ich will o gerne nischt sahn"; aber der Großvater wie der Vetter aus Wilhelmsdorf hatten dergleichen ‚Zeug‘ erlebt. Und für den einfachen Menschen vom Lande gehört das heute noch zum Glauben, zur Religion; der Pastor spricht bloß nicht davon; aber er selber weiß, daß es so etwas gibt. Manche vermögen halt mehr zu sehen als die gewöhnlichen Menschen. Es heißt, daß die am weißen Sonntag Geborenen geistersichtig sind. Das mag schon sein. Ich glaube ganz fest daran, daß unsere Leute die Wahrheit berichten, wenn sie erzählen, sie hätten da oder dort einen Spuk gesehen. Derartiges erfindet man nicht. Freilich ist die Zeit schon vorbei, und es sind nur noch einzelne, denen dergleichen geschieht. Und denen das wahr ist. Früher mögen es mehr gewesen sein. Böhme hat fest an Spuk und elementarische Geister geglaubt. Vielleicht ist überhaupt der Schlesier derartigem besonders zugeneigt, veranlagt dafür – das würde erklären, warum so viele mystische Ideen hier Heimat und Anfang gefunden haben. Denn irgendwie muß es im Blute liegen; wie wäre es sonst möglich, daß heut, wo wir's so herrlich weit gebracht, noch immer solche Dinge gesehen werden. Das sagt schon, daß der Schlesier kein Mensch der Tat zu sein vermag; er kommt vor zu viel Nachsinnen und Reden selten zum Handeln. So vorschnell er im Reden ist, so gern er droht, – so schnell kühlt sein erhitztes Gemüt auch ab. Überhaupt fehlt ihm wohl ein wenig der Mut zum Handeln; auch seine Feindschaft äußert sich am liebsten im Reden, in boshaften, spöttischen Worten und Reimen, die meist nicht fein sind. Zu Prügeleien kommt es selten (außer in Oberschlesien); nur wenn man weiß, daß man in der Überzahl ist, wagt man es. Bosheit und Schadenfreude äußern sich meist in Ortsneckereien, die sich sehr lange erhalten und solche Zwiste überdauern. Da wird den andern Armut, Dummheit, Schmutz, Hochmut vorgeworfen; so lustig sie für den Unbeteiligten sind, so bitter werden sie empfunden. Wer verprügelt werden will, braucht bloß in Kaiserswaldau einmal von „Spitzbuben-Keserschwal" zu sprechen. Da heißt der Trebnitzer Kreis das Besenbinderländel; in Stroppau wird die Erdachse gedreht; in Jeschgittel, südlich von Breslau, wird den Männern, die „nicht mehr können", in der Schmiede geholfen, ihr Glied verstählt; in Lähn

geht in der katholischen Kirche der Bober um den Altar. Die südliche Oderseite heißt die Herrenseite um ihres fetten Bodens willen, die andere dafür bei bösen Menschen die Lausigelseite; was lag näher, als daß man einmal einen Toast ausbrachte auf die Herren von der Lausigelseite; die aber, nicht faul, antworteten auf die Lausigel von der Herrenseite. Durchs ganze Reich berühmt ist Polkwitz mit seinen Polkwitzer Stückeln. Dort steht ein Wegweiser vorm Stadttor: Dies ist der Weg nach Polkwitz! Und als dem Minister Schlabrendorff vor Polkwitz die Achse des Wagens brach, liehen die Polkwitzer wohl einen Strick. Aber auf die Frage, was der koste, antwortete der Bürgermeister: „Oh, Euer Exzellenz haben um Schlesien mehr als einen Strick verdient."

So gesellig der Schlesier ist, hat er trotzdem die Neigung, sich abzusondern. Die Ortsneckereien zeigten bereits, wie gehässig und feindselig sich die Dörfer gegenüberstehen. Man duldet nicht, daß Burschen des einen Dorfes ins andere zum Tanz kommen. Was bleibt den armen Schluckern übrig, als gute Miene zum bösen Spiel zu machen, wollen sie sich nicht noch ärgerem Spott aussetzen. Aus einem Gespräch, das aus der Grafschaft stammt, und das die Werbung eines Witwers um eine junge Witwe schildert, mag man das ersehen:

59

Spiller (kommt herein): „Guda Oamt."

Mutter: „Guda Oamt, Speller. Nu, woas brenstn?"

Spiller: „Ich kumm uf de Hairot."

Mutter: „Na, zu wam denn? Arn ze mir?"

Spiller: „Nai, du bist mer schon ze alt."

Mutter: „Willstn die Pauline?"

Spiller: „Nai, die is mr zu säusch. Ich kumm zu der Liese."

Mutter: „Die moi dich ne."

Spiller: „Wart sich ju weisa."

Liese (tritt ein): „Guda Oamt, Speller. Neha, siht ma dich amol?"

Spiller: „Guda Oamt, Liese. Ich kumm zun dr of di Hairot."

Liese: „Dich moi ich ne."

Spiller: „Nu, warum ock ne?"

Liese: „Du bist mer zu a aler Grajel."

Spiller: „Tälsche Kapse! Sich, mr kenda inse beda Gertlan a su hibsch zu nander schloan."

Liese: „Nai, ich moi dich ne. –"

Spiller: „Nu, do war ich wieder gihn."

Liese: „Blei ock noch sitza."

Spiller: „Ei Gots Noama!" (Er geht).

Liese (ihm nachgehend): „Du, Speller, wie werschen? Sich, ich ho zwe Jonga on du a Madla, villecht kennt do arn mol woas warn?"

Spiller: „Nu nai, do war ich dr woas scheissa!"

Ob er zuweilen solche Absonderung als Zwang empfindet, sucht er sie doch. Es kommt dadurch etwas Weltfremdes ins schlesische Wesen:

„Ei a Boabrhäusern, do is ane ale Frau gewest, die hot nie gut kunnt hiern. Wie die starba sulde, do hon se a Paster vo Gierschdorf gehult; an dar is im tiefsta Schnie rufgetrascht. Wie er zu dar aale Frau kuma is, do hoot r mit r geredt. Die hoot obr nischte gehurt. An wie r hut vum Herrn Christus geredt, an die hoot immer no s Gesichte no der Wand higehaln, da hood r ganz laut geprillt: „Aber liebe Frau, haben Sie denn noch nichts von unserm Herrn Christus gehört, der für uns gestorben ist?" Do drät die sich rim an soat: „Ne, is dar ale Moan au tut? Hi ei da ala Barja hirt ma au gornischt."

Aber der Schlesier will auch gar nichts von draußen wissen; er schließt sich ab; nicht einmal die Nachbardörfer vertragen sich immer. Wozu auch? Er hat an seiner Arbeit genug.

Endlich gehört zum schlesischen Wesen eine gesunde natürliche Derbheit. Es gibt kein Zimperlichtun, und alles wird bei seinem Namen genannt. Ein Übername wie „Schwenk-Arsch", der in Groß-Iser in jedem Munde war, würde woanders vielleicht verletzen, von den zahllosen Scherzen aus der geschlechtlichen Sphäre zu schweigen, an denen niemand ungesunden Anstoß zu nehmen pflegt. Ein Fleischer, mit dem ich sechzehnjähriger

Bursch auf der Landstraß' zusammen-
traf, erzählte:
„Wie ich um Nachtquartier gefragt hab,
da meinten die beiden Weiber im Gast-
hause, sie wollten mir hinterm Ofen eine
Streu machen. Und die Gastwirtin war
noch ein schmuckes Ding. Wie es so ist,
ich gucke zu ihr, sie sah mich wieder an,
– und wie ich bei Nacht schlief, da kam
eine zu mir. Ich sagte nischt; sie sagte
auch nischt. Aber wie ich am Morgen
ging, da war die Wirtin noch nicht auf;
bloß die Großmutter, die kam mir nach
ins Haus und drückte mir fuffzig Pfen-
nige in die Hand. Siehste, da ist es die
gewesen. Nu, wegen mir –!"
Eine derartige gesunde Sinnlichkeit ist
nur in einem Bauernvolke zu finden.
Verschieden von ihr ist jene Sinnlichkeit,
die etwa in der Tschepine, einer Breslauer Vorstadt, gedieh.
Nicht, daß derartige Vorstädte – man
wird die Liegnitzer Karthause auch hierher rechnen –, nicht schlesisch wären.
Ihre Einwohner kommen ja meist von
draußen; Großstädter in der dritten
Generation sind selten. Aber das Bäurische verliert sich, und da die meisten
dort sich in sozial bedrängter Lage befinden, wird ein bitterer Geist wach.
Das alles steckt im Schlesier; er ist kein
Idealbild eines Menschen. Er ist getuppelt. Manche haben behauptet, das
komme davon, daß er halb Deutscher,

halb Slave sei; aber das sind die Bran-
denburger und Preußen auch, ohne daß
sie uns glichen. So einfach wird unser
Wesen nicht zu erklären sein.

Ernst Günther Bleisch

Von der schlesischen Heiterkeit

„Der Schlesier ist heiteren Gemüts, Traurigkeit verachtend, von milder und zugleich strenger Gesinnung." Das hat der
Hirschberger Pankratius Vulturinus einst
festgestellt. Vor fast fünfhundert Jahren.
Und auch die ihm nachfolgten mit ihren
Urteilen über die Bevölkerung an Oder
und Neiße haben als auffallende Farbe
auf der Palette schlesischen Wesens das
Heitere notiert. Ob sie es nun sanguinisch, gutmütig, gesellig, lebhaft, unternehmenslustig oder eifrig nannten, alle
waren sich darin einig, daß eine lebens-
zugewandte Aufgeräumtheit ein Kardi-
nalzug des schlesischen Charakters sei.
Kaspar Schwenkfeldt sprach von den
Oderleuten als umgänglichen und zuvor-
kommenden Menschen, die sich allerdings „leicht berauschen". Was für
Schwenkfeldt offenbar gewisse Gefahren
für die Seele in sich birgt, wie auch das
Attest anderer, der Schlesier trüge das
Herz auf der Zunge, nicht unbedingt als
Vorzug anzusehen ist. Doch eben das ist
nun ein weiteres Ingrediens seines heite-

ren Naturells. Und ein so bedeutender Kenner des Schlesischen wie Gustav Freytag hat beobachtet, daß der Schlesier „beim Genuß heiterer, ja poetischer ist als die Mehrzahl der anderen Stämme."

Können wir diese Beobachtungen heute unkontrolliert übernehmen, sie auch heute als gültig betrachten? Im wesentlichen wohl ja. Bis zum Jahre 1945, dem Jahre des großen Exodus, ist die schlesische Mentalität auf ihrem angestammten Boden in der Wurzel unverändert geblieben. Das Agile und doch zugleich Besinnliche, das Betuliche, ja oft „Bewuschberte", das nicht selten Schwärmerische und nicht zuletzt das ‚Eloquente' des Schlesiers haben bis zu seiner Vertreibung keine spürbare Einbuße erfahren. Und auch danach ist er heiter, offen und aufgeräumt geblieben. Seine „Stiehuffmandel-Natur" hat ihn alle Prüfungen vergleichsweise unbeschadet überstehen lassen.

Die Heiterkeit des Schlesiers ist anders als die Fröhlichkeit des Rheinländers, anders auch als die derbe Lebensfreude des Bayern oder die „lüftige" Genußverliebtheit des Wieners. Gleichwohl eignen ihr Elemente aller drei Spielarten. Der Schlesier kann sich gelegentlich ganz unbeschwert geben, ja auf einer Wolke „holden Blödsinns" selbstvergessen schweben, er ist aber auch kräftigem, gepfeffertem und durchaus „irdischem"

Witz nicht verschlossen, wie er endlich auch die Freuden des puren Sinnenmenschen kennt und auszukosten vermag. In der Regel aber ist er all das „in Mischung". Ich wage nicht zu behaupten, daß das ein „Profit" für seinen Charakter ist. Doch er muß sich damit abfinden.

Nichts tut der Schlesier lieber als „simlieren" oder auch „spekulieren", also: seinen Lieblingsgespinsten hingegeben nachhängen. Nicht selten kommt er dann zu dem Ergebnis: „Woas nutzt'n 's schlechte Labn? Besser awing gutt und awing länger." Und er handelt danach –. so man ihn nur irgend läßt. Hierher gehört auch, was er am zweitliebsten tut: das Labern. Ich schreibe es bewußt ohne Anführungszeichen, denn das ist eine legitime schlesische Vokabel, nicht anders als Kretscham oder Kirmes. Ja, der Schlesier redet gern, namentlich dann, wenn „a guda Truppa" seine Zunge gelöst hat und er dann gern jeden, der ihm in die Arme läuft, als seinen „Nupper" umhalst. Ein freundlicher schlesischer Gelehrter hat diese Redelust als „barocke Sprachgebärde" deklariert.

Zur Vorstellung des Schlesiers von einem heiteren Leben gehört auch seine unbezähmbare Lust am Versemachen. Die Feststellung Liliencrons von den sechshundertsechsundsechzig Dichtern in Schlesien ist eher noch eine liebenswürdige – Untertreibung. Der Schlesier „macht sich auf alles einen Reim", vorzugsweise aber dann, wenn ihm der Himmel aus irgendeinem Grunde voller Geigen hängt, oder (was ja oft dasselbe ist) er verliebt ist, wozu er ebenfalls sehr neigt. Er „treemert" dann vor sich hin, ist zum „Traamhapperten" geworden, wie es der nicht weniger oft verliebte Wiener nennt.

Die Leute an Oder und Neiße lieben dann und wann üppige Schmausereien, aber auch einen süffigen Trunk, einen zärtlichen Schmatz, aber auch einen deftigen Schwank, heiteres Sinnieren, aber auch freundliche Spötteleien. Sie lieben das Leben. Auch (und erst recht), wenn es schwer hält.

Und sie lachen gern.

Philo vom Walde

Ä schläsch Gemütte

Der Bättel-Jürge hoot a Weib,
zwölf Kinder o zum Zeitvertreib,
läbt glücklich ei ser Hütte:
A hoot a schläsch Gemütte.

Der Bräuer sitzt wulld gern beim Foaß
und lißt sich schmecken Gloas üm Gloas,
bis doß a ihs eim Tritte:
A hoot a schläsch Gemütte.

De Liesel ihs vur Liebe krank
und sitzt no uf der Rekterbank.
I, du verflummte Gritte!
Se hoot a schläsch Gemütte.

Der Michel hält uf's Ässen viel,
zwölf Kließel sein a Poppenstiel
vur dän . . . Na, meiner Gütte!
A hoot a schläsch Gemütte.

Und doß ich gern a brinkel lach
und gern a schnaksches Verschel mach.
Doas leit mer eim Geblütte:
Ich hoa a schläsch Gemütte.

Albrecht Baehr

Allerlei Schlesier

Gutt dam Dinge: Der Schlesier zerfällt beim näheren Hinsehen in verschiedene Teile: in den Niederschlesier, den Oberschlesier, den Grafschafter (aus der Grafschaft Glatz) und den Oberlausitzer... (*Den* Schlesier gibt es also eigentlich nicht.)

Josef Nadler

Schlesien und die Schlesier

Schlesien hat alle die drei großen Lande, deren wahrhaftiges Kernland es in sechshundert Jahren gewesen ist, geistigschöpferisch ungemein befruchtet. Das Österreich der Habsburger hat durch alle Jahrhunderte immer wieder aus dem geistigen Reichtum Schlesiens geschöpft. Und wie viele Dichter und Künstler aus Schlesien haben dazu geholfen, dem preußischen Staat der Hohenzollern, Berlin vor allem, Waffenruhm mit Werken des Friedens zu paaren. – Schlesisches Seelenleben hieß immer mächtiger Aufbruch des religiösen Gedankens und Gefühls in allen seinen gegensätzlichen Möglichkeiten. Das ist die große innere Linie des schlesischen Volkes von Kaspar Schwenkfeld, Jakob Böhme, Johannes Scheffler, Ludwig Zinzendorf, Friedrich Schleiermacher zu den Brüdern Hauptmann und Hermann Stehr. Und in dieser Seelenhaltung wurzelt auch das Sozialgefühl der schlesischen Seele, das also von ganz anderer Herkunft ist als das Sozialgefühl des rheinischen Industriegebietes.

Friedrich Bischoff

Was schlesisch sein heißt

Der Schlesier zeichnet sich aus durch Stimmungsreichtum, durch seine Versonnenheit, Seelenhaftigkeit, Gemütsinnigkeit – zugleich und im Gegensatz dazu aber auch durch seine Erdhaftigkeit, den

harten Willen, die wachsam prüfende Nüchternheit und den über allem schwebenden guten Humor. Schlesisch sein heißt soviel als im Grenzenlosen ebenso daheim zu sein wie im irdischen Tag.

Joseph Klapper

Umriß zu einer schlesischen Volkskunde

Wollen wir einen schlichten Umriß der seelischen und sittlichen Sonderart der Schlesier zeichnen, dann ergibt sich etwa das folgende Bild: Der deutsche Schlesier ist überlieferungstreu, bewahrend, ohne schöpferisch stärker hervorzutreten. Er ist dem schaffenden Leben zugewandt. Er ist gläubig, doch nur in seltenen Fällen zur Mystik geneigt. Er ist arbeitshart in der Aufbauzeit und Not, besitzfroh, doch leicht zufriedenzustellen. Er mag die Unaufrichtigkeit nicht, er ist offen, aber zurückhaltend, besonders gegen Fremde, wortkarg in Niederschlesien dem redefrohen Oberschlesier gegenüber. Er hat Achtung gegenüber der Gelehrsamkeit, ist aber im Grunde im Denken und Handeln bäuerlich geblieben. Er hat Sinn für Humor und liebt die Musik. Auch in Schlesien gibt es so manchen Menschen, der aus geistiger Enge nicht herausfindet, aber Aufgeschlossenheit überwiegt bei weitem. Selbständigkeit in der Entscheidung und Neigung zu vorsichtiger Kritik schützt vor den Wirkungen der Propaganda, von welcher Seite sie auch kommen mag.

W. Hellpach

Die Schlesier — die Rheinländer des Ostens

Man hat die Schlesier als die Rheinländer des Ostens bezeichnet. Tat man es, weil sie im ostelbischen Raum des Bismarckreiches der einzige eigentlich fröhliche Volksschlag sind und es an unbekümmertem Leichtsinn mit den Bewohnern der Ellipse zwischen Mainz und Düsseldorf aufnehmen können...? Andererseits fehlt dem Schlesier durchaus das Selbstüberzeugte und Selbstgefällige des Rheinländers, dem umgekehrt das Gemütsinnige und echt Schwärmerische der schlesischen Seele abgeht. Was man am Rhein „schwärmen" heißt, ist eine feiernde Weinseligkeit, die dem sehr nüchternen und geschäfstüchtigen rheinischen Alltag völlig fremd bleibt. Der Schlesier aber ist geschäftig, jedoch nicht eigentlich geschäftlich; er ist als Frankensprosse (mit viel thüringischer Zutat) auch gesprächig und leichtherzig, ja leichtsinnig, ist es gerade in seiner zutraulichen Wesensnote, die ihn gern

innerlichste Dinge vor dem Fremdesten auskramen läßt. Wenig urfränkisch ist seine Nachgiebigkeit, die ihn im übrigen Osten in den Geruch gebracht hat, daß er gern nach dem Munde rede, freilich meist mit unklaren Vorbehalten (wem fällt dabei nicht das „nu ju ju, nee nee" Hauptmannscher Gestalten ein?). Unter allen deutschen Volksstämmen aber ist dieser der eigentlich und im Grunde einzig Schwärmerische, und die Fähigkeit zu schwärmen lebt sich auf eine wiederum einzigartige Weise, nämlich noch heute in unvorstellbarer Fülle und Unversiegbarkeit als Reimpoesie aus. Wie Schlesiens stärkste geistige Bedeutung fürs Deutschtum in seiner Dichtung liegt..., so wird in keiner deutschen Landschaft noch immer so alltags-unerschöpflich gedichtet und gedichtelt wie hier. Selten fehlt dieser Poesie der religiöse Einschlag, ein Hauch echter Herzensfrömmigkeit... Aber ebenso selten fehlt ihr ein Zug ins Überschwengliche! Das kann, wo es sich, wie so gerne, an hausbackene Alltagsdinge haftet, ins Abgeschmackte gehen: das Wörtchen „himmlisch" für sehr irdische Freuden könnte zwischen Oder und Sudeten erfunden sein. Aber auch im Überschwang steckt unverwüstlich die Munterkeit des Gehabens, die mit der Übertreibung versöhnt... Für jede Grenzaufgabe kann man vordringende, abwehrende und einschmelzende Haltung unterscheiden. Die Schlesier zählen, wie Wien und das Rheinland, zu den Hauptträgern der Einschmelzung. Was zuzog, wurde ins eigene Wesen aufgenommen, das, wie bei jenen beiden, anziehend genug ist. Die Aufsaugung ist die Art der Abwehr ... Schlesiens Leistung ... in dieser Hinsicht war außerordentlich.

Volkslied

Schlesischer Bauernhimmel

Hopsa, hopsa, riber un niber,
gimmer a Guschla, ich ga der'sch wider.

❄

Wenn ber warn ei a Himmel kumma,
hot die Plog' a End genumma.

❄

Ei oam Himmel is a Laba,
nischt zu frassa wi Kucha un Baba.

❄

Do aß' ber lauter gale Suppe
aus 'm grußa Ufatuppe.

❄

Frassa wär ber wi die Ferschta,
Sauerkraut mit Laberwerschta.

❄

Honigschnita, dos se klecka,
dos ma mecht' di Finger lecka.

❄

Suntichs trät ma gäle Hosa,
und eim Krätschem wart geblosa.

❄

Wenn der Dudelsack wart brumma
un di gruße Borber summa,

❄

wär ber olle juksa, singa,
un wi junge Beckla schpringa.

❄

Wenn's un wart zum Saufa kumma,
do warn orscht di Bäuche brumma.

❄

Olles läbt durt one Sorga,
Feierobend is fri Morga.

❄

's hod ins nimand zu befala.
Fir jeden kinn ber a Hutt ufhala.

❄

Firm Landrot kinn ber olles macha,
und ihm eis Gesichte lacha.

❄

Suldata derfa ins ni kumma,
der Sabel is a weggenumma.

❄

Do war ber im di Wette schnorcha,
kener wart uf a Seger horcha.

❄

Kurz, ich fre mich uf a Himmel,
wi ufs Futter Nuppersch Schimmel.

❄

Is das ni a hübsches Laba?
Wenn 's doch Got mecht bala gaba.

❄

Drim wull ber di Gebote halen,
dos ber' sch Tirla ni verfalen.

Der Schlesier und seine Heimat

Heemte, guldne Heemte . . .

Philo vom Walde

Schlesierlied

Wer die Welt am Stab durchmessen,
wenn der Weg in Blüten stand,
nimmer konnt' der doch vergessen
glückberauscht sein Heimatland.
Und wenn tausend Sangesweisen
nur der Fremde Lob entquillt,
einzig will das Land ich preisen,
dem mein ganzes Sehnen gilt.
Sei gegrüßt am schönen Oderstrand,
liebe Heimat, traute Heimat!
Schlesien, du mein liebes Heimatland!
Schlesien, du mein liebes Heimatland!

Schlesierland, du Länderkrone,
sei gegrüßt viel tausendmal,
wo auf sagenreichem Throne
mächtig herrscht Geist Rübezahl.
Wo im Volke stets aufs neue
deutscher Freiheit Odem weht,
wo als Bild von Männertreue
kühn der alte Zobten steht.
Sei gegrüßt am schönen Oderstrand ...

Graue Burgen zaub'risch winken
von den Bergen hoch und hehr,
wo im tiefen Schachte blinken
Erz und Kohle blank und schwer.
Weißes Linnen, Stolz der Mädchen,
bleicht im gold'nen Sonnenschein,
lustig schwirren Spill und Rädchen,

Sang und Sage klingen drein.
Sei gegrüßt am schönen Oderstrand ...

Wack're Männer, treu und bieder,
trotzig wie der Teufelsbart,
ros'ge Frau'n im bunten Mieder,
das ist echte Schlesierart.
Volle Becher fröhlich kreisen
von der Heimat Traubenblut,
Schlesierland, dich will ich preisen,
bis mein Herz in dir einst ruht.
Sei gegrüßt am schönen Oderstrand ...

Philo vom Walde

Schläsingerliedel

Der Wind tutt Blütten pleudern,
Eim Wald der Guckuck schreit.
Mei Schicksal wird mich schleudern
Wulld no wer wiß wie weit!
Doch wu ich Eikehr halte,
Schreib ichs an jede Wand:
De Schläsing, ja de Schläsing,
Die ihs mei Heemteland.

Am Zutaberge guschelt
Ich's Schätzel zeit amal,
Eim Melzergrunde fluschelt
Mir zu der Rübezahl.
Und stand ich uf der Kuppe,
Do hoot's mich übermannt –
De Schläsing, ja de Schläsing,
Die ihs mei Heemteland.

Wie perlt der Grüneberger
Derheeme asu fein!
Itz kan ich mir a Ärger
Verschlan mit süßem Wein.
De Wansner Ziehgeriehrdel –
Was han die fur an Brand!
De Schläsing, ja de Schläsing,
Die ihs mei Heemteland!

Mir schmeckt kee Bissel Essen,
Mir ihs schunt alles gleich.
Wer kinnt ock dihch vergessen,
Du Schläsches Himmelreich!
Ich fühl mich ei der Fremde
Verbittert und verbannt –
De Schläsing, ja de Schläsing,
Die ihs mei Heemteland.

Die Uder hier ich rauschen,
A Kynast seh ich stiehn.
Ach Grußel, luß dei Plauschen –
Ich weeß nich, wu ich bien!
Gedenk ich an Grußbrassel,
Verlier ich a Verstand.
De Schläsing, ja de Schläsing,
Die ihs mei Heemteland.

Nach Ustern und Weihnachten –
Das Juckeln weit und breet!
Zur Kirmes und beim Schlachten
Die Urgemütlichkeet!
Und müßt ich flugs verterben,
Ich schwürs mit Herz und Hand:
De Schläsing, ja de Schläsing,
Die ihs mei Heemteland.

Joseph von Eichendorff,
Gerhart Hauptmann u. a.

Lob der schlesischen Heimat

Es ist ein wunderbares Lied in dem Wal-
desrauschen unserer heimatlichen Berge.
Wo du auch seist, es findet sich doch
einmal wieder, und wäre es durchs offene
Fenster im Traume.
(Joseph von Eichendorff)

❊

Was die Landschaft singt, das grub sich
in das Wesen der Schlesier, das klingen
die Menschen wider. Dieser schlesische
Mensch ist unverwechselbar wie seine
Berge, seine Ebenen, sein Himmel, seine
Flüsse und Seen, die sein Blut keltern
und seinen Geist formen.
(Hermann Stehr)

❊

Diese Wälder, die uns umgeben, sind
meine Wälder, obgleich sie nach dem Ge-
setz Eigentum eines anderen sind. Diese
Berge sind meine Berge, mein Himmel
ist der Himmel über mir. Und dies alles
zusammen hat eine Seele, die meine Seele
ist. Dies ist die wahre Erde, deren Be-
rührung Antäus unüberwindlich machte,
weil sie ihm jeweils alle verlorene Kraft
wiedergab.   (Gerhart Hauptmann)

❊

Wir sagen „Mutter" zu unserer Heimat. Und im Dorfe reden wir von der „Mutter Schläsing". Ganz unbeschwert vermenschlichen wir unsere Landschaft und wissen gar nicht einmal, daß wir damit dem tiefsten Geheimnisse der Verbindung zwischen Mensch und Erde am nächsten kommen. Denn so wie wir mit der Mutter verbunden sind, von ihr geboren wurden, so kommen und vergehen wir auch mit Busch und Baum, Bach, Fluß und Blume der Heimat. Darum hat für uns das Wort „Mutter" für die Muttererde ewigen Klang. Das muß man wissen, um den Weg zum Herzen der schlesischen Heimat zu finden. Man muß sie nur mit den Augen eines Menschen ansehen können, der auch zu seiner Heimat „Mutter" sagen kann.

(Hans Christoph Kaergel)

*

Was ist der Mensch ohne sein Land? Vor allem, was sind denn wir – ohne Schlesien? Man wirft uns wohl vor, daß drei Viertel Berlins den schlesischen Gefilden entsprossen sei, und daß wir auch sonst an allen Orten und durch die Welt überall rum zu finden wären –, aber in Wahrheit ist es doch so, daß wir sonst nirgend richtig gedeihen. Der richtige Schlesier kann nur in Schlesien zu seinem wahrhaftigen Wesen gedeihen.

(Will Erich Peuckert)

„Mutter", sprech ber ieber dich: Heemte, do weßte's, wie's mit üns stieht!

(Hans Rößler)

Paul Keller

Der Bergkrach

Zobten: Schniekuppe! Und du bist duch ane ale Gake!

Schneekoppe: Was? Du Fatzke! – Was unterstiehste dich! Bin ich nich eure Keenigin?

Zobten: Nee, du bist ne ale Gake!

Schneekoppe: Nu, Zota, du niederträchtiger Latschel, du Faffermandla, du Ziegaquark du! – Ich bin doch 'n feine, gebildete Dame!

Hochwald: Jawohl, Sie sein 'ne feine, gebildete Dame!

Zobten: Hurch ock, Bruder Geiersberg, dar Hochwald will seine Benähmiche rausstecka!

Geiersberg (zum Zobten): Dar muß doch zeija, doaß und ar hoat vo a Salzburner Kurgästa Plieh und Bildung gelernt!

Hochwald: Woas hoste zu drucksa, du stinkiger Knota?

Zobten: Hal ock du die Frasse! Suste verrot ichs erscht, doaß de anne Liebschoaft mit der Eule hast!

Eule: Huchwald – Huchwald – doas ies anne – anne meschante Beleidigung ies doas! (Drückt Tränen ins Taschentuch.)

Zobten (lacht dreist): Ich sahs schunt, wie ihr euch immer pussiert!

Bischofskuppe: Den Mund verbieten sollte man dem unsittlichen Kerl!

Zobten (unbeirrt): Und dar – dar Sturchberg stieht nie weit vo euch weg!

Storchberg (flügelt): Wie gemein! –

Kreuzberg: Pfui, pfui, Zotaberg!

Alle Pfaffenberge: Pfui, Zotaberg! Pfui, Zotaberg! Du bist an giftige Lerge! A gruber Holzknecht biste bluß, mit dir is reene goar nischt lus, blomierst de schläscha Berge!

Zobten (hienscht): Schien ies doas! – Pläka koan er wie a Feuerkolb!

Hochwald: Wennste nie glei stille bist, dernooch schmeiß ich dir 'n Päpel Wulka on a Kupp!

Waldenburger Berge: Recht is doas, recht is doas, immer gib dam Järge woas!

Storchberg (zur Eule): Nee, scham dich ock nie wie ane ahle Jumfer vuwegen su em groba Uchsa!

Eule (schluchzt): Ich scham mich tut – ich scham mich tut – doas ieberlab ich nemme – die Schande!

Pfaffenberge: O Zota, o Zota, du bist goar ungerota!

Hohes Rad (näselnd): Was ist denn das für ein Skandal?

Kreuzberg: Stelle! Is werkliche geheeme Huche Road red't!

Hohes Rad: Wer lärmt denn da und stört die Nachtruhe?

Schneekoppe: Ach, Exzellenz! Is sein nämlich wieder die klein'n Leute im Parterre, die Spektakel machen!

Hohes Rad: Natürlich! Der Pöbel!

Die anderen hohen Berge (ohne Altvater und Sturmhauben, die schlafen und gedehnt schnarchen): Der Pöbel!

Hohes Rad: Wo sind denn unsere Polizisten, die beiden Sturmhauben? (Die beiden schlafen und schnarchen.)

Veilchenstein (mokiert sich): Die schlafen wie ordinäre Hausknechte, Exzellenz!

Rübezahl: Sturmhaube, wacht uff! Satt ihr nich, wie's Huche Road ei senne tiefe Hosatoasche, ei die gruße Schniegrube grefft, sich an weißa Zädel raushullt, und anne oamtliche Notiz ieber die schläfriga Pulizisten macht? Vertroat euch duch, halft euch lieber ei dan sitta schwära Taga. Singt ehnder a Liedel, an schienes, stoats doaß'r euch schimpft!

Es wird stiller, das Lied tönt an: Mei Schätzla kimmt vo ferne on …

Pietschaberg singt mit als Bursche gegen die Waldenburger Berge. Zobten und Geiersberg langweilen sich erst, stehen dann auf, äffen die Bewegungen der anderen nach, drängen sich beim letzten

71

Kehrreim zwischen Annaberg und Pietschaberg und treten den letzteren. Pietschaberg (schreit los wie ein Feuerkalb, tanzt auf dem linken und hält sich den rechten Fuß): Au – au – menne Ziehnde! Menne Ziehnde – au!

Bischofskuppe: Was hast du denn? Du tanzt und hopst ja wie ein Neger.

Pietschaberg (heulerig): Ach, Bischofskuppe – der Zota – Zota – Zotaberg hoat miech ... miet'm Fuße hoat er mich geschibbt, dar Zota!

Zobten: Goar nich woahr ies! Dar ale Laps, der Pietschaberg ies wieder bepietscht – bepietscht ies a!

Pietschaberg: Iech ... iech bin nie, ganz und goar nie bepietscht bin iech! (Dabei holt er aus der Brusttasche die flache Trinkflasche, trinkt.)

Zobten: O jekersch, nenee! Enne Krohe, hot a emmer ein Stäppel, merschtensteels aber 'n ganze Heffa!

Pietschaberg (die Flasche schwenkend): Iech – iech – bie – ganz, ganz u-un un gar nie- nie nich besuffa!

Geiersberg: Du druxt ock vo wäga deiner schwera Zunge!

Pietschaberg: Aba – aba – Zotaberg! Du –bist – uffte – uffte genug biste benabelt! – Prost! (trinkt).

Lachen durch alle Berge, der Zobten hält sich die Ohren zu, trampelt wie ein ungebärdiges Kind.

Pfaffen- und Waldenburger Berge: Dar Zotabarg, doas is gewiß, eim Jahr öfftersch benabelt ies!

Zobten (schäumt laut, ist aufgesprungen): Iche – als wie ich und ich wär benabelt? Hahahaha! Vermeinsweg'n, wenn der wullt. Su a bissel benabelt, das ies keene Schande nich. Dar Kreuzberg bei Striege, dar frumme Dingrich, hat ja sugoar monchmal o an' kleen'n Stäbrich weg!

Kreuzberg: Doas ies geloin, doas ies geloin! Ihr kinnt de andern Barge froin!

Zobten: Nu dodo! Die woan freilich nischte nich wissa. Die stecka oalle miet'm under enner Decke, denn woas de ihr schläsche Bärge seid, ihr seid ja mieher benabelt als wie kloar! Ihr seid ju anne ganz versuffne Klicke!

Bischofskuppe: Pfui! Welche urnära Ausdrücke!

Geiersberg: Gelt, doas stieht euch nie oan! Die sichte lausigte Litanei poaßt euch frumma Kneppa nie!?

Zobten: Ma täte ja o nischte nich soan, wenn's ock bluß doadrim wär; oaber woas doas schlimmste derbeine ies: De hüchsta Spitza sein oam üfftesta eim Nabel, die klenn Kneppe bleiba viel kloarer! Blussig manchesmoal, nu, do derwischt se äbenst och!

Storchberg: Ies kees, doaß dam ieber die dreckigte Gusche fährt? Hä? Und doas will a heiliger Berg gewast sein? Nu dodo!

72

Zobten: Sei ock du stille. Bei' a Moans-
bildern is 's nich asu schlimm, wenn
se sich monchesmoal asu recht eihülln,
wenn sich oaber a Froovolk ei der
Wuche drei-, vier-, fünf-, sechs- und
siebamoal benabelt, doas is anne Offa-
schanda! Und a sittes Froovolk is
äbenst de Schniekuppe!

Schneekoppe (sich vor Wut überschla-
gend): Zotaberg, du bist a ganz ge-
meener, urnaarer, geweeniglicher
Dingrich! Nu, du tummer Gratsch, du,
woas verstiehst'n du, wies ei a hucha
und hüchsta Kreesa hergieht? Do ies
asu viel Wind und lausige Kälde, doaß
ma sich monchmal a bisserle eisacka
muß. M u ß, du Offe! Hierschtes? Aber
du woarscht ja schunt immer asu aaler
Stänkerfritze, dar keene Ruhe nich
goab und sich über oalles und jedes
die Frasse zerriß! Deswägen hot dich
ja ünser Herrgott aus der onständiga
Sudetenreihe rausgesatzt. Weil du
keene Ruhe gibst, hoat a dich rausgesatzt. Weil du keene Ruhe nie nich
gibst, hoat a dich oabseits vo olla ganz
alleene gesatzt, wie der Schulmeester
anne recht biese Range alleene uff
eene Urabanke setzt.

Alle Berge (lachen schallend, sogar die
beiden Sturmhauben sind aufgewacht
und fuchteln mit ihren Säbeln herum,
nicken aber bald wieder ein).

Pietschaberg: Zotaberg, itz hostes nu!

Luß die Weiber hibsch ei Ruh!
(Erneutes Lachen der Berge.)

Altvater (fragt dräsig): Woas – woas ies
denn eegentlich ...?

Heidebrünnel (besorgt): Nu reßt mer
ock inse lieba Altvoater nie aus'm
Schloaf! Dar broocht duch senne Ruh,
asu wacklig und toaprig wie ar nu
eemol schunt ies (tätschelt ihn).

Bischofskoppe: Ach, alter Herr, es ist
doch heute wieder die sündige Wal-
purgisnacht, da machen die Berge eben
Skandal und lästern und führen gemeine Redensarten!

Altvater (drösett): Ähähähähä' – (gähnt)
Jajajajaja! 's woar immer asu ... 's
woar immer asu!

Berge (außer der Bischofskuppe) singen:
... schimpft uns a derr Pfoarrer tichtig
  aus,
's woar immer asu ... 's woar immer
  asu, –
Schlof mersch's ei der Predigt wieder
  aus!
's woar immer asu, asu!
Du lieber Gott im Himmelreiche,
Du machst ju alles wieder gleiche!
Denn mer sein ju deine Kinderla,
's woar immer asu ... 's woar immer
  asu ...

Heidebrünnel (Altvater einlullend, beginnt schon während der Wiederholung):
Schlof, mei Ahndel, schlof ock gutt,
de Welt is biese und nich gutt,

73

koanste der nischt derwerba.
Schloaf, mei Ahndel, schlof ock ei,
ich bie bei dir und sing dich ei,
wersch a Himmel erba ...
Altvater (liebäugelt mit ihr, streichelt ihr
noch einmal langsam übers Haar und
schläft schnarchend ein): Ahähähähä!
Jajajajaja ...
Zobten (zum Geiersberg): Siste, wie ar
eim Troane is?
Glatzer Schneeberg (wirft sich in die
Brust): Meine Herren! Wir lassen uns
doch von dem erbärmlichen Zotaberge
nicht produzieren!
Zobten (auflachend): Schnieberg! Nu, du
Glatzer Natzla, du! Wenn du oo der
Schniekuppe ihr Stiefbruder bist und a
schienes Aussichtstürmla uff'm Koppe
hust ...
Glatzer Schneeberg (unterbricht schnei-
dend): Nicht produzieren, sagte ich!
Wir werden ihn einfach aus insem
Gebergsvereine nausschmeissa!
Hohen Berge: Raus ... Raus ... Raaaaus!
Zobten: Wie sprichst 'n du? Plombier
dich ock nich! 's heest ju goarnich produzieren, 's heißt ju profetieren!
Hohes Rad (entrüstet betonend): Pro-
vo-zie-ren! — Ach, es ist entsetzlich,
unter solchen Banausen zu leben!
Schneekoppe: Ja, ja, Exzellenz, das sage
ich auch, und Exzellenz wissen doch,
ich bin eine gebildete Frau. Ich ver-
kehre mit Breslauern, Berlinern, Eng-

ländern und sogar Amerekanern. Und
ich bin patriotisch! Ein König und eine
Königin von Preußen sind auf mir
gewäst!
Zobten (brüllt): Prahl dich nich, tumme
Gans! Kriegst doch keen Orden! Du,
und patriotisch! Vurne biste schläsch
und hinga biste biehmisch! Und die
Leute soahn, deine Hingerseite is immer noch schiener oals wie deine Vur-
derfront!
Veilchenstein (geziert): Gott, wie unan-
ständig!
Zobten: Halt's Maul, Veilchenstein!
Denkste, ich mach mer woas draus,
doaß de beim Hucha Roade eim Vor-
zimmer sitzt? Du bist jo bluß anne
eingebildete tumme Schickse!
Silberkuppe: Nu werd a goar nuch wei-
berfeindlich!
Zobten: Reg dich nich uff, Silberkuppe!
Du bist oo bluß anne reiche Schickse!
Annaberg: Reiche Schickse! Mir werd
ganz schlecht, doas vertroa ich nich ...
Pietschaberg: Nimm ock an Klusterbitter,
Annaberg ... (er holt eine Flasche
raus).
Annaberg (selig): Klusterbitter ! — — —
Ah ...!
Rummelsberg (hält ihr ein Glas hin, er-
muntert sie singend):

Rummel, Rummel, nimm an Bitter!
Rummel, Rummel, Rummel, rums.

Rummel, Rummel, schwär Gewitter,
Rummel, Rummel, mach kein Sums!
Annaberg (dem Pietschaberg zutrinkend,
der ihr einschenkt):
Schenkt mir ock an Klusterbitter,
Klusterbitter schenkt mir ei.
Kimmt amoal an schwär Gewitter,
schläferts glai dar Bitter ei!
(Mit Pietschaberg in gleicher Stimme,
und Rummelsberg im Baß dazu):
Klusterbitter, Klusterbitter,
fühlste drunda nuch eim Doarm!
Klusterbitter, Klusterbitter,
Klusterbitter, dar macht woarm!
Zobten (zum Geiersberg): Hurch ock,
der Rummelsberg is dar reene Kuk-
kuck, er prillt egoalfurt senn egna
Noama.
Rummelsberg: Und dir zum Pussa nuch
amoal! A neu Gesätzel, Annaberg!
Annaberg (während der Rummelsberg
wieder wie vorhin begleitet):
Ploaga mich viel schwäre Surga,
schenk ich mer an Bitter ein,
und do lacht der grooe Murga
mir wie schinnster Sunnaschein!
Annaberg mit Pietscha- und Rummels-
berg:
Klusterbitter, Klusterbitter,
fühlste drunda nuch eim Doarm.
Klusterbitter, Klusterbitter,
Klusterbitter, der macht woarm!
Zobten (singt übertreibend): Rummel,
Brummel wie an Uchse,

Geiersberg: Rummel, Brummel wie an
Kuh...
Rummelsberg (dringt auf sie ein) rum-
melt!
Hochwald (zu den Waldenburger Bergen):
Brieder, ihr Walmbricher Berge,
was macha mir mit dam Järge?
Waldenburger Berge (dringen auch auf
ihn ein):
Links loan bern liega, doas is gewiß,
weil doas an armseliger Buschklepper
ies.
Hochwald: Und woas sein bier?
Waldenburger Berge:
Mir sein die Walmbricher Berge,
mir sein kinne oarma Quärge,
mir sein zwar nich gruß, doch sein
mer oalle reich,
und sucha kinnt er lange, wu uns
welche gleich,
zengsnaus ei dar lieba Schläsing!
Hochwald: Und oader omoal: wos sein
bier?
Waldenburger Berge:
Mir sein die Walmbricher Berge,
und kenne urnära Quärge,
die Brünnla und die Kohle,
die macha uns reich,
und sucha kinnt er lange,
wo uns welche gleich,
zengsnaus ei dar lieba Schläsing!
Hochwald: Zum dritten Moal soats:
Woas sein bier?

Waldenburger Berge:
Mir sein die Walmbricher Berge
und keene geweehnliche Quärge,
mir hoan unser jeder senn eega
Gesicht
und su viele Schienheet find't er lange
ihr nicht,
zengsnaus ei dar lieba Schläsing!
Hochwald: Das sein mir!
Und woas sein die?
Waldenburger Berge:
Dar Zota und sein Bruder,
doas sein goar oarme Luder,
die Bloobermichel mag kinn Weib,
die hoan a Satan ein'm Leib,
mir aber hoan die Kohle, die Kohle...
Zobten (gurgelt vor Wut dazwischen):
Macht euch ock nich gruß!
Macht euch ock nich mausig
doaß ihr die Kolik eim Bauche hoat.
Alle Berge kreischen vor Lachen.
Schneekoppe (lacht spitz und fächelt sich
mit einem dünnen Tüchlein Luft zu, wor-
in sie sich auch schneuzt):
Doas ies an Witz! An Witz ies doas!
Eule (blickt hilfesuchend zum Hochwald,
wendet sich aber an den Storchberg zum
Schutz, der aufgeregt mit den Flügeln
schlägt): Ich scham mich tut! – Ich scham
mich tut!
Storchberg (gegen den Zobten): Rappel
dich furt! Rappel dich furt!
Schneeberg (helfend):
Die Brieder ich verschitten tät,

wenn doaß ich wo Lawinen hätt'!
Pfaffenberge (zum Zobten und Geiers-
berge):
Dan Großmupsiga hoat ers itz richtig
gegahn!
Mir bleiba gemietlich mit jedermoan!
Waldenburger Berge: Nu redt ihr o nuch
dam Stänkerfritzen zum Munde, ihr
gemeena Hunde!
Geiersberg:
Kummt awing nähnder, ihr wullt
doch sahn,
wie leicht doaß wir euch Woamße
gahn!
Hohes Rad: Veilchenstein, notieren Sie!
(reicht ihm Zettel auf Zettel).
Veilchenstein: Ein ungebildetes Volk
sind die!
Sturmhauben (gehen wild mit den Säbeln fuchtelnd zwischen sie): Auseinander da unten! Im Namen des Ge-
setzes! Ruhe, Ruhe!
Geiersberg (gegen sie): Lät euch lieber
wieder schloafa, sunst riehrt euch nuch
der Schlag!
Hochwald (zur Eule): Eim Summer werde
ich dan Zota mit Hagelskörnern tot-
schissa, wie mit anner Matrilljese!
Alle (außer den hohen Bergen, sowie
Pietscha – und Kreuzberg, die Arm in
Arm und abwechselnd aus derselben Flasche trinken:
Klusterbitter, Klusterbitter,
Klusterbitter, rummel, rums!

Klusterbitter, Klusterbitter,
Klusterbitter, mach kenn Sums!
(Sie prosten einander in ausgelassener
Stimmung zu.)
Eule und Pietschaberg:
  Bei dam letzta Treppla denkste,
  du setzt mitts eim Himmel drin,
  und die gruße Floasche schwenkste,
  Klusterbitter, dar is schien!
Alle: Klusterbitter, Klusterbitter,
  fühlste drunda nuch eim Doarm,
  Klusterbitter, Klusterbitter,
  Klusterbitter, dar macht woarm!
Hohes Rad: Meine Damen und Herren,
  einen Augenblick! Der Pöbel macht
  Krach! Ziehen wir uns zurück! –
Altvater:
  ... 's woar immer asu, 's woar immer
  asu!
  Die wilda Perschla gahn kinne Ruh!
  Und wie lange, Heidbrünnel, wenn
  ma's bedenkt,
  hoast du mir nischte meh
  eigeschenkt! –
  ... 's woar immer asu, 's woar immer
  asu ...
  Bleib'n mer nuch awing beim
  Kratschem stiehn,
  ... 's woar immer asu, asu!
  Doa loan mer mancha guda Truppa
  durch inse Kahle nunderhoppa!
  Denn mer sein ju gude Kinderla,
  ... 's woar immer asu, 's woar immer
  asu ...

Heidebrünnel:
  Schloaf, mei Ahndel, schloaf ock
  schien,
  die sein glei stille, 's werd wieder
  giehn!
Bischofskuppe (würdevoll): Ihr, meine
  lieben Schwestern und Brüder, in Gottes Namen: Beruhigt euch wieder!
Zobten (hebt seine Jacke vom Hinter-
  teil): Ihr kinnt mich oalle oam ...
  Omd besucha!
Geiersberg: Wer frech wird, dem brech'
  ich die Knuacha!
Rübezahl (kopfschüttelnd den Tumult
betrachtend, endlich einschreitend:
  Ruhe ...! Ruhe ...! Pst! Seid still!
  Zuviel des Guten verdirbt das Spiel!
(Die Erregung ebbt ab, nur der Zobten
knurrt dazwischen.)
Rübezahl: Seid hübsch artig, meine lieben Kinderla. Ihr seid ja oalle su
  hibsche, schmucke Perschla und
  Madla! Ihr mißt euch nie händeln!
  Ich bin euch ja oalle asu herzlich gutt!
  Nahmt eure Sacha und gieht wieder
  heem! – Lät euch durte hibsch
  schloafa! Und wenn ihr murne frieh
  wieder uffstieht, doa flecht ich jedem
  an lichta, guldna Kranz ei die Hoare.
  Poackt ei, Kinderla! Gieht heem ...
  gieht schloafa!
Rübezahl geht zu allen, streichelt sie
beruhigend; nur Zobten und Geiersberg
bleiben, sich mokierend, sitzen; er geht

zu ihnen): Nu, Zota, du Knurrkupp,
du mußt denn dicka Kopp duch nie
immer kunträr setza! Stieh uff! Gieh
heem! Gieh schloafa, schien schloafa!
Zobten und Geiersberg (stehen auf,
gehen: der Zobten aber wendet sich dabei gegen die zuletzt schreitende Schneekoppe):
Und du bist doch anne ale Gake!

Unbekannter Verfasser:

Rübezahls Brief

Der Rübezahl hot mer an Brief
geschrieba,
a läßt euch schien grissa – a iß noch
drieba,
a will asu lange drieba blein,
wie noch a poar Schläsinger durte sein.

Viel wär ju zwoar – schreibt er – jitzt
nimme lus,
ma säg lauter fremde Gesichter blus,
und wällt man amol mit Menscha
sprecha,
do müßt ma sich rehn die Zunge
zerbrecha.

Man fängts immer wieder ganz ärschlich
oan,
un stotts „Gun Tag" müßt ma jitz
„Schindobbre" son.

Die Barge, schreibt a, die stiehn noch do,
wie ei aler Zeit, asu hoch und blo,
und guckt man über die Schniekuppe
naus,
do sitt als noch asu wie suste aus.

Do liega die Felder ei aler Frische,
die Städtla, die Dörfer, die Wiesa, die
Püsche,
do sitt man die Teiche, die Windmühl-
hübel,
die ruta Dächer, die weißa Giebel.

Die Stroaßa mit Kerschbeeme
eigesehmt,
die Waberdarfla, kleen und vertrehmt,
und ob und zu wieht ne weiße Foahne
en lange Rauch vu der Eisenboahne.

Do leit moncher Keerchhof, mit Rusa,
mit ruta,
wu beisomma ruhn eure lieba Tuta,
und liega se gleich holb vergassa durt:
Die sein doch derheeme, die brauchta
nich furt!

Susi Gerloff

Schlesienfahrt 1979

Nur noch drei Tage gilt unser Visum,
drei Tage und drei Nächte. Wo blieb all
die Zeit, von der Pauline glaubte, wir
hätten viel zu viel davon? Dem Riesengebirge galt nun unser ganzes Sehnen.

Wir entschieden uns für Krummhübel, das heutige Karpatsch. Zum letzten Male führte uns der Weg über Breslau, und am Rande der Stadt sprangen uns noch einmal die verankerten Panzer und Geschütze der siegreichen Russen ins Blickfeld: wir sahen es genau: Sie sind fest verankert, ganz fest. Das ist Gegenwart; ihr Einsatz aber ist längst Vergangenheit geworden. Mögen sie ausruhen von ihren Taten.

„Jelenia Gora" (Hirschberg) stand nun auf den Straßenschildern, die uns richtungsweisend sein sollten. Verheißungsvoll strahlte schon wieder die Sonne am frühen Morgen; kein Wölkchen am Himmel, und die Straße ins Gebirge fast menschenleer. Nur über Jelenia Gora führte der Weg nach Karpatsch, wo man in dem neuen, mit allem Komfort ausgestatteten Hotel schon auf unsere Ankunft vorbereitet war. Als wir Bunzlau seitlich hinter uns ließen, meinte Pauline, daß die Vorläufer des Riesengebirges schon zu ahnen seien. Und rasch wurden dann auch die rechts und links der Fahrbahn liegenden, herrlich duftenden Rapsfelder von den sich nach und nach aus der Hügellandschaft erhebenden riesigen Wäldern umrahmt. Eine Bilderbuch-Landschaft tauchte auf. Lieber Gott, welches Gemälde stand dir Pate, als du diese Märchenwelt erschufst? Man hätte flüstern mögen, um den Frieden dieses An-

blicks nicht zu stören. Man hätte die Schuhe ausziehen mögen, um die wie Seidenteppiche in der Sonne glänzenden Saatfelder und das Gelb der nicht endenwollenden Rapsfluren mit bloßen Füßen zu fühlen. Und weit in der Ferne grüßte nun auch die noch schneebedeckte, dunstverhangene Schneekoppe zu uns herüber.

Manche Fragen nach den sich oft verzweigenden Wegen wurden bei unserer Fahrt nötig, so auch jetzt bei der jungen Gänseliesel, die ihre Gänseherde mit einem Weidenstock zusammenzuhalten versuchte. „Toljko, tak, toljko tak – nur so – nur so", sagte das Mädchen und winkte mit seiner Hand: „Immer geradeaus! Immer geradeaus!"

Eine über die ganze Breite ihres Gesichtes lachende, am hölzernen Gartenzaun lehnende Polin versuchte, neugierig geworden, ihren massigen Körper auf ihren extrem dünnen Beinen durch die fast zu schmale Gartentür zu zwängen, griff vergeblich nach einer wie wild mit den Flügeln schlagenden, flüchtigen Gans, musterte eingehend Auto und uns und fragte mich dann: „Du Deitsche?" Ich nickte und sagte: „Ja, ich bin Deutsche." — „Du kennen Bauer Kollatsch?", fragte sie weiter. „Bauer Kollatsch? Nein, ich kenne ihn nicht, tut mir leid", war meine Antwort; woher sollte ich auch den Bauern Kollatsch kennen. Ihre tiefe

Enttäuschung ließ sich an ihren weit aufgerissenen Augen und ihren nun fast das Dreifach-Kinn erreichenden Mundwinkeln erkennen. Ihre Haltung, die fast bedrohliche Formen anzunehmen schien bei ihrer vorwurfsvollen Frage: „Waas, Du kennen nicht Bauer Kollatsch aus große Dorf in Deitschland?" gebot mir eine nochmalige, gründliche Überlegung, ob ich Bauer Kollatsch nicht vielleicht doch kenne. „Ja, natürlich kenne ich Bauer Kollatsch", lachte ich sie an, „jedes Kind in Deutschland kennt Bauer Kollatsch." Nun hatte ich's getroffen! In schwärmerischer Erinnerung schwelgend, sprudelte sie los: „Bauer Kollatsch war gutte Bauer, serr gutte Bauer, war brave Bauer, Bauer Kollatsch war scheene Mann! Er mir immer geben Milch, Wurst und Eier! Ich arbeite in Krieg bei Bauer Kollatsch. Du ihn grießen, viel grießen von mich. Frau von Bauer Kollatsch war beese, immer beese, wenn Bauer Kollatsch so machte mit Augen (und dabei kniff sie das eine Auge drei-, viermal kurz hintereinander zu). Er immer sagen ‚gutte Marischka, scheene Marischka, arme Marischka, immer alleine, immer alleine'." Ich nickte verständnisvoll mit dem Kopf im Gedenken an die einmal scheene und einsame Marischka und den braven und scheenen Bauern Kollatsch. Pauline konnte nur mühsam das sich in den Vordergrund drängende, prustende

Lachen zurückbeordern, wobei sie mich als gleichrangige Partnerin neben sich hatte. Wir winkten einen freundlichen Abschied, fuhren langsam los, immer toljko tak, immer toljko tak. Dann prustete Pauline los, und sagte nur immer: „Ma mecht sprecha, es wär nie meeglich. Nee, ma mecht sprecha, 's wär nie meeglich!" Sollte mir aber der Bauer Kollatsch irgendwo und irgendwann in Deutschland einmal über den Weg laufen, dann werde ich ihn grüßen von der heute noch in sehnsuchtsvollen Augenblicken an ihn denkenden einsamen Marischka...

In und bei den Dörfern scheint die Zeit stehengeblieben zu sein: Die auf den Feldern mit den Pferden eggenden Bauern; die zur Schur anstehenden Schafe, deren Wolle von der vielleicht aus den Karpaten stammenden, von Sonne und Wind gezeichneten Polin in den langen Winterabenden bei spärlichem Licht zu warmen Jacken und Pullovern verarbeitet wird; die sich an keine Verkehrsvorschrift haltenden Hühner, Enten und Gänse; und die miteinander von Haus zu Haus, von Hof zu Hof, von Garten zu Garten erzählenden und lachenden Menschen lassen ein bei uns in der Bundesrepublik längst verlorenes Vergangenheitsbild wieder lebendig werden.

Was aber ist aus den vom Krieg, von Bomben- und Granatbeschuß einst doch weitgehend verschonten Häusern geworden!? Überall, ob in Hirschberg, in Krummhübel oder in Schreiberhau, das gleiche Bild: Schadhafte, verwohnte, vom Ruin gezeichnete Gebäude, Fassaden, Nebengelasse, Mauern und Zäune. Über den langsamen Verfall können auch nicht die instandgesetzten Laubengänge, der weite Marktplatz mit seinen kunstvollen Holzschnitzereien und ein paar andere Häuser hinwegtäuschen, die Hirschberg zu bieten hat. Große Trauer um jedes Stück verlorene Vergangenheit umfing uns und langsam, traurig im Herzen, fuhren wir weiter.

Eine der koppelreichen, am Waldrand gelegenen Wiesen wählten wir zum Verweilen. Hinter uns ragten die gewaltigen, aufgeschichteten, von großen und kleinen Höhlen durchdrungenen, steilen Felsblöcke gen Himmel. Ein den kleinen Spazierweg versperrender, umgefallener Tannenbaum lud uns zum Ausruhen auf seinem Stamm, wobei wir die von Dela und Kathinka mitgegebenen letzten Proviantreste verzehrten. Vor uns der eigenartige Zauber der Riesengebirgslandschaft, neben uns die mit Getöse herabstürzenden, wild schäumenden Bergbäche, gegenüber die greifbar nahe, noch von weiten Schneeflächen bedeckte Schneekoppe, und über uns ein unvergleichlich strahlender Himmel.

Wie von einer unsichtbaren Macht getrieben, standen wir plötzlich auf, eilten vor eine der etwas unheimlich anmutenden Höhlen, faßten uns an der Hand und sangen:

„Höre, Rübezahl, was wir Dir klagen,
Volk und Heimat, die sind nicht mehr
frei.
Schwing die Keulen wie in alten
Tagen,
schlage Hader und Zwietracht
entzwei."

„Hör doch nur, hör doch nur", sagte Pauline, „sei still, ganz leise!", als wir uns auf der ausgebreiteten Decke ausgestreckt hatten: „Hörst du es auch?" Ja, ich hörte es nun auch, dieses seltsame Rascheln in den Blättern und Zweigen der Bäume, dem ein immer stärker werdendes, sich Bahn brechen wollendes Rumoren folgte. Die eben noch über uns stehende Sonne war verschwunden, ganz plötzlich, und ebenso plötzlich brach mit einer Urkraft die den Berg durchziehende, wie nach einem Ausweg suchende Donnergewalt über uns herein. Blitz, dreifach tönender donnernder Widerhall des Donners und peitschender Regen zeigten ihre gebieterische Stärke.

Und dann war es still, wieder ganz plötzlich. Ein befreites Atmen lag in der Natur. Der aus der Erde ausbrechende, dampfend würzige Tannenduft, den wir gierig und dankbar tief in uns einsogen, legte sich zugleich über das ganze Land. Sollte der alte Berggeist so schnell und

81

gewaltig auf unsere Klagen geantwortet haben, oder sollte er gar seine ganze Unbill zeigen wollen über das Wecken aus seinem tiefen Schlaf? Möchte er doch unseren Ruf vernommen haben und auch weiterhin der sagenumwobenen Riesengebirgswelt ein wachsames Auge schenken!

Jelenia Gora geradeaus, Karpatsch rechts ab – 17 km. – Eine seidige, nach frischem Gras, nach Blumen und Wald duftende Luft hatte nach dem starken Gewitterregen gottlob die seit vielen Tagen herrschende, fast stickige und das Atmen erschwerende Tropenhitze verdrängt. Noch rannen Regentropfen von den staubbefreiten Blättern der Bäume und Sträucher, trollten sich von lehmigem Regenwasser getriebene Kieselsteine und gebrochene Holzteile die Straßen hinunter, als schon wieder die ersten, durch die noch immer über uns drohenden Gewitterwolken brechenden Sonnenstrahlen ein frisch gewaschenes, wie neu geborenes, empfangsbereites Krummhübel präsentierten.

Das am Tannenwald mit nach allen Richtungen führenden Spazierwegen abseits des Ortes liegende neue Hotel schien uns trotz seiner großen Ausmaße, der davor parkenden Autos und der ein- und ausgehenden zahlreichen Menschen ein angenehmer Zufluchtsort. Auch hier wurden die üblichen, notwendigen Formali-

täten zwanglos und rasch von den sich meist freundlich, ansonsten aber immer sachlich-höflich verhaltenden und in adretten Einheitskleidern steckenden Hanjas, Katjas, Jelenas und Anjas erledigt. Persönliche, irgendwie nur erfüllbare Wünsche des Gastes wurden berücksichtigt, und – es wurde deutsch gesprochen. „Du tauschen deitsches Geld?" war eine der sich ständig wiederholenden Fragen der im Vestibül und überall auf westdeutsche Touristen lauernden Männlein und Weiblein.

Bis in den späten Abend atmeten wir den herrlich würzigen, aus dem mit Tannennadeln übersäten Waldboden aufsteigenden Duft, genossen auf dem Balkon, uns im Liegestuhl aalend, die wieder die Bergwelt beherrschende Sonne, versprachen der uns einladenden Schneekoppe unseren morgigen Besuch und blickten dankbaren Herzens zu all den Felsenhöhlen, die das Zuhause des alten Berggeistes Rübezahl bilden – er bescherte uns ein schlesisches Willkomm' in seinem Reiche auf seine Weise...

Pauline saß schon bergmarschfertig in Wanderschuhen und mit Paules über ihre Strümpfe gestülpten braunen Socken, dem gesteppten, braunen Kopftuch und einem im nahen Wald gefundenen, stabilen Wanderstab, zum letzten Male nachprüfend, ob auch der allen Widerständen trotzende, inhaltsreiche Brustbeutel seinen alten Standort beibehalten hatte und mir für die mir fremde Bergwelt letzte wichtige Hinweise und Verhaltensregeln gebend, geduldig wartend auf ihrem Bett, während mir die Wahl zwischen alten Tennisschuhen und, zwar trittfesten, aber dennoch den in den Bergen liegenden Schnee keinesfalls abhaltenkönnenden Tuchschuhen mit Gummiprofil schwerfiel: Ich entschied mich für letztere.

Im ersten Autogang krochen wir die immer steiler werdende Hangstraße entlang und bewunderten dabei die ständig stehenbleibenden und nach Luft japsenden Enthusiasten ob ihres Wandermutes. Unser erster Besuch galt der seit über einem Jahrhundert aus Norwegen importierten, in allen deutschen Landen weit über Schlesien hinaus bekannten und berühmten Holzkirche ‚Wang'. Mit dem Glück auf unserer Seite konnten wir uns sofort einer deutschsprachigen Führung anschließen, einigen dort tatsächlich noch verbliebenen deutschen Friedhofsgräbern einen „Guten Tag" und ein „Lebewohl" sagen und uns an der herrlichen Aussicht über das zu unseren Füßen liegende Land erfreuen. Dann ging es weiter dem letzten, unterhalb des Sessellifts gelegenen Auto-Parkplatz zu. Eine volle Stunde stellten wir uns in die Reihe derer, die auf die gleiche Weise wie wir – mittels des Lifts – den vor uns

liegenden Berg, die Schneekoppe, bis zur Endstation erklimmen wollten. Aus militärischen Gründen, so sagte man uns, seien die zum Träumen einladenden, von Krüppelkiefern umsäumten kleinen Waldpfade neuerdings gesperrt und erzwangen so einen anderen, aber keinesfalls weniger interessanten oder gar unromantischen Umweg. Und dann standen wir vor dem Problem der vom Schnee bedeckten und sich in geschmolzenem Schneewasser badenden Wege. Schon nach ersten Gehversuchen trieften Schuhe und Strümpfe vor sonnengewärmter Nässe, und nur Paulines trostspendende Worte, an der „Prinz-Heinrich-Baude" von der Sonne wieder alles trocknen zu können, gaben mir Durchhaltemut.

Internationales Stimmengewirr war von den zusammengenagelten Holzbänken unterhalb der „Prinz-Heinrich-Baude" zu vernehmen. Man ruhte sich hier noch einmal vor dem Endspurt zu der Spitze der eine Stunde entfernt und runde 1600 Meter hoch ragenden Schneekoppe, der höchsten Erhebung des Riesengebirges, aus. Die altbekannte Baude war freilich für Zivilisten wie uns nur von außen zu besehen, Militär hütete drinnen ein geheimnisvolles Dasein.

Heiße, in Gesicht und auf Armen als nicht unwillkommene Bräune eingefangene Sonnenstrahlen hatten ebenfalls günstig die nassen Strümpfe und das Schuhwerk beeinflußt, als wir uns nach kurzer Rast zum Aufbruch in Richtung des kurvenreichen Berg-Höhepunktes aufrafften.

Unsere Erhabenheit, die uns der Gipfel des Berges einflößte, war freilich nur von kurzer Dauer: Ein polnischer, keine Miene verziehender Soldat mit aufgepflanztem Gewehr suchte den seit neuestem verbotenen, als Wanderweg freilich beliebten Berggrat zu verteidigen; und zwei Meter entfernt von ihm standen zwei breit über das ganze Gesicht feixende tschechische Soldaten: Die Grenze läuft ja hier quer über den Grat.

Zurück also zur Bergstation, zu unserem Auto und nach Krummhübel: Unser mit Bequemlichkeit und allem Komfort ausgestattetes Domizil hier brauchte den Vergleich mit anderen internationalen Hotels nicht zu scheuen. Das Frühstück, bestehend aus Kaffee, Tee und Fruchtsäften, aus diversen Sorten köstlichen Brotes, reichlichen Buttermengen, aus Ei, Wurst und Käse, könnte sogar richtungweisend für andere, insbesondere deutsche, Gaststätten- und Hotel-Frühstücke sein. Die mit Blumen und anderen hübschen Ornamenten verzierten Speisekarten, viele Gaumenfreuden polnischer Spezialitätenkarte versprechend, entpuppten sich freilich meist als von Potem-

kinscher Art. „Heute leider nicht", war die fast stereotype Antwort der gleichbleibend höflichen Bedienungen, wenn man die vielen angepriesenen, diese oder jene lukullischen Genüsse erbat. Njima – keine! Die aber tatsächlich vorhandenen Speisen, nett und freundlich serviert, mundeten köstlich.

Hier im Gebirge ist wie eh und je Touristenland; Busse aus aller Welt kommen an und fahren ab; Internationalität ist Trumpf.

Ganz anders dagegen der nun 35jährige polnische Alltag in den bäuerlichen Gegenden Schlesiens, in den Dörfern und kleinen Städten des Landes, den wir zuvor erlebt hatten: Friedlich das Leben der Menschen, bescheiden der Alltag, stehengeblieben die Zeit, verfallen die Häuser in vielen Orten, fruchtschwer die ebenen Fluren, ein immer noch und wieder wunderbares Land, eine Landschaft, die ihre Seele nicht verloren, sondern behalten hat.

Erhalte du, Berggeist Rübezahl, Berggeist der Jahrhunderte, diese unverfälschte, friedvolle Natur, diese Oase der Stille und Schönheit, erhalte du das Land unserer Väter zu unser aller Wohl!

Wir möchten wiederkommen, wenn auch nur als Besucher, vielleicht bald schon, wenn... ja, wenn man uns das gestattet. Schlesien ist noch immer schön!

Johann Wolfgang von Goethe

... in diesem zehnfach interessanten Land (1790)

„Seit Anfang des Monats bin ich nun in diesem zehnfach interessanten Lande, habe schon manche Theile des Gebirges und der Ebene durchstrichen und finde, daß es ein sonderbar schönes, sinnliches und begreifliches Ganze macht..."

V. Hampel

Riesengebirglers Heimatlied

Blaue Berge, grüne Täler,
mitten drin ein Häuslein klein.
Herrlich ist das Stückchen Erde,
und ich bin ja dort daheim.
Als ich einst ins Land gezogen,
ha'm die Berg mir nachgesehn.
Mit der Kindheit, mit der Jugend,
weiß nicht recht, wie mir geschehn.
O, mein liebes Riesengebirge,
wo die Elbe so heimlich rinnt,
wo der Rübezahl mit seinen Zwergen,
heut noch Sagen und Märchen spinnt.
Riesengebirge, deutsches Gebirge,
meine liebe Heimat du!

Ist mir gut und schlecht gegangen,
hab gesungen und gelacht.

Doch in manchen bangen Stunden
hat mein Herz ganz still gepocht.
Und mich zog's nach Jahr und Stunden
wieder heim ins Elternhaus.
Hielt's nicht mehr vor lauter Sehnsucht
bei den fremden Menschen aus.
Du mein liebes Riesengebirge...

Heil'ge Heimat! Vater! Mutter!
Und ich lieg an ihrer Brust,
wie dereinst in Kindheits Tagen,
da von Leid ich nichts gewußt.
Wieder läuten hell die Glocken,
wieder streichelt ihre Hand,
und die Uhr im alten Stübchen
tickt wie grüßend von der Wand.
Du mein liebes Riesengebirge...

Und kommt's einstens zum Begraben,
mögt ihr euren Willen tun.
Nur das eine, ja, das eine:
Laßt mich in der Heimat ruh'n!
Wird der Herrgott mich dann fragen,
droben nach dem Heimat-Schein,
zieh' ich stolz und frei und freudig
flugs ins Himmelreich hinein:
Bin aus dem lieben Riesengebirge,
wo die Elbe so heimlich rinnt.
Wo der Rübezahl mit seinen Zwergen
heut noch Sagen und Märchen spinnt.
Riesengebirge, deutsches Gebirge,
meine liebe Heimat du.

✳

Oberschlesisches Heimatlied

Du oberschlesische Heimat,
du wälderrauschendes Land;
wie festlich schmückt deine Fluren
der Oder silbernes Band.
Still betend falt' ich die Hände,
schau fromm zum Himmel hinauf,
und seh mit dankendem Blicke
der Sonne segnenden Lauf.
In Treue will ich dich lieben,
mein Schwur sei heiliges Pfand:
du oberschlesische Heimat,
du wälderrauschendes Land.

Grün breiten deine Gefilde
sich in der östlichen Mark,
im Schutze wackerer Männer
so eichenrüstig und stark.
Viel tausend fleißige Hände
erhalten häusliches Glück,
das froh aus Seele und Herzen
klingt in den Worten zurück:
In Treue will ich dich lieben …

Es wird mein Auge sich schließen
dereinst zum ewigen Schlaf,
vom Todesstrahle geblendet,
der manchen Bruder traf.
Doch mit ersterbendem Atem
bet' ich mein letztes Gebet,
mit dem mein scheidendes Grüßen
im Dämmerdunkel verweht:

Ich habe treu dich geliebet,
mein Schwur war heiliges Pfand,
du oberschlesische Heimat,
du wälderrauschendes Land!

August Lichter

Heemte!

Heemte! Wie klingt doch doas Wort an
    zu schien!
Wie koan doas a Schlesinger packa und
    ziehn!
Wie fängt do is Herze, doas Dingla,
    kleenumpern,
wie Groobschmieds sei Hommer glei
    laut an zu pumpern!
Heemte! Wie duhnt do und hebt sich
    de Brust
gedrummelt vul Freede, vul sällger Lust!
Ja, Heemte schofft Friede, gibt Glücke,
    brengt Ruh:
der Heemte, der Heemte leeft jedes
    gern zu.

J. von Eichendorff

Zauberwort Heimat

Schläft ein Lied in allen Dingen,
die da träumen fort und fort,
und die Welt hebt an zu singen,
triffst du nur das Zauberwort.

Der Schlesier und seine Vergangenheit

Geschichten und Gedichte aus Schlesiens Geschichte

Alfons Hayduk

Schlesische Legende

Als die Menschen das Paradies verloren hatten und im Schweiße ihres Angesichts ihr täglich Brot verdienen mußten, schenkte ihnen der Herrgott in seiner unendlichen Güte den Garten Schlesien. Nicht, daß er ihnen von heute auf morgen zu eigen gewesen wäre – die urtümliche Landschaft zu jenem Garten zu gestalten, bedurfte des Fleißes und der Zähigkeit vieler Geschlechter, bedurfte des Fruchtens und Wachsens von Jahrhunderten. Dann erst erblühte jenes herrliche Stück Erde mit der reichen Vielfalt seiner Teile, die rauschende Wälder, goldene Äcker und grüne Fluren umfaßten, liebliche Täler und sanfte Hügel, den mächtigen Wall der Sudeten und die Weite der östlichen Ebene, von der man wie auf einer Himmelstreppe zur Wolkenhöhe der Schneekoppe hinansteigen konnte, weithin gegrüßt vom schimmernden Silberband der Oder, dem Schicksalsstrome Schlesiens.

Wie im Segen der Erde sich hier anziehende Gegensätze einten, so formte sich ein Volksstamm, genährt von den Quellwassern des Gemüts und weltoffenen, heiteren Geistes, ein erdverwurzeltes Gottsuchervolk, das seine Lieblingsspeise schlichthin und sinnig „Schlesisches Himmelreich" nannte.

Anheimelnde Weiler und freundliche Dörfer lugten aus dem Grün der Obstgärten, mauerbewehrte Burgen und Siedlungen wuchsen und schließlich stattliche, stolze Städte, mit vielem Getürm und hohen Kirchen, in denen die Kunst der Gotik und des Barock das Lob der Schöpfung sang, inmitten wie eine kostbare Perle die Landeshauptstadt Breslau, die Metropole an der Oder, vielgerühmt und nicht weniger prächtig als das goldene Prag, das heitere Wien, das lebensfrohe Leipzig, das warenträchtige Krakau, wohin überall seine Handelsstraßen führten.

Und der Herrgott gab dem emsigen Völklein längs der Berge den reichen Kranz heilkräftiger Quellen und Bäder, gab zudem das Geschürf und die Mutung unterirdischer Schätze, Kohlen, Erze, ja Silber, Gold und Edelsteine. Über wogenden Weizenfeldern surrten die Grubenräder und qualmten die Essen, in Hüttenwerken und Fabriken pochte und hämmerte die Sinfonie der Arbeit. Selbst in den windschiefen Katen der Armut klapperte der Webstuhl.

„Ane Sehnsucht hoat a jeder!" Sie ist des Schlesiers bestes Teil, wie gestern so auch heute und immer...

*

Johannes Polke

Väter und Mütter

Woher wir kommen, wissen wir nicht. Vielleicht waren einige von uns schon im Lande, als die unermeßlichen Wälder noch standen, und als die Oder mit ihren kleinen Flüssen und Bächen die Täler zu Sümpfen werden ließ.

Vielleicht haben sie seit jeher in den südlichen Bergen gelebt, oder dort, wo später die Städte entstanden, in Hütten aus gestrichenem Lehm und Stroh mit schilfgedeckten Dächern. Wir wissen es nicht.

Wir wissen auch nicht, woher die anderen gekommen sind, die vielen: Aus Franken vielleicht? Oder aus Schwaben? Oder Bauernjungen aus Holland? Sie kamen mit ihren Wagen und mit ihrer Kraft. Die meisten sind so gekommen, von weither, die meisten der Unseren. Doch wir wissen nicht mehr, woher.

Aber das Land (das Land, das ihnen zur Heimat wurde): Der gewaltige Strom im Osten, Aufgang der Sonne. Riesen und Zwerge hausen in den Gebirgen. Steine und seltsame Formen der Felsen, Forellen im Bach zwischen den bemoosten Ufern. Vandalische Heiligtümer auf den Hügeln, Fürstengräber, Urnen im Sand und Werkzeuge der Steinzeit. Lachende Kinder winken den Schiffen mit schwar-zem Golde nach. Birken und Erlengebüsche. Kiebitze im Moor, Weiden am Wasser, duftende, schwere, schwarze Erde daneben, und Schätze unter der Erde, die kein Auge gesehen hat. Schmale, steinige Pfade gehen ins böhmische Land hinüber; an ihren Rändern blühen Wiesenblumen. Heiligenbilder lächeln auf den Brücken. Ein Dom und Kirchen und Schlösser und schöne Brunnen, Laubengänge, Rathäuser auf dem Ring. Blühende Kirschbäume säumen die staubigen Straßen, warm sind die Sommer und sehr kalt die Winternächte mit ihren Sternen, mit ihren Eisblumen am Fenster. Ackerwagen fahren zum Wochenmarkt, und unter den Planen liegen Früchte der Felder; Zuckerrüben fallen herab.

Das ist das Land unserer Väter; das ist das Land, um welches nach tosenden Schlachten die Kaiserin weinte.

Daher kommen wir: Sonst wissen wir nicht, woher wir kommen, noch was wir vorher waren. Vielleicht waren wir Herzöge oder fahrende Spielleute oder Bettler? Landarme Bauern? Alles, was wir uns wünschen, sind wir vorher gewesen; und wie wir wünschen und wollen, so war es. Denn die Dunkelheit über der Vorzeit ist gut geeignet zum Träumen.

Erst sehr spät wird es heller, daß wir die Väter, die Mütter und ihre Wege erkennen.

Gesichter. Gesichter, Gestalten. Männer

in alten Hüten, bärtige Männer, Männer mit zerarbeiteten Händen, uralte Veteranen, Soldaten in Uniformen, Bauern mit Sensen. Barfuße Kinder, die Gänse hüten. Frauen mit Kopftüchern, und Schönheiten vor dem Spiegel, eine Kette... Mütter mit zerfurchtem Antlitz. Gesichter, Schatten, schweigende Bilder, Namen mit altertümlichem Klang, fremde Laute. Sandige Erde der Felder und schindelgedeckte Scheunen, enge Gassen in der Stadt, Mauern und Türme. Die Schmiede, die Schmiede! Uralte Eichen, sechs Kiefern, und Birken auf dem Schulweg, bellende Hunde, Schnee, geschlachtete Schweine und ein Krug voll Bier, dann wieder Gäste aus dem Nachbarort, Brautwerber vielleicht?
Kreuze und Hügel. Die Spanische Grippe. Gefallene Söhne, verlorene Brüder. Kriege. Kindbettfieber. Die beständige Armut und viel Hunger. Wallfahrten hier, und drüben die Bibel, aufgeschlagenes Gotteswort, verhängte Fenster und Spiegelgläser, und eine traurige Botschaft in den Stall zu den Tieren, daß die Frau gestorben sei. Kreuze und Hügel. Erzählt uns, erzählt!
Die alten Geschichten voriger Zeiten wissen wir nicht mehr. Nur Träume in uns, und Ahnungen, die uns vielleicht täuschen; diese sind uns bekannt.

*

Herr Peter Wlast

Schlesiens erster Landeshauptmann war der sagenhafte Herr Peter Wlast, ein Graf, der aus dem Lande der Nordmänner in die Dienste der Piasten getreten war, der Stammväter der ersten schlesischen Fürstenhäuser.
Peter Wlast besaß ungeheure Reichtümer. Einmal ruhte er auf der Jagd am Rande eines Wassers aus und legte dabei sein Schwert quer über den Bach. Da träumte er, ein Mäuslein liefe über eine Brücke von Eisen und huschte in einen uralten Baum, in dessen Höhlung sich ein herrlicher Schatz befand. War es Traum oder Wirklichkeit?
Graf Peter sah wirklich im Halbschlummer ein Mäuslein behend über sein Schwert schlüpfen und in einer mächtigen Eiche verschwinden.
Wer hätte da nicht selber nachgeschaut, wie es um den Schatz bestellt sei? Herr Peter soll so zu vielem Golde gekommen sein, aber andere meinen, eine andere Brücke wäre es gewesen, die ihn reich gemacht habe, die friedliche Brücke des Handels mit anderen Ländern und Völkern.
Wlast wußte seinen Reichtum wohl anzuwenden. 77 Kirchen baute er in schlesischen Landen. Er liebte sie so sehr, daß

90

er sich auf der Höhe des Zobtens ein prächtiges Schloß bauen ließ, von dem er nach allen Seiten Ausschau halten konnte, weithin über die schöne Schläsing.

Später hat er diese stolze Burg den Augustinermönchen geschenkt, wie er so manche reiche Stiftung tat. Vom Zobten konnte er ja nicht mehr in die Weite blicken, denn er war erblindet. Er war bei seinem Herrn verleumdet worden, und dieser hatte ihm die Augen ausstechen lassen.

Das war schlimmer als damals, da die Kinder des Grafen erkrankt waren und hilflos auf den Tod darniederlagen, schon von den Ärzten aufgegeben. Mit seiner frommen Gemahlin hatte Herr Peter da der Gottesmutter das Gelübde getan, ihr in der Landeshauptstadt Breslau eine Kirche zu erbauen, sofern das Leben der todkranken Kinder erhalten bliebe.

Maria half, und so entstand auf der kleinen Oderinsel neben jener anderen, auf der schon Burg und Dom sich erhoben, die ehrwürdige Kirche von Unserer Lieben Frau auf dem Sande, die Breslauer Sandkirche, wie sie der Volksmund nennt. Eine Steintafel mit lateinischer Inschrift erinnerte bis in unsere Tage dort an jene Begebenheit.

Nun aber irrte der Greis ohne Augenlicht durchs Land, und auch die Zunge war ihm herausgerissen worden. Peter Wlast, einst der reichste und mächtigste Mann Schlesiens, war der ärmste und bedauernswerteste geworden, elender als jener Hiob im Alten Testament.

Doch der Verfemte verlor nicht sein Gottvertrauen, verlor nicht seinen Glauben an die Gerechtigkeit und den endlichen Sieg des Guten.

Und was niemand geglaubt hätte, und wofür keiner mehr einen Pfifferling gab, das geschah: Die Unschuld des Grafen wurde offenbar und überdies durch ein Wunder bestätigt. Er begann, von der Wahrheit erfüllt, ohne Zunge zu sprechen, und seine geblendeten Augen schauten eines Tages wieder das schöne Land Schlesien, das er so sehr liebte und für das er mit frohem Herzen und schenkenden Händen so unendlich viel getan hatte.

Noch einmal stieg der greise Landeshauptmann hinauf auf die Höhe des Zobtenberges und schaute beseligt über Fluren und Wälder, bis hin zum schimmernden Silberband der Oder im Norden und zu den blauen Kammbergen der Sudeten gen Mittag. Dann schloß er die Augen für immer.

Niemand aber weiß, wo er begraben liegt; keine Chronik erzählt von seinem Ende. Ja, vielleicht ist er Schlesiens erster und immerwährender Landeshauptmann, der gar nicht gestorben ist, der seinen Reichtum immer noch mit offenen Händen an die Kinder der Schläsing austeilt und mit ihnen Recht und Gerechtigkeit sucht, die Heimat in ihrer unvergänglichen Schönheit und Wahrheit. Ja, vielleicht...

Denn jeder Schlesier ist ja heute ein Peter Wlast in seinem Leid, ein Gestürzter und Geblendeter, ein Verfemter und Vertriebener.

Aber wer – ja wer glaubt nicht an das Wunder?

Volkssage

Die Gründung von Wahlstatt

„Wisse, Demundis", so sagte die heilige Hedwig zu ihrer Begleiterin in der Burgkapelle von Crossen an der Oder am Abend nach der Mongolenschlacht, die am 9. April 1241 den Einfall der gelben Reiter ins Abendland zum Stehen brachte, „wisse, Demundis, ich habe die Seele meines Sohnes gesehen. Gleich einem kühlen Adler, so flog sie stolz, mit leichtem Fittichschlag, zur Höhe."

Nach diesem Gesicht machte sich Hedwig, ehe sie noch eine Botschaft aus Schlesien über den Ausgang der Schlacht erhalten hatte, mit ihrer Tochter Gertrudis, der Äbtissin von Trebnitz, und ihrer Schwiegertochter Anna, der Gemahlin des gefallenen Herzogs Heinrich II., eilends auf, den Leichnam des Fürsten heimzuholen.

Als die fürstlichen Frauen der von Toten übersäten Kampfstätte unweit von Liegnitz ansichtig wurden, hielten sie entmutigt inne. Wie sollten sie hier unter den ungezählten Gefallenen den Herzog finden, dem die Mongolen das Haupt abgeschlagen hatten? Mit ihm sind sie – es stak hoch auf einer Stange – vor den festen Mauern der Herzogstadt Liegnitz erschienen, um sie zur Übergabe aufzufordern, ehe sie heimwärts zogen.

Die Liegnitzer waren hart geblieben. Nun aber kniete Frau Hedwig auf dem verlassenen Schlachtfeld und betete; sie betete für alle Gefallenen, die Christen wie die Heiden. Dann bat sie Gott, ein Zeichen zu geben, daß es möglich wäre, in dem Wirrwarr der Walstatt Freund und Feind voneinander scheiden zu können, um den Leichnam des geliebten Sohnes in den Leichenhügeln zu finden.

Auf dieses Gebet hin ging eine seltsame Bewegung über die Kampfstätte. Die Leiber der Gefallenen des herzoglichen Heeres wandten sich so, daß ihr Antlitz der aufgehenden Sonne zugekehrt war, während das der tatarischen Toten erdwärts nach unten zu liegen kam. Da war es jetzt möglich, auf die Suche nach dem gefallenen, hauptlosen Herzog zu gehen.

Hedwig fand ihn. Er war seiner Rüstung, Gewandung und seines Schuhwerks beraubt. Sie erkannte ihn an dem zerrissenen blauen Seidengürtel und an den sechs Zehen am rechten Fuß, die man noch vor mehr als hundert Jahren bei der Graböffnung in der Sankt-Vinzenz-Kirche der Hauptstadt Breslau festgestellt hat.

Hedwig hatte in ihrem Gebete gelobt, am Fundort der Leiche zum immerwährenden Gedächtnis ihres Sohnes eine Kirche mit einem Kloster zu errichten.

„Wahlstatt sei der Name des dem Frieden geweihten Ortes", bestimmte Frau Hedwig als Gründerin der Benediktinerpropstei und Kirche, die später, nach der Heiligsprechung der Herzogin, auch ihren Namen erhielt.

Alfons Hayduk

Das Sieben-Sack-voll-Ohren-Fest in Wahlstatt

Zwölf Kilometer südöstlich von Liegnitz liegt der Marktort Wahlstatt. Dort wurde alljährlich am Weißen Sonntag im Gedenken an die Mongolenschlacht, die hier einst stattgefunden hat, der sogenannte „Kriegssonntag" festlich begangen. Am Nachmittag fand sich die Bevölkerung der näheren und weiteren Umgebung zu einem Volksfest ein. Es hatte seit alters den seltsamen Namen „Das Sieben-Sack-voll-Ohren-Fest". Ihm lag eine seit jener Schlacht überlieferte Sage zugrunde, die erzählt, die Mongolen hätten den Gefallenen auf dem Schlachtfeld das linke Ohr abgeschnitten und damit sieben Sack voll gefüllt.

Alljährlich haben die Schlesier des 9. April 1241 gedacht, des Tages der Wahlstatt bei Liegnitz, wo der Mongolensturm aus der Steppe Asiens plötzlich zum Stehen kam und die Wende jener Bedrohung Europas eintrat. Die Reiterheere der Enkel des gewaltigen Dschingis-Khans waren nach dem Westen aufgebrochen, hatten Rußland, die Ukraine, Polen und Ungarn verwüstet und das Herzogtum Schlesien überrannt. Heinrich II., genannt der Fromme, Sohn der heiligen Hedwig, war der erste und einzige der osteuropäischen Fürsten, der es wagte, sich dem Mongolensturm entgegenzustemmen. Er und der Großteil seiner Ritter, Bauern und Bergleute, die er auf der Anhöhe von Wahlstatt den Söhnen Asiens entgegenwarf, waren dem Tod geweiht.

Die Berichte über den Verlauf des blutigen Geschehens sind ungenau, ja widersprüchlich. Die Mongolen haben wohl das Schlachtfeld behauptet. Aber auch ihre Verluste waren erschreckend. Ihr

Siegeszug stockte plötzlich. Legende und Sage bemächtigten sich bald des gewaltigen Vorgangs, um ihn für immer der Vergangenheit zu entreißen. Bald wurde erzählt, die tatarischen Reiter hätten in der Nacht nach der Schlacht jedem der Gefallenen das linke Ohr abgeschnitten, um dem Großkhan daheim Zeugnis zu geben von der heißesten ihrer Schlachten, wenn er Rechenschaft fordern und die Besten seiner Tausendschaften betrauern wird. Sieben Sack voll Ohren sollen es gewesen sein, die in jener Dienstagnacht nach dem Weißen Sonntag, Quasimodogeniti anno domini 1241, gesammelt worden sind... So will es jedenfalls die Sage vom Kriegssonntag in Wahlstatt.

Volkssage

Kunigunde von Kynast

Es lebte einmal ein Edelfräulein namens Kunigunde auf der Burg Kynast, deren Ruinen noch heute weithin über das Hirschberger Tal zu dem Riesengebirgskamm von bewaldeter Höhe hinaufschauen. Jäh stürzt auf der Steilseite des Granitkegels der Fels zum Höllengrunde ab, daß einem, blickt man von der Burgmauer hinab, schon schwindlig werden kann.

Kunigunde aber verlangte von jedem, der um ihre Hand anhielt, er müsse hoch zu Roß die Mauer längs des Höllengrundes entlangreiten. Hunderte von wackeren Rittern aus dem Adel Schlesiens und der benachbarten Länder, aus Böhmen, Sachsen, Brandenburg, Polen, Mähren und Ungarn, ja noch viel weiter her, haben den tollkühnen Ritt versucht, um das schöne und reiche Schloßfräulein zu gewinnen. Aber keinem einzigen gelang es. Sei es, daß das Pferd scheute, sei es, daß ein Stein sich vom Gemäuer löste und einen Fehltritt verursachte, oder daß dem Reiter schwindelte und er hinabstürzte – keiner überlebte dieses Abenteuer. Es war ein Todesritt.

Bis in die fernsten Lande verbreitete sich die Kunde, und immer wieder fanden sich wagemutige Recken, ehrlich begeisterte Jugend wie auch kühne Draufgänger und verwegene Glücksritter. Aber noch jeder bezahlte mit seinem Leben, drunten in der Tiefe des Höllengrundes.

Wieder kam ein Ritter auf die Burg, in Wesen, Anstand und Sitte ein edler Herr aus bestem Geblüte, wie Kunigunde unschwer erkennen konnte. Aber er zeigte kein Wappen und nannte keinen Namen. Das erzürnte die stolze Burgherrin, und sie wollte auch seinen Einwand, an ein Gelübde gebunden zu sein, nicht gelten lassen. Doch die fürstliche Art sich zu geben, zeichnete den Fremden so anziehend aus, daß Kunigunde ihm schließlich doch den Willkommstrunk bot und damit sich bereit erklärte, seine Werbung anzunehmen und ihm den Todesritt auf der Mauer zu gestatten. Fast hätte sie ihn lieber wieder heimgeschickt, nachdem er am Abend sie und ihr Gefolge im Rittersaale so artig und spannend unterhalten und sich dabei als ein weitgereister Held und Minnesänger offenbart hatte, der alle Herzen, ja selbst das des kühlen Schloßfräuleins, zu rühren verstand. Stumm verabschiedete sie ihn zur Nacht.

Als die Sonne gerade aufging und das Burgvolk über den Hof zur Kapelle strebte, wohin sich auch Kunigunde begab, stockte plötzlich ihr Schritt. Auf der schmalen Mauer über dem Höllengrund ritt mit lässiger Sicherheit der fremde Freier, als handle es sich um seinen gewohnten Morgenausritt. Weder Reiter noch Roß zeigten irgend eine Erregung. Kunigunde hielt den Atem an. Mit ängstlichem Schweigen verfolgte alles wie gebannt den Ritt, den noch kein einziger überstanden hatte.

Dem Namenlosen aber gelang es. Unbeschreiblicher Jubel brauste auf, Hörner schmetterten, Posaunen dröhnten, Trommeln wirbelten; und die Böller donnerten, daß das Echo vielfach widertönte.

Die stolze Schloßherrin, bleich und wunderschön in ihrer Ergriffenheit anzuschauen, eilte dem Ritter entgegen, der behende vom Pferde sprang und mit fürstlicher Gebärde ihren Gruß abwehrte und sprach:

„Ich bin der Landgraf von Thüringen und kam, den gräßlichen Bann zu lösen, der so viel edles Blut gekostet hat. Nun ist das Gelübde erfüllt, für das ich daheim ein ganzes Jahr in täglicher Übung mein Roß und mich auf schmaler Mauer geübt habe, um zu verhindern, daß künftig weiteres Unheil geschehe. Ich weiß, Jungfrau Kunigunde, daß Ihr aus Schmerz über den Tod Eures Vaters, der wegen einer leichtsinnigen Wette von jener Mauer in den Höllengrund abgestürzt ist, Euer hartherziges Verlangen stelltet, das keiner erfüllen konnte. Laßt es nun genug sein und werdet glücklich. Mich selbst erwarten daheim auf der Wartburg meine Frau und meine Kinder. Lebt wohl, Jungfrau Kunigunde von Kynast."

Der Landgraf bestieg wieder sein Pferd und ritt zum Burgtor hinaus. Als erwachte sie aus tiefer Betäubung, schaute Kunigunde ihm nach. Dann befahl sie, ihr bestes Jagdroß zu bringen, das noch ihr geliebter Vater geritten hatte, galoppierte furchtlos auf die Ringmauer; und als unten auf dem Pferd im Höllengrund der Thüringer Landgraf sichtbar wurde, gab sie dem Pferd die Sporen und stürzte mit ihm jählings in den Abgrund hinab.

Jochen Hoffbauer

Der Vogel Greif
(einer Volkssage nacherzählt)

Als im 14. Jahrhundert unter Herzog Bolko friedliche Hirten in den lieblichen Tälern um den Gebirgsfluß Queis wohnten und dort ihre Herden weideten, hauste der Vogel Greif im Walde auf einem gewaltigen Baum, der Maleiche. Er war der Schrecken des ganzen schlesischen Landes. Mensch und Tier verbargen sich zitternd, wenn sein machtvoller Flügelschlag durch die Luft rauschte. Keine Herde war vor ihm sicher. Er vermochte einen ausgewachsenen Ochsen mit seinen Klauen davonzutragen. Für seine junge Brut aber raubte er unzählige Schafe und Ziegen. Großes Wehklagen erscholl bei den Bauern und Hirten ringsumher. Die Leute sagten, das Untier – 20 Ellen maß es von Flügelspitze zu Flügelspitze – werde große Armut über das Land um Bober und Queis bringen.

Als das Ungetüm dann sogar Kinder raubte und tötete, erließ der Herzog von Schlesien einen Aufruf. Wer den Vogel Greif mit seiner Brut vernichtete, der sollte fürstlich belohnt werden. Große Summen Geldes wurden dem Retter versprochen. Da aber die mutigsten Ritter nichts gegen den Unhold auszurichten vermochten und etliche dabei sogar ihr Leben verloren, entschloß sich der Landesfürst, dem Sieger als Preis seine eigene, schöne Tochter zu versprechen, um den Mut der Ritter zu beflügeln.

Nun wohnte in der Nähe ein junger Schäfer, der Gotsche Schoff, der hatte einst die Herzogstochter auf Burg Lähnhaus gesehen und sich auf den ersten Blick in sie verliebt. Der Hirte war sich jedoch im klaren, daß es eine unerfüllte Liebe bleiben mußte. Jetzt aber bot sich ihm die Gelegenheit, seine heimliche Neigung zu erfüllen. Der Gotsche Schoff kannte und fürchtete den unheimlichen Vogel ebenso wie alle Ritter, Bauern und Hirten im Lande. Aber er kannte die Gewohnheiten des Vogels, hatte ihn wochenlang beobachtet; er verstand sich auf die Zeichen der Natur und hörte noch die Stimmen des Waldes in der Nacht. Der junge, verliebte Hirt wußte daher, daß der Vogel Greif am Morgen immer wegflog und erst gegen Abend mit seiner Beute für die Brut zum Nest zurückkehrte.

Mit einer langen Stange und einem scharfen Beil machte sich Gotsche auf den Weg zur Maleiche, nahm auch Brot und Wegzehr für einige Tage mit und fand in der Nähe der Maleiche eine Höhle. Dort verbarg er sich, bis der alte Vogel am frühen Morgen des nächsten Tages seinen Horst in gewohnter Weise verließ.

Schnell sammelte der Hirt nun dürres Reisig, steckte es an die lange Stange, zündete das Bündel an und konnte damit das Greifennest auf dem Baum erreichen und in Brand stecken. Die jungen Vögel fanden in den Flammen den Tod. Ihr Todesschrei aber lockte den alten Greif herbei. Mit seinen weiten, starken Flügeln versuchte er, den Brand zu ersticken. Allein, er entfachte dadurch nur noch größere Glut und verletzte sich dabei so sehr, daß er mit Schmerz- und Wutgeschrei aus dem Wipfel des Baumes herabstürzte und direkt vor dem mutigen Hirten niederfiel.

Gotsche sprang sofort herbei. Er wich den wütenden Schnabelhieben des verwundeten Riesenvogels geschickt aus und brachte dem fauchenden Ungeheuer mit seinem Beil mehrere tödliche Hiebe bei, bis dieser verendet vor seinen Füßen liegenblieb. Der Hirte wollte erst gar nicht glauben, daß dies das Ende des unersättlichen Räubers sein sollte. Aber der Vogel Greif bewegte sich nicht mehr.

Unter herzlichem Jubel des Volkes wurde das tote Tier nun von starken Ochsen zu Tal geschleift. Gotsche nahm auch die drei Köpfe der jungen Vögel mit.

In seiner Neuburg hielt der schlesische Herzog gerade Hof, als der junge, strahlende Sieger vor ihn hintrat und das gelungene Abenteuer meldete. Stolz hielt der Hirt die drei jungen Greifenköpfe in der Rechten. Des Herzogs Auge ruhte mit Wohlgefallen auf dem armen Schäferskind. Auch der blühenden Herzogstochter Agneta gefiel der schmucke Bursche. Die Ritter im Saale murrten darüber, daß ein Unadliger des Herzogs Töchterlein erhalten sollte. Der Fürst indessen war ein rechtdenkender Mann. Was er einmal versprochen hatte, das pflegte er zu halten. Herzog Bolko schlug den Schäferjungen augenblicklich zum Ritter und übergab ihm die Neuburg als Rittersitz. Von da an hieß die Burg Greiffenstein.

Der kluge Herzog bedachte wohl, daß seinem Schwiegersohn das notwendige Land fehlte. Deshalb befahl er ihm, am nächsten Morgen mit seiner Schafherde auszuziehen. Es sollte ihm in Zukunft alles Land gehören, das er von Sonnenaufgang bis Sonnenuntergang umtreiben werde.

Das ließ sich der pfiffige Hirte nicht zweimal sagen. In aller Herrgottsfrühe machte er sich auf den Weg und erwarb sich ein weites Gebiet zu Füßen des Iser- und Riesengebirges.

Dann aber übte er sich in allen ritterlichen Übungen, zog in die weite Welt und gewann im Dienste des Kaisers Ruhm und Grafentitel. Auf Burg Greiffenstein wartete indessen Agneta mit Sehnsucht auf ihren Gemahl. Zwei Jahre war der heldenhafte Ritter schon fort, als auf Burg Lähnhaus am Bober ihr zwanzigster Geburtstag mit einem prächtigen Turnier gefeiert wurde. Zur Überraschung der vielen Teilnehmer von nah und fern erschien kurz vor Turnierbeginn ein fremder Ritter in schwarzem Harnisch. In seinem Schilde führte er als Zeichen drei Greifenköpfe. Der schwarze Ritter besiegte alle Ritter, die gegen ihn antraten, und gab sich am Schluß des Turniers als Agnetas Gatte zu erkennen. Die Freude des Volkes kannte keine Grenzen. Die Tat des einfachen Hirtenjungen hatte damals schon die Herzen der einfachen Menschen höher schlagen lassen. Nun war es dem tapferen Ritter gelungen, sich auch in seinem neuen Stand zu beweisen. Er war der kühnste und würdigste Ritter von allen.

August Kopisch/Alfons Hayduk

Der Spitzname ,Eselsfresser‘

Von den ältesten Spitznamen, die man den Schläsingern – wie man die Schlesier früher auch nannte – angehängt hat, lautet der landläufigste „Eselsfresser". Es ist aber nirgends überliefert, daß etwa Eselsfleisch sich in Schlesien besonderer Beliebtheit erfreut hätte. Worauf also war diese Bezeichnung, die übrigens auch den Titel für einen Roman von Carl

Holtei abgegeben hat, nun eigentlich zurückzuführen?
Lange hat man nach einer Erklärung dafür gesucht. Denn die Sage, wonach die Schlesier in Unkenntnis der Zoologie einen Esel für einen großen Hasen gehalten, zu Crossen erlegt, zu Zobten gebraten und zu Breslau verpeist hätten, ist zu einfältig, um einigermaßen glaubhaft oder wahr zu sein.
Glaubhaft ist vielmehr die Meldung eines Chronisten, die Breslauer hätten einmal eine Gesandtschaft an den Kaiserhof zu Wien geschickt, die aber nicht gleich vorgelassen worden wäre. Das hatte zur Folge, daß die sparsamen Breslauer bald ihren Zehrpfennig aufgebraucht hätten. Um bis zur Audienz einigermaßen leben zu können, blieb ihnen nichts anderes übrig, als eine der silbernen Figuren anzugreifen, die sie als Geschenk für die kaiserliche Weihnachtskrippe mitgebracht hatten. Sie kamen schließlich überein, daß der Esel bei der Geburt Christi am ehesten zu entbehren sei und veräußerten ihn, damit sie etwas zu essen hätten. Natürlich kam die Geschichte heraus, und zu dem Schaden hatten die Breslauer noch den Spitznamen Eselsfresser auf sich zu nehmen. Das veranlaßte einen der Dichtkunst Beflissenen zu diesem Epigramm:

„Bitter verhöhnst du uns, daß wir die Esel verschlingen –

Ist die Sage gewiß, Grillus, so nimm
    dich in acht."
Und noch im vorigen Jahrhundert hat
August Kopisch, der Dichter der Kölner
Heinzelmännchen, in seinem berühmten
„Schläsierlied" noch deutlicher schelmisch
allen Spöttern gedroht:
    „Heeßt ins eener Äselfraßer,
    hoab a oacht,
    doß mer sich aus ihm nich
    a Gerichtel macht!"

Wilhelm Müller

Der Glockenguß zu Breslau

War einst ein Glockengießer
Zu Breslau in der Stadt,
Ein ehrenwerter Meister,
Gewandt in Rat und Tat.
    Er hatte schon gegossen
    Viel Glocken, gelb und weiß,
    Für Kirchen und Kapellen,
    Zu Gottes Lob und Preis.
Und seine Glocken klangen
So voll, so hell, so rein;
Er goß auch Lieb und Glauben
Mit in die Form hinein.
    Doch aller Glocken Krone,
    Die er gegossen hat,
    Das ist die Sünderglocke
    Zu Breslau in der Stadt;
Im Magdalenenturme
Da hängt das Meisterstück,

Rief schon manch starres Herze
Zu seinem Gott zurück.
    Wie hat der gute Meister
    So treu das Werk bedacht!
    Wie hat er seine Hände
    Gerührt bei Tag und Nacht!
Und als die Stunde kommen,
Daß alles fertig war,
Die Form ist eingemauert,
Die Speise gut und gar;
    Da ruft er seinen Buben
    Zur Feuerwacht herein:
    „Ich laß auf kurze Weile
    Beim Kessel dich allein,
Will mich mit einem Trunke
Noch stärken zu dem Guß,
Das gibt der zähen Speise
Erst einen vollen Fluß!
    Doch hüte dich, und rühre
    Den Hahn mir nimmer an:
    Sonst wär es um dein Leben,
    Fürwitziger, getan!"
Der Bube steht am Kessel,
Schaut in die Glut hinein:
Das wogt und wallt und wirbelt
Und will entfesselt sein –
    Und zischt ihm in die Ohren
    Und zuckt ihm durch den Sinn
    Und zieht an allen Fingern
    Ihn nach dem Hahne hin.
Er fühlt ihn in den Händen,
Er hat ihn umgedreht;
Da wird ihm angst und bange,
Er weiß nicht, was er tät –

Und läuft hinaus zum Meister,
Die Schuld ihm zu gestehn,
Will seine Knie umfassen
Und ihm um Gnade flehn.
Doch wie der nur vernommen
Des Knaben erstes Wort,
da reißt die kluge Rechte
Der jähe Zorn ihm fort.
   Er stößt sein scharfes Messer
   Dem Buben in die Brust,
   Dann stürzt er nach dem Kessel,
   Sein selber nicht bewußt.
Vielleicht, daß er noch retten,
Den Strom noch hemmen kann –
Doch sieh, der Guß ist fertig,
Es fehlt kein Tropfen dran.
   Da eilt er abzuräumen,
   Und sieht, und wills nicht sehn,
   Ganz ohne Fleck und Makel
   Die Glocke vor sich stehn.
Der Knabe liegt am Boden,
Er schaut sein Werk nicht mehr;
Ach, Meister, wilder Meister,
Du stießest gar zu sehr!
   Er stellt sich dem Gerichte,
   Er klagt sich selber an.
   Es tut den Richtern wehe
   Wohl um den wackern Mann;
Doch kann ihn keiner retten,
Und Blut will wieder Blut.
Er hört sein Todesurteil
Mit ungebeugtem Mut.
   Und als der Tag gekommen,
   Daß man ihn führt hinaus,

   Da wird ihm angeboten
   Der letzte Gnadenschmaus.
„Ich dank euch", spricht der Meister,
„Ihr Herren lieb und wert;
Doch eine andre Gnade
Mein Herz von euch begehrt:
   Laßt mich nur einmal hören
   Der neuen Glocke Klang!
   Ich hab sie ja bereitet,
   Möcht wissen, ob's gelang."
Die Bitte ward gewähret,
Sie schien den Herrn gering;
Die Glocke ward geläutet,
Als er zum Tode ging.
   Der Meister hört sie klingen
   So voll, so hell, so rein!
   Die Augen gehn ihm über,
   Es muß vor Freude sein.
Und seine Blicke leuchten,
Als wären sie verklärt;
Er hat in ihrem Klange
Wohl mehr als Klang gehört.
   Hat auch geneigt den Nacken
   Zum Streich voll Zuversicht,
   Und was der Tod versprochen,
   Das bricht das Leben nicht.
Das ist der Glocken Krone,
Die er gegossen hat,
Die Magdalenenglocke
Zu Breslau in der Stadt.
   Die ward zur Sünderglocke
   Seit jenem Tag geweiht;
   Weiß nicht, ob's anders worden,
   In dieser neuen Zeit.

Aus den Memoiren des schlesischen Ritters

1561: Wie ich meines Alters ins neunte Jahr und also der Jahreszahl nach ins Jahr 1561 komme und also baß meinen Verstand erlange, habe ich zu Mertschütz zum Dorfschreiber Jörg Pentzen gehen und allda zwei Jahre schreiben und lesen lernen müssen; da ich bald klug war, mußte ich der Gänse hüten, wann ich aus der Schulen kam. Wie ich einst der Gänse hüte und sie sehr umliegen, speilt ich ihnen allen mit Stäbchen das Maul auf. Da blieben sie stille stehen, wären aber bald erdurstet; solches ward die Frau Mutter gewahr und gab mir einen tüchtigen Schilling aufs Gesäß. Danach durfte ich nicht mehr der Gänse hüten. Ich bekam aber ein ander Amt, daß ich auf den Ställen und in den Scheueren Eier suchen mußte, und wann ich ihrer ein Schock zusammenbrachte, so gab mir die Frau Mutter sechs Heller dafür; die währten nicht lange, so hatte ich Glasküglein und Schnellküllen dafür gekauft.

1562: Allhier erinnere ich mich, daß ich erst wenige Tage zu Hof (am herzoglichen Hof zu Liegnitz) war, da badete die alte Herzogin; allda mußte ich aufwarten als ein Junge. Es währt nicht lange, so kommt eine Jungfrau, Unte Riemen genannt, stabnackend 'raus und heißt mich, ihr kalt Wasser geben; solches kam mir seltsam vor, weil ich zuvor keine nackte Weibsperson gesehen hatte, und ich weiß nicht, wie ich es versehe, so begieße ich sie mit kaltem Wasser. Da schreit sie laut und ruft und sagt der Herzogin, was ich ihr mitgespielet hätte; die Herzogin aber lacht und sagt: „Mein Schweinlein wird gut werden."

1568: Den ersten Abend, wie sich Braut (Herzogin Elena zu Liegnitz) und Bräutigam (Siegmund Kurzbach) auf dem fürstlichen Schloß zusammengelegt haben und sich nun die fürstlichen Personen auch zur Ruhe begeben wollen, fängt mit eins die Braut im hohen Zimmer ein groß Geschrei an „O, ooo, ooo, herzlieber Herr Siegmund!" und hat das gar oft wiederholt. Weil ich denn als ein Kammerjunge in Ihro Fürstlicher Gnaden Zimmer aufwarte und die Herzogin das Geschrei höret, heißt sie mich Lichter anstecken, läuft den engen Gang hinunter, schlägt in der hintern Tür an und schreit: „Herr Siegmund, seid Ihr töricht? Schonet sie doch! Meinet Ihr, Ihr habt eine Viehmagd bei Euch?"; Herr Siegmund aber kehrte sich nichts daran, bis letztlich alles stille wird (wiewohl zu gedenken ist, was die Ursache des Stillschweigens gewest sei). Morgens hielt die Herzogin dem Herrn Kurzbach das vor und fragte, warum er nicht aufgemacht hätte. Der Herr Kurzbach sagte, er hätte nichts gehöret, weil er gebalzert hätte wie der Auerhahn, und gab ein Lachen daran und ging davon. Es wollte sich hernach kein Geschrei ferner erheben, sondern die Hochzeit ward in allen Freuden verbracht.

1574: Wann ich in dieser Zeit vom Himmel auf die Erde hätt' fallen sollen, wär ich nirgends als gen Liegnitz ins Frauenzimmer gefallen, denn da war täglich Freude und Lust mit Reiten, Ringrennen, nächtlicher Musica, Tanzen, sonsten Kurzweil und viel, viel Saufen.

1576: Es ist diese Zeit eine große Pestilenz in der Stadt Köln gewesen. Damals lag ich hier mit des Herzogs Junker, Jörg Barleben, zusammen in einem Quartier. Nun mußte ich damals allezeit über einen Friedhof in mein Losement gehen. Der von Barleben gehet etwan seinem Genäsche nach und bestellet sich abends eine junge Frau auf den Kirchhof, denn es hatte von Sträuchen gute Gelegenheit dazu. Es hatten aber denselbigen Tag die Mönche eine Gruben gemacht, welche mit Dammgestrüpp zugedeckt war, darein sie die Toten warfen, so an der Pestilenz gestorben. Davon weiß der von Barleben nichts, will sich aber mit seiner bestellten Zucht in die Sträuche verkriechen, denn ins Losement (= Quartier) zu mir durfte er sie nicht mitbringen. Er

trifft also bei nächtlicher Weile die Grube und fällt mitsamt der Hure drein zu den Toten, und wann die Mönche nicht hätten die Leiter drunten liegen lassen, so hätte er bis auf den Morgen mitsamt der Huren in der Grube bleiben müssen; er steiget also raus und kommt und legt sich zu mir in mein Bett. Des Morgens erzählt er, wie es ihm ergangen wär, dessen ich sehr erschrak und mich gänzlich entsetzte, dergestalt, daß es mich mit einem Frost ankam, so daß ich zwei Tage lang nicht aufstehen konnte und auch bald Arznei brauchte: Es war aber gottseidank nicht die Pestilenz, die über mich gekommen war, bloß die Angst ...

1578: Die Kosten der siebentägigen Hochzeit des Herrn Wilhelm von Rosenberg in Krummenau sind ganz horrend gewesen; es ist aber auch eine Hochzeit gewesen, davon nicht genugsam kann gesagt werden, was für eine Pracht und große Anzahl Volkes dagewesen sei. Denn man brachte 7 Tag mit Tanzen, Fechten, Ringelrennen, Mummerei, Feuerwerk und anderer Kurzweil zu. Man hielt dafür, daß die Hochzeit über 100 000 Thaler gestanden habe. Man verbrauchte 113 ganze Hirsche, 24 Tonnen Hirschwildpret, 98 wilde Schwein, 19 Schwein in Tonnen, 162 Rehe, 2292 Hasen, 470 Fasanen, 246 Auerhähne, 3910 Rebhühner, 22 687 Krammetsvögel, 88 westfälische Schinken, 370 Ochsen, 2681 Schöpse, 1579 Kälber, 421 Bratlämmer, 99 Spickschweine, 300 gemästete Schweine, 577 Spanferkel, 600 indianische Hühner, 3000 gemästete Kapaunen, 12 581 gemästete Hühner, 2500 junge Hühner. 3250 gemästete Gänse, 12 743 Thaler für Gewürz, Marzipan und Konfekt, 26 Malter Weizen zu Mehl, 128 Malter Korn zu Brot, 478 Malter Haber zum Futter, 40 837 Eier, 117 Zentner Schmalz, 39 Tonnen Fett, 5960 große Forellen, 117 Lachs in Pasteten, 50 Stück Grün Lachs, 470 gar große Hecht, 1374 Haupthechte, 15 800 Stück Karpfen, 478 Zuber von allerlei anderen Fischen, 314 große Aale, 37 Welse, 5 Tonnen Austern, 1787 Eimer Rheinwein, 2000 Eimer ungrisch Wein, 1100 Eimer mährisch Wein, 700 Eimer österreichisch Wein, 448 Eimer böhmisch Wein, 370 Eimer süße Wein allerlei Lagen, 5487 Viertel Weißbier, 180 Viertel Rakonitzer Bier, 970 Viertel Gerstenbier, 24 Viertel Starkbier. Es wird auch berichtet, daß Kleidung, Mummereien, Feuerwerk, die Zimmer zu beschlagen und dergleichen auch über 40 000 Thaler gestanden hat ...

1589: Was bei meines Herzogs Besuch in Sonderburg bald abends und täglich vor große Gesäufte gewesen sind, kann leichtlich abgemessen werden. Des Morgens, wenn man aus dem Bette aufgestanden, ist das Essen auf dem Tisch gestanden, und ward gesoffen bis zur rechten Mahlzeit; von der rechten Mahlzeit wieder bis zur Abendmahlzeit; wer nun reif war, der fiel ab. Es haben IFG wohl gespeiset und gute Rheinweine gehabt, und war also für die, so gerne suffen (so wie ich) ein gut Leben.

1591: Hier in Sprottau (wie vorher in Berlin, Frankfurt an der Oder, Crossen, Sagan) geschah schon zum Frühstücke ein so groß Gesäufte, daß Herr und Diener wohl berauscht wurden ...

1591, den 30. December haben IFG mich allein in ihr Zimmer im Beisein der Herzogin zu Gaste geladen und haben mit mir einen starken Rausch in lauterm Reinfall getrunken, welchen IFG sonderlich gern trunken; und hatten ein gut Besäufnis ...

1594: Die Fürstenhochzeit zu Liegnitz am 24. Oktober hat gekostet 50 Ochsen für 500 Thaler, 87 Schafe für 87 Thaler, Eier für 22 Thaler, allerlei Gläser für 70 Thaler, 160 Quart Honig für 40 Thaler, 24 Stein Wachs- und 2 Schock Tischlichter für 100 Thaler, Töpfe für 24 Thaler, allerlei Würz für 420 Thaler, Salz für 63 Thaler, hölzerne Kändel und Gefäße für 40 Thaler, hartes Pech zum Fassen für 16 Thaler, Zwiebeln für 10 Thaler, 100 Eimer Wein zu je 7$\frac{1}{2}$ Thaler in Summa 750 Thaler, allerlei gemeine Ausgaben 75 Thaler, Rheinwein für 69 Thaler, dem Küchenmeister zum Einkaufen

26 Thaler 9 Weißgroschen, 150 Schöpse für 225 Thaler, Kälber für 50 Thaler, Bratferkel für 15 Thaler, dürre Fische für 36 Thaler, 3 Lagen Muskateller für 50 Thaler, 100 Achtel Starkbier für 200 Thaler, Laubanisch und Zerbster Bier für 26 Thaler, Parmesan Käse für 12 Thaler, Senf und rote Rüben für 6 Thaler, Wildpret abgeholet für 22 Thaler, sonst ingemein Ausgaben 35 Thaler, Summa 2989 Thaler 9 Weißgroschen, dazu 6000 Thaler Waren von Sammet und Seiden zur Kleidung, 7000 Thaler Seidenwaren für die Herzogin, das Brautkleid für 1500 Thaler undundund ... Wer soll's bezahlen?

Zum typisch Schlesischen gehören natürlich all die vielen Geschichten, Sagen und Anekdoten vom Berggeist Rübezahl. Hier soll – gewissermaßen stellvertretend – eine einzige Rübezahl-Geschichte erzählt werden.

Jochen Hoffbauer

Rübezahl als Wettermacher

Im Jahre 1654 hat sich in der Nähe des Großen Teiches im Riesengebirge etwas Merkwürdiges zugetragen. Ein reicher Baron war mit mehreren Standesperso-

nen und deren Bedienten unterwegs, um die Schönheiten des wilden Gebirges, von denen er im Tal vernommen hatte, zu besichtigen. Insbesondere wollte die Reisegesellschaft den Großen und den Kleinen Teich besuchen, um dann den Kamm mit der Schneekoppe zu ersteigen.

Den Dienern, einfachen und biederen Leuten, war vorher eindringlich eingeschärft worden, den Berggeist Rübezahl nicht mit Spottreden oder Rufen zu ärgern; denn der Baron befürchtete, der Berggeist könne dann aus Rache das schöne und heitere Wetter ändern, und ihm war gar viel daran gelegen, wieder heil und trocken nach Schmiedeberg, von wo aus die lustige Gesellschaft am Morgen aufgebrochen war, zurückzukehren.

Die Diener reizte indessen das Verbot. Sie wollten auch einmal erleben, ob die Erzählungen über Rübezahl stimmten und wie weit dessen Macht in Wirklichkeit reiche. Darum führten sie lästerliche Reden über den Berggeist und riefen laut und vernehmlich: Rübezahl! Rübezahl!

Da veränderte sich mit einem Male der Himmel, der sich so hell und freundlich gezeigt hatte. Vom Westen her stieg eine kleine Wolke auf, eine andere vom Mittag her.

Als die unruhig werdende Gesellschaft beim Großen Teich angelangt war, schlossen sich die beiden Wolken zusam-

men und entluden sich über den Reisen-
den in einem heftigen Platzregen. Blitz,
Hagel und Donnerschläge folgten, die
polternd von den Felswänden der Schnee-
gruben widerhallten. Die Barone bang-
ten um ihr Leben und zitterten am ganzen Leibe. In den Städten und Dörfern
des Tales hatten sie derartige Unwetter
noch nicht erlebt.

Nach jedem Donnerschlage prasselte un-
aufhörlich der Hagel nieder; die Berge
erbebten von Peitschenschlägen; über die
Täler zuckten drohende Blitze. Blaß und
ratlos standen die Diener und Träger da.
Da nahm der reiche Baron ein großes
spanisches Kreuz, das er seit einer Aus-
landsreise stets mit sich führte, in die
rechte Hand und hielt es dem Ungewitter
entgegen. Darauf begann das Gewitter
plötzlich kreuzweise zu spielen und sich
selbst zu verschlingen, und zwar mit so
gewaltigem Ungestüm, daß die Berge er-
zitterten. Dann schlug die geballte Ge-
walt der Winde in den Großen Teich
hinein. Dort im Wasser zeichnete sich,
vom Winddruck gebildet, lange Zeit die
Gestalt eines Kreuzes ab, die sich schließlich in eine Schlange verwandelte, und
man konnte sehen, wie diese in den Abgrund des Teiches fuhr.

Damit war die Gefahr beseitigt. Das Unwetter verstummte. Die Sonne erklomm
erneut den Himmel. Weiße Schäferwölk-
chen spielten friedlich im Blauen.

Die Herrschaften setzten ihren Ausflug
fort und dankten dem Baron für seine
rettende Tat. Rübezahl, der Herr der
Berge, hatte sich dem Herrn des Himmels und der Erde beugen müssen.

Die Diener aber unterließen künftig jeden Spott, und sie riefen den Berggeist
nie mehr bei seinem Schimpfnamen Rübezahl.

Ernst Ludwig Werther

Die Schlacht von Leuthen (5. Dezember 1757)

Am Vorabend der Schlacht sprach der
König zu seinen Offizieren: „Das Regiment Kavallerie, das nicht gleich, wenn
es befohlen wird, sich unaufhaltsam in
den Feind stürzt, lasse ich gleich nach der
Schlacht absitzen und mache es zu einem
Garnisonregiment. Das Bataillon Infan-
terie, das, es treffe, worauf es wolle, nur
zu stocken anfängt, verliert die Fahnen
und die Säbel, und ich lasse ihm die Bor-
ten von der Montierung abschneiden.
Nun leben Sie wohl, meine Herren; in
kurzem haben wir den Feind geschlagen,
oder wir sehen uns nie wieder."

Danach ritt der König selbst durch das
Lager und begrüßte die Truppen. „Nun,
Kinder, wie wird's morgen aussehen?

Der Feind ist noch einmal so stark als wir", sagte er zu einigen Leuten. „Morgen haben wir den Feind geschlagen, oder wir sind alle tot."

Bei Tagesanbruch am 5. Dezember rücken die Preußen zur Schlacht. An ihrer Spitze reitet der König. Die Kolonnen singen zur Feldmusik fromme Lieder:

„Gib, daß ich tu mit Fleiß,
was mir zu tun gebühret,
wozu mich dein Befehl in meinem
    Stande führet,
gib, daß ich's tue bald, zu der Zeit, da
    ich soll,
und wenn ich's tu, so gib, daß es
    gerate wohl."

Ein General fragt, ob er die Soldaten schweigen heißen soll. „Nein", antwortet der König, „lasse Er das! Mit solchen Leuten wird Gott mir heute gewiß den Sieg verleihen." Dem Offizier aber, der ihn in der Schlacht mit einigen Soldaten decken sollte, befahl der König: „Ich werde mich heute bei der Schlacht mehr aussetzen müssen als sonst. Er verläßt mich nicht und gibt acht, daß ich nicht der Canaille in die Hände falle. Bleib ich, so bedeckt Er den Körper gleich mit seinem Mantel und läßt einen Wagen holen. Er legt den Körper in den Wagen und sagt keinem ein Wort. Die Schlacht geht fort und der Feind – der wird geschlagen!"

Gegen 1 Uhr mittags kam man an den Feind, und die Schlacht begann. Um 5 Uhr war die völlige Niederlage der Österreicher entschieden; sie flohen in wilder Verwirrung über das Schweidnitzer Wasser.

Abends im Lager stimmte ein preußischer Grenadier das deutsche Tedeum, den Choral „Nun danket alle Gott" an, und vieltausendstimmig fiel das ganze Heer ein. Im Volke aber begann man nach diesem Ruhmestage der preußischen Waffen zu singen:

„Es lebe durch des Höchsten Gnade
Der König, der uns schützen kann,
So schlägt er mit der Wachtparade
Noch einmal achtzigtausend Mann."

August Kopisch

Friedrichs des Zweiten Kutscher
(ein Schlesier)

Des alten Fritz Leibkutscher soll aus
    Stein
Zu Potsdam auf dem Stall zu sehen
    sein –
    Da fährt er so einher,
    Als ob er lebend wär:
Aller Kutscher Muster, treu und fest und
    grob.
Pfund genannt. Umschmeißen kannt er
    nicht: das war sein Lob.

*

106

Mordwege fuhr er ohne Furcht, sein
Mut
Hielt aus in Schnee, Nacht, Sturm und
Wasserflut.
      Ihm war das einerlei,
      Er fand gar nichts dabei;
In dem Schnurrbart fest und steif blieb
sein Gesicht,
Und man sah darauf kein schlimmes
Wetter niemals nicht.

❊

Doch rührte man an seinen Kutscher-
stolz,
War jedes Wort von ihm ein Kloben
Holz;
      Woher es auch geschah,
      Daß er es einst versah
Und dem alten Fritz etwas zu gröblich
kam,
Wessenhalb derselbe eine starke Prise
nahm

❊

Und sprach: „Ein grober Knüppel wie
Er ist,
Der fährt fortan mit Eseln Knüppel oder
Mist!"
      Und so geschahs. Ein Jahr
      Bereits verflossen war,
Als der Pfund einst Knüppel fuhr und
guten Muts
Ihm begegnete der alte Fritz; der frug:
„Wie tuts?"

❊

„I nu, wenn ich nur fahre", sagte Pfund,
Indem er fest auf seinem Fahrzeug
stund,
      „So ists mir einerlei
      Und weiter nichts dabei,
Obs mit Pferden oder obs mit Eseln
geht,
Fahr ich Knüppel oder fahr ich Euer
Majestät."

❊

Da nahm der alte Fritz Tabak gemach
Und sah den groben Pfund sich an und
sprach:
      „Hüm, findt Er nichts dabei
      Und ist Ihm einerlei,
Ob es Pferd, ob Esel, Knüppel oder ich;
Lad Er ab und spann Er um, und fahr Er
wieder mich."

Jochen Hoffbauer

Der Husarensprung
(nach einer Sage)

In der Nähe des Dorfes Sirgwitz, das
zwischen den Kreisstädten Löwenberg
und Bunzlau liegt, erhebt sich eine hohe,
fast senkrecht ansteigende Felsenwand
aus den schäumenden Wassern des
Bobers. Man nennt sie die Gloriette oder
den Husarensprung. An diesen Ort

107

knüpft sich eine Sage um eine kühne Mannestat.

Im letzten der drei Schlesischen Kriege, die Friedrich der Große um den Besitz Schlesiens mit der Kaiserin Maria Theresia führte, dem Siebenjährigen Krieg, sollte der Husarentrompeter Paul Werner aus dem Regimente des Generals Zieten dem preußischen Könige eine wichtige Meldung überbringen. Unterwegs wurde der Melder von österreichischen Panduren bemerkt, verfolgt und eingekreist. Über der steilen Felswand des Bobers angelangt, mußte der Soldat wählen zwischen Gefangennahme und dem ungewissen Sprung in die Tiefe. Da spornte der Husar sein schlachtenerprobtes Pferd zum Sprunge an, und siehe, es trug ihn sicher über den Bober auf das andere Ufer.

Der Trompeter ließ eine fröhliche Weise erschallen und sprengte davon, den verblüfften Panduren das Nachsehen lassend. Er kam auch glücklich mit seiner Botschaft im Hauptquartier des Königs an und wurde, da sein Husarenstück bekannt wurde, von diesem aufgefordert, sich für seine mutige Tat etwas zu wünschen. Der Husar erbat sich das brave Pferd, mit dem er den glücklichen Sprung unternommen hatte. Der König gewährte es ihm, und so blieb das Pferd auch nach dem gewonnenen Kriege in Werners Besitz und Pflege.

Johann Peter Hebel

Der Husar in Neiße

Als im Anfang der französischen Revolution die Preußen mit den Franzosen Krieg führten und durch die Provinz Champagne zogen, dachten sie nicht daran, daß sich das Blättlein wenden könnte, und daß der Franzos noch im Jahre 1806 nach Preußen kommen und den ungebetenen Besuch wettmachen werde. Denn nicht jeder führte sich auf, wie es einem braven Soldaten im Feindesland wohl ansteht. Unter anderm drang damals ein brauner preußischer Husar, der ein böser Mensch war, in das Haus eines friedlichen Mannes ein, nahm ihm all sein bares Geld, soviel war, und viel Geldswert, zuletzt auch noch das schöne Bett mit nagelneuem Überzug und mißhandelte Mann und Frau. Ein Knabe von acht Jahren bat ihn knieend, er möchte doch seinen Eltern nur das Bett wiedergeben. Der Husar stößt ihn unbarmherzig von sich. Die Tochter läuft ihm nach, hält ihn am Dolman fest und fleht um Barmherzigkeit. Er nimmt sie und wirft sie in den Sodbrunnen, so im Hofe steht, und rettet seinen Raub. Nach Jahr und Tagen bekommt er seinen Abschied, setzt sich in der Stadt Neiße in Schlesien zur Ruhe, denkt nimmer dran, was er einmal verübt hat und meint, es sei schon lange Gras darüber gewachsen.

Allein, was geschieht im Jahre 1806? Die Franzosen rücken in Neiße ein; ein junger Sergeant wird abends einquartiert bei einer braven Frau, die ihm wohl aufwartet. Der Sergeant ist auch brav, führt sich ordentlich auf und scheint guter Dinge zu sein. Den anderen Morgen kommt der Sergeant nicht zum Frühstück. Die Frau denkt: Er wird noch schlafen, und stellt ihm den Kaffee ins Ofenrohr. Als er noch immer nicht kommen wollte, ging sie endlich in das Stüblein hinauf, macht leise die Türe auf und will sehen, ob ihm etwas fehle.

Da saß der junge Mann wach und aufgerichtet im Bette, hatte die Hände ineinander gelegt und seufzte, als wenn ihm ein groß Unglück begegnet wäre oder als wenn er das Heimweh hätte oder so etwas und sah nicht, daß jemand in der Stube ist. Die Frau aber ging leise auf ihn zu und fragte ihn: „Was ist Euch begegnet, Herr Sergeant, und warum seid Ihr so traurig?" Da sah sie der Mann mit einem Blick voll Tränen an und sagte, die Überzüge dieses Bettes, in dem er heute nacht geschlafen habe, haben vor 18 Jahren seinen Eltern in der Champagne gehört, die in der Plünderung alles verloren haben und zu armen Leuten geworden seien, und jetzt denke er an alles, und sein Herz sei voll Tränen. Denn es war der Sohn des geplünderten Mannes in der Champagne und

kannte die Überzüge noch, und die roten Namensbuchstaben, womit sie die Mutter gezeichnet hatte, waren ja auch noch daran. Da erschrak die gute Frau und sagte, daß sie dieses Bettzeug von einem braunen Husaren gekauft habe, der noch hier in Neiße lebe, und sie könne nichts dafür. Da stand der Franzose auf, ließ sich in das Haus des Husaren führen und kannte ihn wieder.

„Denkt Ihr noch daran", sagte er zu dem Husaren, „wie Ihr vor 18 Jahren einem unschuldigen Mann in der Champagne Hab und Gut, und zuletzt auch noch das Bett aus dem Hause getragen habt, und habt keine Barmherzigkeit gezeigt, als Euch ein achtjähriger Knabe um Schonung anflehte; und an meine Schwester?" Anfänglich wollte der alte Sünder sich entschuldigen, es gehe bekanntlich im Kriege nicht alles wie es soll, und was der eine liegen lasse, hole doch ein anderer, und lieber nimmt man's selber. Als er aber merkte, daß der Sergeant der nämliche sei, dessen Eltern er geplündert und mißhandelt hatte, und als er ihn an seine Schwester erinnerte, versagte ihm vor Gewissensangst und Schrecken die Stimme, und er fiel vor dem Franzosen auf die zitternden Knie nieder und konnte nichts mehr herausbringen als: „Pardon!", dachte aber: „Es wird nicht viel helfen."

Der geneigte Leser denkt vielleicht auch:

Jetzt wird der Franzose den Husaren zusammenhauen, und freut sich schon darauf. Allein das könnte mit der Wahrheit nicht bestehen. Denn wenn das Herz bewegt ist und vor Schmerz fast brechen will, mag der Mensch keine Rache nehmen. Da ist ihm die Rache zu klein und verächtlich, sondern er denkt: Wir sind in Gottes Hand, und will nicht Böses mit Bösem vergelten. So dachte der Franzose auch und sagte: „Daß du mich mißhandelt hast, das verzeihe ich dir. Daß du meine Eltern mißhandelt und zu armen Leuten gemacht hast, das werden dir meine Eltern verzeihen. Daß du meine Schwester in den Brunnen geworfen hast und ist nimmer davongekommen, das verzeihe dir Gott." – Mit diesen Worten ging er fort, ohne dem Husaren das geringste zuleide zu tun, und es ward ihm in seinem Herzen wieder wohl. Dem Husaren aber war es nachher zumute, als wenn er vor dem jüngsten Gericht gestanden wäre und hätte keinen guten Bescheid bekommen, denn er hatte von dieser Zeit an keine ruhige Stunde mehr und soll nach einem Vierteljahr gestorben sein.

Merke: Man muß in der Fremde nichts tun, worüber man sich daheim nicht darf finden lassen.

Merke: Es gibt Untaten, über welche kein Gras wächst!

Carl von Holtei

Die Belagerung von Breslau (1806/1807)

Mittlerweile waren in der Welt große Dinge vorgegangen. Preußen war gegen Frankreich ins Feld gerückt; unsere militärischen Verwandten und Freunde jubelten und prophezeiten Siege, so lange, bis die Nachricht von einer verlorenen Schlacht ihren Prophezeiungen ein rasches Ende machte... Ich kann nicht angeben, wie lange die Tage der Erwartung dauerten: nur soviel weiß ich, daß ich eines Morgens, an einem Fenster unseres Hinterhauses stehend, glühende Kugeln, die feurige Schweife hinter sich zu schleppen schienen, in schönem Bogen fliegen sah. Der Anblick war wunderhübsch, doch regte sich in mir die Ahnung, als wenn die Sache nicht recht geheuer wäre. Ich stand allein auf dem Flur, mir ward bange, ich suchte Menschen, und als ich sie fand, fand ich Wahnsinnige, Narren; sie rannten durcheinander, sie weinten, sie schrien Zeter, meine alte Mama betete und heulte abwechselnd, einige alte Weiber mit ihr – ich auch! Alles flehte um Hilfe; nur die hilfloseste von allen, Tante Lorenz, blieb ruhig und gab vernünftige Worte in den Tumult der Unvernunft. Ich war doch schon klug genug, mich an sie zu halten...

Weil es nun aber anfing, über der Erde sehr bedenklich zu werden, so suchten viele gute Breslauer Zuflucht unter der Erde. Man fing an, sich in die Keller zu verkriechen... Und nun summten und brummten die Kugeln und Bomben über uns; das war ein ewiges Krachen, Knallen, Platzen und Knacken, ein ungeheurer Spektakel Tag und Nacht, bis zum Ende der Belagerung, bis Jerome Napoleon seinen glänzenden Einzug hielt. Ach, armes Breslau...

Julius Mosen

Der Trompeter an der Katzbach

Von Wunden ganz bedecket,
der Trompeter sterbend ruht,
an der Katzbach hingestrecket,
der Brust entströmt das Blut.
   Brennt auch die Todeswunde,
   doch sterben kann er nicht,
   bis neue Siegeskunde
   zu seinen Ohren bricht.
Und wie er schmerzlich ringet
in Todesängsten bang,
zu ihm herüberdringet
ein wohlbekannter Klang.
   Das hebt ihn von der Erde;
   er streckt sich starr und wild –
   dort sitzt er auf dem Pferde
   als wie ein steinern Bild.

Und die Trompete schmettert –
fest hält sie seine Hand –
und wie ein Donner wettert
Viktoria in das Land.
   Viktoria – so klang es,
   Viktoria – überall,
   Viktoria – so drang es
   hervor mit Donnerschall.
Doch als es ausgeklungen,
die Trompete setzt er ab;
das Herz ist ihm zersprungen,
vom Roß stürzt er herab.
   Um ihn herum im Kreise
   hielt 's ganze Regiment,
   der Feldmarschall sprach leise:
   „Das heißt ein selig End'!"

Heinrich Heine

Die schlesischen Weber

Im düstern Auge keine Träne,
Sie sitzen am Webstuhl und fletschen die Zähne:
Deutschland, wir weben dein Leichentuch,
Wir weben hinein den dreifachen Fluch –
Wir weben, wir weben!

*

Ein Fluch dem Gotte, zu dem wir gebeten
In Winterkälte und Hungersnöten;

Wir haben vergebens gehofft und ge-
harrt,
Er hat uns geäfft und gefoppt und ge-
narrt –
Wir weben, wir weben!

＊

Ein Fluch dem König, dem König der
Reichen,
Den unser Elend nicht konnte erweichen,
Der den letzten Groschen von uns
erpreßt
Und uns wie Hunde erschießen läßt –
Wir weben, wir weben!

＊

Ein Fluch dem falschen Vaterlande,
Wo nur gedeihen Schmach und Schande,
Wo jede Blume früh geknickt,
Wo Fäulnis und Moder den Wurm
erquickt –
Wir weben, wir weben!

＊

Das Schiffchen fliegt, der Webstuhl
kracht,
Wir weben emsig Tag und Nacht –
Altdeutschland, wir weben dein Leichen-
tuch,
Wir weben hinein den dreifachen Fluch,
Wir weben, wir weben!

Ernst Schenke

Mutter Schläsing (1945)

Mutter Schläsing, deine Kinder,
mußta ei die Fremde ziehn,
mußta arm und ausgestußa
ei der Nut, dar bittergrußa,
neue Zuflucht sucha giehn.
 Mutter Schläsing, deine Kinder,
 sein vertrieba ei die Welt,
 ohne Huffnung, ohne Hoabe
 ziehn se mit ’m Bettelstoabe
 über fremder Leute Feld.
Mutter Schläsing, deine Kinder,
treulich stäts voo dir bewoahrt,
denka tief eim Mißgeschicke
Taag und Nacht onn diech zurücke,
wulln nischt sahn voo fremder Oart.
 Mutter Schläsing, deine Kinder
 haln zu dir ei Nut und Tud.
 Moncher läßt diech herzlich grissa,
 dar eis Groab hoot sinka müssa
 und ei fremder Arde ruht.
Mutter Schläsing, deine Kinder
möchta diech noch eemoll sahn.
Eemoll noch die Freede kenna,
wieder „Mutter“ diech zu nenna,
dir wie sust die Hand zu gan.
 Mutter Schläsing, dir zu Liebe
 wulln mer olle Nut ertroan.
 Gäb’s glei nergends meh ’n Freede,
 wiß merr doch, eim tiefste Leede,
 doss merr diech zur Mutter hoan.

Durch's schlesische Jahr

Von schlesischen Festen, Feiern und Bräuchen

Barbara Strehblow

Januar, Februar, März, April . . .

Doas neue Joahr kommt me'm Januar.
Woas werd ins wull schenka?
Ihr Weiber, hullt is Spinnrood har,
an tutt oa Fadernschleißa denka.
Die Welt durt drauß storrt vor Fruste.
Die Ganslan schnottern leise,
uffm Dorfteech ies an horte Kruste
voo lauter blankem Eis.

Eim Februar gibt's oo noch tichtich Kälde,
Eiszoppa hänga spitzig voo a Dächern.
Doch tutt doas nischte, denn ei Bälde
warn ieberoll die Norrakloppern schäp-
        pern.
Doo werd gelacht an Spoaß gemacht,
ma tutt, oas wär ma reen verrückt,
denn eemool bluuß ies Foastanacht,
doas ies a gruußes Glick.

Eim Märza schmilzt bereits derr Schnie,
de Sunne stieht schun hieher,
eim Stoll rumort doas wintermiede Vieh,
is merkt, doaß Friehjoahr werd, ganz
        sicher.
Derr Pauer tutt sei Feld beackern,
de irschta zoarta Halmla spriessa,
itzt heeßt sichs wieder oabzurackern,
doas Friehjoahr läßt euch grissa.

April, April, beim neckischa Geselln,
wu's eemol raant, an eemol schneit,
muß schienes Watter ma bestelln,
dodermitte der Usterhoase nich eim
        Schniee leit.
Schnieglöckla bliehn, Krokusse, Narzissa,
die Sunne lacht asu hell wie eim Summer,
doo werd uff eemol Hagel druffge-
        schmissa.
Joa, joa, asu tutts uffte kumma.

Mundartlied

Eim Aprille, eim Aprill . . .

Eim Aprille, eim Aprill,
macht schun's Water reen, was 's will.
Baale möcht ma borwies giehn,
baale Schuhch und Pelz oanziehn,
heut muß ma om Ufen blein,
murne hoan ber Sunnenschein.
    Nabelt's früh üm achte no,
    ihs üm neun a Platscher do.
    Kurz vor Zahnen klärt sich's aus,
    elfe bringt die Sunne raus.
    Mittags pfeifen Fink und Stoar,
    Goot, de Mücken spielen goar.
Glei no Zween sackt sich's ein,
Vaschperzeit fängt's oan zu schnei'n.
Obends Tunke bis oans Knie,
mitternachts gefriert's, und frieh?
Doaß ber ünse Freede hoan,
fängt's vu vorne wieder onn.

114

Will-Erich Peuckert

Sommersonntagssingen

Am Sonntag Lätare sind wir sommern, Sommersingen, gegangen. Dabei trägt man in Breslau und in der Lübener Gegend einen Sommer – die Breslauer sagen, eine Schmackoster – in der Hand. Die Hauptsache aber waren die Lieder: „Wir haben der Frau Wirtin den Sommer gebracht ..." oder: „Die goldne Schnur geht um das Haus ..." oder: „Wir kommen rein in dieses Haus ..." Man schmeichelte auch mit solchen Liedern:

„Der Herr, der hat ein hohes Haus.
Er sieht zum obersten Lide raus.
Er sieht auf sein Gelände.
Wie schön steht sein Getreide!
Wie schön steht seine Wintersaat!
Gott helf ihm, daß der Flachs gerat!
Der Flachs und auch der Weizen
bescher ihm Gott am meisten.
Ein Schock, zwei Schock, hundert Taler
    Vorrat."   (Steinau an der Oder)

*

„Frau Zielschen hoot a poar spitz'ge
    Schuh,
se gieht goar gerne ufs Kirchla zu.
Eis Kirchla gieht se baata,
ei a Himmel wird se traata.
Ei a Himmel und nie drnaaba,
Gott verleih r a langes Laaba."   (Ossig)

„Das Fräulein steht wohl in der Tür.
Sie hat ne schöne Schürze für,
die Schürze mit dem Bande.
Sie ist die Schönste im Lande.
Das Fräulein steht wohl auf der Schwell,
sie sieht sich um nach 'm Junggesell.
Das Tüchel läßt sie fliegen,
'n Reichen wird sie kriegen.
'n Feinen und 'n Reichen
bescher ihr Gott dergleichen!   (Steinau)

*

„Der Onkel hat die Stiefel geschmiert,
die Spörner hat er sich drum geschnürt.
Zur Braut, da wird er reiten,
daß die Spörner werden gleiten.
Zur Braut, da wird er springen,
daß die Spörner werden klingen."

*   (Steinau)

Aber man neckte auch:
„Der ... hoot an huhen Hut,
a is a jungn Ma-idln gut,
a Klee'n und a Grußn.
A wird sich wull drstußn."   (Ossig)

*

Ein reines Bettellied, so wie wir es am meisten sangen, ist:

„Ich kumm ver eure Tier getraata,
ich hoa im keene Gons gebaata,
un o im keene Ente.
Wie wackelt mir de Plente,
wie wackelt mir dr Summerstiel!
Seid gebaata un gat mer viel."

                    (Wüste-Giersdorf)

Oder, natürlich:
„Rot Gewand, rot Gewand, schöne grüne
    Linden.
Suchen wir, suchen wir, wo wir etwas
    finden.
Gehn wir in den grünen Wald, da
    singen die Vöglein jung und alt,
sie singen ihre Stimmen: Frau Wirtin
    sind sie drinnen?
Sind sie drin, so komm' sie raus
und bring'n sie uns die Brezel raus.
Wir könn' nicht lange stehen.
Wir müssen weitergehen."
Wehe aber, wo wir umsonst gesungen
hatten; da klang es beim Gehen:
„Hühnermist und Taubenmist,
ei dam Hause kriegt ma nischt!"

Barbara Strehblow

Mai

Och Mai, och Mai, du Wonnemond,
du brengst ins werklich Freede.
Fern Winter wern merr itzt belohnt,
die Welt, die stieht eim Blütakleede.
Maikawerla mit viel Gebrumme fliega,
die Lercha jubiliern zum Himmel,
ma kännde reen die Stoadtflucht kriega,
an derno nooch an Maiafimmel!

Alfons Hayduk

Alter Ratiborer

Das Himmelfahrtsfest war auch in dem
oberschlesischen Grubenrevier der Tag
der Herrenpartien, der den Herren der
Schöpfung vorbehaltene Vatertag.
Nun muß man wissen, daß zu den be-
kanntesten und am meisten konsumier-
ten Schnäpsen des Landes ein scharfer
Korn gehörte, der den Namen „Alter
Ratiborer" trug.
Dies Jahr wollte nun Franzek mit seinen
Kumpels unbedingt die Herrenpartie von
Gleiwitz aus über Rauden nach Ratibor
veranstaltet wissen.
„Da missen wir ja schon fier ahle Felle
hin!" verlangte er hartnäckig.
„Ja, warum denn so weit un ahnsträn-
gend?" fragte Antek. „Is doch Guido-
wald oder Kreisschänke vill näher un
kanns du Fahkatte sparen un Pinunse in
vill bässern Stof, nämlich fließigen, ver-
wandeln."
„Freilich kannst – abär in Ratibor is was
besondersch los!"
„Na, was denn, hä?"
„Mänsch, liste denn nich in Zeitung?"
Und Franzek zog stolz ein vielfach zu-
sammengefaltetes Blatt des „Oberschlesischen Wanderer" aus der hinteren Ho-
sentasche und reichte es dem Freund:
„Da – lies!" Und Antek las laut, sein

Antlitz hellte sich zusehends auf, als er die fette zweispaltige Überschrift deklamierte: „Hundert Jahre alter Ratiborer!" „Järunje, das kahn doch nich stihmen – der Ratiborer is doch vill, viel älter alt!" Und richtig, es handelte sich nicht um den begehrten Korn, sondern um den ältesten Bürger der ehrenwerten Oderstadt Ratibor, der da gefeiert werden sollte. Die Kumpels begnügten sich darauf mit dem Nahziel Guidowalde.

Barbara Strehblow

Juni, Juli . . .

An Heumond nennt ma'n Juni oo,
nu freilich, doas ies richtig.
Doas irschte Heu ies joa schun doo,
an gudes Watter, doas ies wichtig.
Die irschta Kerscha koan ma assa,
an Erdbeern, gruuß an ruut an fein.
Oam Spargel kännd ma sich befrassa,
asuviel tutt uffm Wuchamorkte sein.

❊

Eim Juli ies schunt olles reif,
woas Beere heeßt, an su.
Die Mutter hoot itzt goar nich leicht,
kocht tichtig Eiweckgläser zu.
Getreidefelder leuchta gelbe.
S' ies Zeit zum Mähn, ihr Leute,
olles tummelt sich uff'm Felde,
ma setzt die Puppa heute.

Hajo Knebel

Erinnerung

Ein Dörflein in der Mittagszeit,
wie's tausend andre gibt.
Und doch: wie wird das Herz so weit,
wie hab' ich es geliebt.
    Nichts Großes, das im Dorf geschieht,
    nichts aus der weiten Welt,
    nichts als der Arbeit hartes Lied,
    nichts außer Wald und Feld.
Nur: Weite, Sonnenglast und Luft,
Geburt und Leben – Tod –,
    nur Schwalbenzug und Blütenduft
    und sanftes Abendrot.
    Und dennoch hängt mein Herz daran,
    vergißt nicht, wie zur Nacht
    der Sterne Schar in stiller Bahn
    das kleine Dorf bewacht.

August Kopisch

Die Roggenmuhme

Laß stehen die Blume!
Geh nicht ins Korn!
Die Roggenmuhme
geht um da vorn!
    Bald duckt sie nieder,
    bald guckt sie wieder;
    sie wird die Kinder fangen,
    die nach den Blumen langen.

117

Barbara Strehblow

August, September ...

August, doo gieht die Ernte oan.
Feld ferr Feld werd oabgemäht.
Derr Pauer kriegt se olle droan,
denn wenn's irscht raant, doo is zu spät.
Eim Gartla herrlich Gladiola bliehn,
die ganza Nuppern freen sich drieber.
A jedes bleibt beim Gartla stiehn,
schielt iebersch Zäunla nieber.

*

Me 'm September kimmt dar Herbst
   geganga,
mit Macht giehts nu uff nunderschzu.
Baale werd miet Appernastuppeln
   oagefanga,
die Dracha steiga huch eim Nu.
Die Hittejunga singa siech a Lied.
Se klattern uff die Oppelbeeme,
s'ies joa gutt, wenn's kenner sieht,
suste macha s'n Hittejunga Beene.

Ernst Schenke

Kermslied

Die schinnste Zeit vo alla Zeita,
doas ies die Kerms, war wiels bestreita?
Die Arn leit ei derr Scheune drinne,
die Rübe hoan merr o schunt hinne.

Nu werd gegassa und getrunka,
viel gude Tunke wulln merr tunka.
Viel fette Schweinla müssa sterba,
üm doß merr recht viel Bluttwurscht erba.
Mookließla gibbts und ale Quärge,
und Sträselkucha ganze Berge.
Derr Koffee dompft ei tiefe Toassa,
a Striezel wulln merr nich verpossa.
Is Himmelreich kocht schunt eim Tuppe,
siehr gutt ies o die Pflaumasuppe.
Die Kließla, doas sein runde Dinger,
ma joat se ei a Schlung ahinger.
Krientunke, die gibbt Kroft und Wärme,
derr Äppelpappa schmärt de Därme.
A aler Kurn verjüngt die Glieder,
Opptiet macht ins a Harich wieder.
War Hunger hoot, nimmt sich n'
   Schniete,
a Stücke Preßwurscht zum Opptiete.
Die sauern Gurka lußt nich liega,
ihr kinnt o frischa Rattig kriega.
Ihr kinnt oo Kase hoan ei Stücka,
die Puttermilch werd euch erquicka.
War Weechquork liebt, braucht nich zu
   schmachta,
'n Oppel wulln mer nich verachta.
Werd o derr Maga immer vüller,
beim Tanza werd ins wieder wüller.
Merr hopsa wie die junge Frösche,
doas macht Opptiet, doas Rimgepresche.
Nu sitz merr wieder ohne Surga,
und schnoabeliern bis ei a Murga.

*

Will-Erich Peuckert

Kirmes

Das wahre Herbstfest, durch welches das Erntefest weit übertroffen wird, ist Kirmes. Da war nicht nur die letzte Frucht geborgen; da waren auch die Tiere schlachtreif, vor allem die Schweine:

> Wenn de Kirms wird, wenn de Kirms
>   wird sein,
> doo schlacht dr Voatr a Book;
> doo tanzt de Muttr, doo tanzt de
>   Muttr,
> doo wackelt dr Mutter dr Rook.

Der alte Valerius Herberger kannte noch ein besonderes Kirmesgericht, den Kirmeshirsch, in das war ein Ring getan, und wer ihn fand, durfte ihn behalten.

Zur Kirmes wird gebacken: Streusel- und Pflaumenkuchen, Quarkkuchen, Zuckerkuchen; es wird geschlachtet; der Vater läßt die Graue, die Kilpe mit dem „alten Korn" nicht leer werden. In Leobschütz ritt ein paar Tage vorher der Kirmesbitter rum. Am Kuchenbacktage sind im Vorlande und im Gebirge die Hütejungen, die Plotzburscha, peitschenknallend durchs Dorf gezogen: Kuchaplotza, Kuchenknallen.

Vorm Kretscham war eine Paschbude aufgeschlagen; da gab's Mehlweisen und Pfefferkuchen zu gewinnen. Wer achtzehn de besta schmiß, konnte es gar zu einer Puzlahntosse oder zu einem gläsernen Kuchenteller bringen. In der vierten Stunde bliesen vorm Kretscham die Musikanten ein paar Stückel: die Kirms ward ausgeblasen. Allmählich erheben sich da die Esser vom reichlich gedeckten Tisch und wandeln dem Kretscham zu. Dort ging es um die Saule; da stimmte wohl auch der alte Spottspruch: Linksrum tanzt der pulsche Ukse hinte mit dr deutschn Kuh! Der Laudon im Frankensteinschen, der Korbtanz im Grünbergschen, und der Besentanz im Eulengebirge, der Schustertanz, Herr Schmidt, Freut euch des Lebens und Schön ist die Jugend bei frohen Zeiten im Gebirge. Der Laudon war so, daß sich die Tänzer in einem Kreise aufstellten, und ein Vermummter in der Mitte zu jedem ging und sich tief verbeugte: Laudon ist tot. Die Verbeugung wurde ebenso erwidert. Wenn er bis zur letzten Person war, ertönte plötzlich eine lustige Musik; er ergriff die erste beste Tänzerin und tanzte erst mit ihr, dann mit den übrigen unter dem Gesange: Laudon ist wieder da! Laudon ist wieder da! im Kreise herum. Das Fest hielt an bis Montag Abend. Daß es nicht immer sanft ging, kann man sich denken; es mag wohl keine besser verlaufen sein wie die, die Rübezahl mitgefeiert hat.

✽

Wenn ock immer Kermes wär!

1. Wenn ock immer Kermes wär,
on der Bauch vull Kucha wär.
Wenn ock immer, immer,
wenn ock immer, immer,
wenn ock immer Kermes wär!

2. 's mecht halt bale Kermes sein,
doß dr Votr schlocht a Schwein!
's mecht halt bale Kermes sein.

3. Schofft ock Hierschefillsl har,
ei mem Macha is gor lar.
Schofft ock Hierschefillsl har.

4. Gäst lod ich mr racht viel ei,
giehn sa kaum ei's Stiewla nei.
Gäst lod ich mr racht viel ei.

5. Seid ock olle eigelodt
aus a Bauda, aus dr Stodt.
Seid ock olle eigelodt.

6. O dr Kermes is gar schien,
weil mr do zor Musick giehn!
O dr Kermes is gar schien.

7. Wenn ock immer Kermes wär,
on der Bauch vull Kucha wär!
Wenn ock immer Kermes wär!

Die Grottker Vasper

1. Grottke ies ne schiene Stoadt,
struderie, de rallala.
Do hoan se jengst ne Vasper ghoat,
struderie de ra.
Spansch ond ungarsch hoan's gesonga,
mett Lichtlan sein se remmgespronga,
struderiedera.

2. Oam Chore stund a grußer Schrank,
do hing'n de Feiflan kurz ond lang.
Ond wenn ma uff a Kletzla grief,
do jedes mol a Feifla fief.

3. Zwie Zuber hoan se reigetroan,
druff hoan se feste rimgeschloan.
Ond eener hoat ei a Hölzel gebissa,
do hoat doas Deng juchhei gekrissa.

4. Do stund a Ding uff eenem Bein,
doas mußt wuhl Teifels Grußla sein.
Su uft ma ibern Bauch wegstrich,
do brummt doas Ding goar ferchterlich.

5. Dar eene wullt a Brut zerschneid'n,
do droht dar andre: Los doas bleib'n!
Dan eenen kunnt ich nie vergassa,
dar wullt een blechnen Dorm uffrassa.

6. Do koam a Moan met'm Steckla oan,
dar hotte vurn a Säckla droan.
Doas hoat a jedem viergerackt
ond moncher hoat woas neigestackt.

7. Lang sproach a Moan ei eener Tonne,
dam schien doas Herz vu grußer Wonne.

Ond immer, wenn ar's Maul ufftoat,
a jedem oarg de Woahrheit soat.
8. Dann vurne stoand a dicker Moan,
dar hoat es Hemd iber a Hosa oan.
Dar hoat fir ons gebatt, gesonga,
domet bir ei a Himmel komma.
9. Ich stund bei ihm ond soah ihm zu,
ond dochte, los oach miech ei Ruh.
Ich schlich mich dann zur Türe naus
und eim Galopp woar ich zu Haus.

Friedrich Bischoff

Kirmes

Wenn Kirmes wird sein, wenn Kirmes
    wird sein,
Da schlachtet der Vater den Bock,
Da tanzt die Mutter, da tanzt die Mutter,
Da wackelt der Mutter der Rock!

Da bläst um die Wette die Klarinette,
Da packt die Pauke der Schmied,
Da hält es keinen daheim mehr im Bette,
Zum Kretscham zieht ihn das Lied.

Juchhe, da hüpft der Bock,
Und die Muhme zappelt schon mit,
Da wackelt der Mutter der Rock,
Um die Säule im Walzerschritt.

Wer läßt sich da lumpen, wer?
Da drängt sich noch jeder voran,

Bei Streuseln und Schweineschmer,
Da braucht es zum Himmel kein
    Schimmelgespann.

Zur Kirmes, da wird gefreit,
Da tanzt die Windsbraut ums Haus.
Im herbstlich wallenden Blätterkleid
Sucht sie den Liebsten sich aus.

Da bläst um die Wette die Klarinette,
Da paukt die Pauke der Schmied,
Da säuselt, was keiner vernommen hätte,
Der Wassermann trunken im Ried:

Wenn Kirmes wird sein, wenn Kirmes
    wird sein,
Da schlachtet der Vater den Bock,
Da tanzt die Mutter, da tanzt die Mutter,
Da wackelt der Mutter der Rock!

Will-Erich Peuckert

10 Gänge des Kirmesessens

1. Rindfleischsuppe mit Erbsen, Nudeln
oder – bei Feinen – Reis.
2. Rindfleisch mit Krentunke, das macht
herzhaft.
3. Die zweite Suppe mit Hirse und Kal-
daunen (Kuttelflecke).
4. Kutteln.
5. Die dritte Suppe mit Heidegraupe
und Backobst.

6. Gänsegeschnärre.
7. Rinderbraten.
8. Hirse mit Honig und Pfefferkuchen.
9. Gänsebraten mit Sauerkraut, und
10. auf jeden Tisch eine Bratwurst „dreimal um den Bauch 'rum" lang.
Gell ock, da geht einem 's Herz auf? Und jener Bauer sagte nicht falsch, wie er am Kirmestische zu sich red'te: „Bauch, war' a Bonsen", — werde ein Bansen, werde jetzt so groß wie eine Scheune! Denn, wie sagt das Sprichwort: „Wenn ma zur Kirms giht, do muß ma frassa, doß der kleenst Dorm wird wie der größte Stiefelschoft!"

Barbara Strehblow

Oktober, November . . .

Oktober, doo pfefft schun a schorfer
  Wind,
ma hullt geschwind die letzta Runkel-
  rieba rei.
Rennt schnellstens ei da Kraatschen
  nimm geschwind,
denn durte gibt's an gruße Feierei.
Die Musikante spiela Kermsmusikke,
hei ihr Leute, ies doas anne Lust,
derr Koarle dräht die Friedericke
an drickt se zärtlich oa die breete Brust.

*

Nabelmonda ies November,
wu's nablig ies, bei Tag an Nacht,
wu's Martinsbrazeln gibt an Gänser,
an wu ma Schweineschlachta macht.
Nee, woas koan ma doo ols assa!
Wellworscht, Plimpelworscht ei Menga,
oa Wompakitt an Nägerlille koan ma
  frassa,
braucht's Futterkerbla nimme huch zu
  hänga.

Robert Sabel

Schweineschlachtlliedel

Hurra, itz ihs a Schwein geschlacht!
Ich wetz mir schunt o Schnoabel!
Nu gatt mir flink a Masser har
Und 'ne recht lange Goabel!
De Schläsing hoot kee schinner Fest
As wie is Schweineschlachten!
Ich free mich wie a kleenes Kind
Beim Christboom zu Weihnachten!
  Is Wellfleesch kimmt! Nu zugelangt!
  Wie softig schmeckt der Rüssel!
  Kum har, und ehb ich dich verzehr,
  Ga ich dir irscht a Küssel!
  De Zunge, Niere, Herz und Schlung:
  's ihs olls vermost geroten.
  Nu nahm ich mir zum Magenschluß
  A Stück vum Gurgelknoten!
Gevotter, breng an alen Korn,
Sust wärsch' a holb Genissen!

Denn wenn ma ackert, sät und pflanzt,
Do muß ma ooch begissen!
Na Prost, such a gutt Platzel dir
Uff deinem irschten Gange;
Denn heute werd's durt drunden warn
Vermuttlich siehr gedrange.
  Nä, Nupper, gib a Bierkrug rüm!
  Ich lechze! Ich verdörchste!
  Verflischt, nu kimmt der Ubendruf:
  De frischen, wormen Wörschtel!
  Och jemrrsch nee! Ma ihs schunt soat,
  Ma wird nimmeh viel miegen!
  Doch wu der Vetter Franze sitzt,
  Bleit nich a Zippel liegen!
Zengsrüm sitzt olles üm a Tisch
Mit lachnigen Gesichtern,
Wie suster nie eim ganzen Juhr!
Sugoar de Muhme Richtern,
De bruckeniert heut nich und schleet
'm Alen keene Schwiele!
Ju, ju, a gutt gerotnes Schwein
Veredelt de Gefühle!
  A Küssel goab de Rusel mir
  Und toat sich oan mich schmiegen.
  Versprechen mußt ich's, heut mit ihr
  Eis Mailüftel zu fliegen.
  Nu nee, mei Schotz! Wenn doß ich sitz
  Vergnügt beim Wellfleeschpappen,
  Do luß ich dich ganz gnädiglich
  Die Luft alleene schnappen!
Und wenn de mir ver lauter Buust
En Obschiedsbrief selldst schreiben:
Du wirst de gute Laune mir
Dermiete nich vertreiben.

Do such ich mir 'ne andre aus –
Ich tu schunt eene wissen,
Und wenn doas nächste Schlachtfest
  kimmt,
Luß ich se wieder schissen!
  Zum Schweineschlachten führte letzt
  Matthees de Schwiegermutter.
  Nu is se wie a Engel mild,
  Ihr Herze weech wie Putter.
  Huch, schläsische Gemittlichkeet!
  Dei Grundsteen liegt eim Schweine.
  Und wu's eim Kessel kocht und wellt:
  Hurra, ich bien derbeine!

✻

Ernst Schenke

Dar biese Troom

Grußes Schlachtfest woar gewaast;
Endlich woar derr Obend doo.
Olle Kotza wurda groo
Und derr Kolle kruuch eis Naast. –
Vuulgesackt sei Bäuchla woar;
Denn a hotte gutt gestuppt
Wellfleesch, Wellwursch, Plimpel-
  wursch,
Viel getrunka und gesuppt,
Wie's halt ies onn sichta Taga,
Obends leit eem oll's eim Maga.
Kolles Maga, dar woar vuul
Und dam Kolle woar nich wuhl. –

Die Nacht woar schworz wie Pech
   und Room.
A Käuzla uff'm Dache rief,
Und wie derr Kolle endlich schlief,
Doo hott' a goar 'n biesa Troom:
Ging derr Wind eim Uwarühre,
Kloppt woas onn die Stubatüre,
Koama lauter – ees, zwee, drei –
Lauter fette Schweinla rei.
Woar a ganzes Uufgebiete,
Hotta lange Masser miete.

Lauter Schweinla, lauter fette,
Koama uff zwee Benn geloofa,
Koama olle
Bis onns Bette,
Wu derr Kolle
Und toat schlofa.
Finga olle oan zu singa,
Stonnda doo und zeigta olle
Lauter blanke Masserklinga:
Kolle, Kolle, Kolle, Kolle,
Kolle, du wersch jitz geschlacht't
Und aus dir werd Wurscht gemacht!

Jitz fing doas Errschte oan zu sprecha:
„Nuck nuck, merr warn a bale stecha!"
Und wie doas Errschte und hotte gered't,
Doo meente doas Zweete:
   „A ies hibsch fett,
Doo denk iech wull, doo wärsch is beste,
Merr machta Wurscht, und zwoar
   gepreßte!"
Doo meente doas Dritte:

„'s ies gutt, 's ies gutt,
Surgt ock ferr Blutt!"

Jitz sproach doas Errschte:
   „Woas mach merr denn aber
Mit dan Nierlan und mit dar Laber?"
Doas Zweete sproach:
   „Doas macht keene Mühe,
Doas kimmt oll's ei die Brühe."
Und doas Dritte sproach:
   „Macht ock errscht kee Gelärme,
Surgt ock ferr Därme!"
Doo finga se olle zu grunza oan:
„Därme werd a wull salber hoan!"
Und wackelta olle mit a Rüsseln:
„Surgt ock ferr Schüsseln,
   surgt ock ferr Schüsseln."

Und doas Errschte sproach:
   „Merr warn ins setza:
Masser wetza, Masser wetza!"
Und wie se und hotta die Masser
   geschliffa,
Doo meente doas Zweete:
   „Jitz zugegriffa.
Hie gibt's errscht kee Aber und kee
   Wenn,
Merr nahma 'n bale bei a Benn.
Ees nimmt a beim linka, ees nimmt a
   beim rechta.
Mier beeda haln a, ihr beeda stecht a!"

Doo wurde dam Kolle angst und bange,
A loag und wond sich wie'n Schlange,

A grief nooch derr Lompe,
A grief nooch 'm Toochte,
A flug aus 'm Poochte.
Und wie a naberm Bette loag,
Doo wurd' a munter und erschroak.
„Nee", ducht a, „nee, kund's tälscher
	sein,
Ma kunnda jitz schunt 'n Bluttwurscht
sein."

A grief sich onn die Uhrn,
	a grief sich onn die Beene,
Nee Gott sei Dank, a woar noch keene.

Alfons Hayduk

Wellfleeschassa

Werdt bei uns a Schwein geschlacht,
Wellfleeschassa watt gemacht.
Warde mietgemacht sulch Assen
werds sei Laba nich vergassen!
Aus dem Kessel kumma hees
ganze Schüsseln vuller Fleesch,
mit der Goabel, ees zwee drei
fährt ma ei die Schüssel nei.
Nimmt sich glei vu jedem woas,
ees nimmt dies, ees nimmt doas.
Enner grefft glei no da Zunga,
enner wieder no da Lunga,
enner grefft nom Gorgelknota,
enner Fettes, ganze Knota,
enner will a Nierla hoan,

ees macht sich oan's Harze droan,
ees nimmt sich a Schwänzle har,
ees doas klaupt a Kupp itz lar!
Doas da Maga gutt verdaut,
gibt's derzune Krien und Kraut!
Und en Korn gibt's fer a Dorscht,
glei druf kimmt die frische Worscht!
Wie doas schmeckt, herjekersch nee,
schoade bluss, ma koan nich meh!

Barbara Strehblow

Dezember

Endlich ies Dezember doo, an Advents-
	zeit,
doo freen sich olle Kinder siehr,
Nu ies doch's Christkindla nimme weit,
neugierig plinzelt ma dorch die Tür.
A Lichterbeemla sitt ma blinka,
an Packsla drunder, ees, zwee, drei.
Mookließla tun schun wieder winka,
o Christkindla, nu kumm ock rei!

J. Koschnieder

Weihnachten in Oberschlesien

Es sind nunmehr fünfundzwanzig Jahre
vorbei, als ich zum ersten Male nach
Oberschlesien kam. Weihnachten sollte
ich hier verleben. Es war für mich weni-

ger heimisch als interessant. Der Vater meines Freundes war ein polnisch redender, wohlhabender Bauer, der viel auf die Würde eines Hausherrn hielt. Diese Würde entfaltete er mit großer Wichtigkeit am heiligen Abend. Um sieben Uhr setzten wir uns zu Tisch, d. h. wir umstanden den Tisch, an dem nicht nur die Familie, sondern auch das Gesinde saß. Jeder hatte den Kancyonal, d. h. das polnische Gesangbuch, zur Hand. Franzens Vater stimmte an, und alle sangen weniger mit Kunst als mit Kraft ein mehrstrophiges Lied. Dann wurde das Tisch-Benediktus vom Hausherrn gesprochen, worauf wir uns zum Essen setzten. Man tischte der Reihe nach auf: Hanfsuppe, dicken Gries, der in Butter schwamm, Sauerkraut ohne Beigabe, Backobst, Bratfisch und zuletzt Mohnklöße. Es kam vor, daß die Knechte den Leibgürtel um einige Löcher lockerer machten, um weiter essen zu können. Die Mahlzeit mochte gegen zwei Stunden gedauert haben. Da ließ sich der Bauer Zwiebeln reichen. Er löste die Schalen nacheinander ab und stellte deren zwölf wie kleine Schüsseln auf, worauf er auf jede Schale eine kleine Menge Salz streute. Nun wurde die Schüssel mit den Zwiebelschalen abseits gestellt, und man schickte sich an, das letzte Gericht, Mohnklöße, zu verzehren. Dann wurde eine Prüfung der Zwiebelschalen vorgenommen. Franzens Vater stellte sie der Reihe nach auf und untersuchte, ob das Salz trocken oder feucht war. Jede Schale bedeutete einen Monat. Nun verwandelte sich der Hausvater in einen Wetterpropheten, und es hieß: Mai naß, Juli sehr trocken, August meist regnerisch usw., worauf alles sorgfältig in den polnischen Kalender von Gerson eingetragen wurde. Den Schluß bildete die Absingung eines Liedes und das Sprechen des Gratias. Wehmütig stimmte es mich, als nach dem Abendbrote kein Christbaum das niedrige Zimmer erleuchtete. Es war eben nicht Sitte. Bei fröhlicher Erzählung von Märchen wurde eine Art Bier getrunken, welches die Hausfrau aus gegorenem Rübensaft selbst bereitet hatte. Die Mägde trugen die Schalen der Hanfkörner hinaus in den Garten und streuten sie auf die Obstbäume, damit sie im nächsten Sommer recht viel Früchte trügen. Als ich am ersten Feiertag früh in die Stube trat, standen Schüsseln auf dem Tische, welche die Einbescherung für jede Person des Hauses bargen. Das hat die Hausfrau gethan, derweil die anderen schliefen. Im polnischen Gottesdienst des Tages ergriffen mich mächtig die gewaltigen Töne des Tedeums, das die Polen an jedem Hauptfeste während des Opferumganges singen.

*

126

Joseph von Eichendorff

Weihnachten

Markt und Straßen stehn verlassen,
still erleuchtet jedes Haus;
sinnend geh ich durch die Gassen,
alles sieht so festlich aus.
    An den Fenstern haben Frauen
    buntes Spielzeug fromm geschmückt;
    tausend Kindlein stehn und schauen,
    sind so wunderstill beglückt.
Und ich wandre aus den Mauern
bis hinaus ins freie Feld,
hehres Glänzen, heil'ges Schauern!
Wie so weit und still die Welt!
    Sterne hoch die Kreise schlingen.
    Aus des Schnee's Einsamkeit
    steigt's wie wunderbares Singen –
    o du gnadenreiche Zeit!

Erich Hoinkis (?)

Gute Forseze für den Neuen Jahr

Immer, wenn fenkt ein neuen Jahr an,
da sag ich auf mir: „Mensch, bei den
neuen Jahre, da wirscht du aber endlich
jeze zusamm nehmen und bissel aufpas-
sen mehr auf deinen Gesundheit." Nemlich der Mensch, da wird er immer elter
und elter und ganzem Gesundheit, da is
ihm schnuppe. Bis auf einen mal plezlich,
da hat er den Bescherunk und ligt er bei
Bette und is kaputt und holt ihm der
Deiwel.
Und die andern Menschen, da zucken sie
mit die Axeln und grinsen sie: No ja,
natirlich, da kommt davon! Wie treibt
man, so geht man! Aber bei mir, da hat
geschnappt jeze! Und deswegen bei jedem Neuen Jahre, da fang ich an mit die
Hauptsache, da mußt du nemlich immer
machen dreie gutten Forseze!
Erschte Forsatz, no was wird ihm sein?
Natirlich dem Fusel verfluchten! Also
nimms du dem Schnabsflasche, und wenn
is noch bissel drinne, da saufst du ihm
aus, und stellst du ihm bei Ecke und
sagst du: „So! Is Schluß jeze!"
Zweite Forsatz, da is dem Tabakpfeife!
Da kost nemlich Haufen Geld so allmeh-
lich und macht bloß dem ganze Lunge
kaputt und hat kein Zweck! Also nimms
ihm und kloppst ihm aus und stellst ihm
auch bei Ecke und sagst du: „So! Is auch
Schluß jeze!"
Dritte Forsaz, na weißt du schon, da is
dem schlimmsten! Da is nemlich dem
Liebe! Unbedingt, da mußt du ihm auch
Schluß machen. Da mußt du dir doch
bloß ärgern immerfort und is iberhaupt
bloß großen Schwindel. Und macht sie
dir bloß kaputt am meisten! Also nimmst
du dem Album mit die ganzen Bilder fon
die Medchen und den ganzen Haufen
Briefe, was haben sie geschrieben wegen
die ewige Treue und so weiter ganzen

Unfuk, und steckst du ihm bei Ofenloche
und zindst du ihm an und sagst du: „So!
Pierona! Da is ihm aber auch Gottseidank Schluß damit!"
Und jeze, da wirst du aber arbeiten und
arbeiten alle Tage und feste ausschlafen
und feste dem ganzen Geld sparen auf
Urlaup, da is viel mehr fernimftiger.
Und wenn kommt fieleich doch dem Versuchunk ;iuf Fusel, Tabakpfeife oder
dem Liebe, Mensch, da machst du sofort
feste Kniebeuge auf hundertmal – oder
zweihundertmal, bis fällst du bei Nase,
und dem Versuchunk is wek.
Und bloß so, da kannst du noch zu was
bringen und kannst du steinalt werden.
Aber paß auf mit die Forseze! Da is
nemlich sehr hintergelistik! Nach dreie
Wochen, da seh ich dir schon wieder
rumlaufen mit die Tabakspfeife und
abens mit die Lonja bei die Kneipe sitzen, wie haust du dem vollen Port-
manneh bei Tische und lachst du:
„Wschistko jedno! Ganz egal heute!
Was nutzt dem schlechten Leben!"
No immer mach du! Immer mach du!
Wie treibt man, so geht man.

Hajo Knebel

Vorbei

Vorbei: Bratäpfelduft und Federschleißen,

Spillmai und blakendes Ölfunzellicht,
vorbei: Schlachtschweinquieken und
Nußkernebeißen,
Nachtmahr und glitzernde Eisblumen-
sicht.
Vorbei: Webstuhlsausen und Flegeltakte,
Viehmarkt und heiseres Nachtwächter-
lied,
vorbei: Eiszapfenglanz und Schnee-
katarakte,
Backhaus und hämmernder Hufbeschlag-
schmied.
Vorbei: Hundegebell und Holzfeuerruch,
Bettstein und glosende Ofenlochglut,
vorbei: Schlittengeklingel und Versmaß-
versuch,
Eishauch und tröpfelndes Buchfinkenblut.
Vorbei: Weihnachtsmäre und Kinder-
glauben,
Schneebruch und prickelnder
Nas'spitzenfrost,
vorbei: Rauhreif und gurrende Dach-
firsttauben,
Nachtlied und heulender Schneesturm
aus Ost.
Vorbei: Winterzauber und Schnee-
Einsamkeit,
Nordlicht und zitternder Wachskerzen-
schein.
Geblieben: Erinn'rung (wenn's wieder
mal schneit),
Sehnsucht und Heimweh im Traum-
Stelldichein.

*

Der Schlesier und die Liebe

Von ‚Ihr‘ und ‚Ihm‘

De schlas'schen Mardel
(Die schlesischen Mädchen)

's hoot wull viel Mardel zengst uff der
    Walt
Und heirotn wiel anne jede halt,
Do anne Eenzche kriggt meest ock derr
    Moan,
Mit dar a siechs Laben hibsch eirichten
    koan;
Dostholben muhß jeder und muhß siechs
    bedenken
Ehb a, doß a sei Harz dhutt verschenken.

War anne Schienheet wiel, dar muhß no
    Sachsen,
Dirt silln ju olleng de pruppertsten
    wachsen –
Ock Ollzuschienes macht moichmol
    Verdruhß
Weil ma's eis Gloasschränkel stellen
    muhß –
Ei Sachsen hoots oh mit der Köcherei
Ganz underschiedliche Hooken derrbei,
Und de süsseste Liebesderrkliärung ihs
A guhdes Gerichte, doas is gewieß!

Drim wenn ihch, doß ihch und heiroat
    amoal,
Do weeß ihch schund sicher, wu 'ch
    hiegiehn soal.
Ihch nahm merr borduh ock a
    schlas'sches Madel,

Die Oart hoot Geschicke und Grütze enn
    Schadel,
Und hibsch sein se olle, honn lustges
    Geblitte
Und woas ferr a guhdes und dreues
    Gemitte!

Und de Köcherei, wißt err, di dhun se
    verstiehn!
Schlas'sch Himmelreich britt keene andre
    su schien,
Und a sittes Gerichte mit Birn und mit
    Kliese
Doas schmeckt, ihr kinnts gleeben,
    doas schmeckt goar ne biese!
Drim war su a schlas'sches Madel siech
    freit,
Nu vund aus derr Lausnz, dar machts
    gescheit.

Do is schund egoal, ob ma friert oder
    schwitzt,
Und wenn man oh ni uffn Gulde sitzt!
Wenn dren ock a jeds zun andern hält –
Zum Boaroadiese wird enn do de Welt,
Und wiärsch oh glei hunden enn
    Heedelande
Under Kiefern bei Grütze uff troigen
    Sande.

Und ihch weeß anne sitte, vu dar soi
    ihchs frei,
Wenn die und se möcht' miehch,
    doa niähm ihch se glei,

Hoot Veilchenoogen, a Griebel enn Kinn,
Und Bäckel wie de Äppel und fröhlichen
  Sinn.
Singt frumm ei derr Kirche wie de Lirche
  ihr Lied –
Is flink wie a Wiesel, wenns Danzen
  oagieht.

Und wenn se gefirre enn Stiebel hantiert,
Och – und so oppdietlich de Quorg-
  schniete schmiert
Mit Poscheln su niedlich, de Orme su
  stromm,
Do leeft merr schunds Wosser
  enn Maule zusomm,
Do niähm ihch ann liebsten de Rusel
  im Hols
Und guschelt errscht Schnutel und Bäckel
  und Olls!

Philo vom Walde

Schlesierinnen

Rosige Fraun'n in buntem Mieder –
Das ist echte Schlesierart.
Volle Becher fröhlich kreisen
Von der Heimat Traubenblut –
Schlesierland, dich muß ich preisen,
bis mein Herz in dir einst ruht!

Carl von Holtei

Mei Madel

Wer ock mei Madel sitt,
Där findt se scheene;
Se is harlard' und flink,
gar a bewuschbert Ding;
Ock a wing kleene . . .

Volkswitz

. . . die Weiber haben's gutt!

Antek: Weißt du, Franzek, die Weiber
han's doch eigentlich gutt!
Franzek: Wieso?
Antek: Nu, siehst Du, sie rauchen nich,
sie trinken nich . . .
Franzek: Na, und?
Antek: Na, und Weiber sind sie selber!

*

. . . die lebt noch

Franzek hat geheiratet. Eines Tages trifft
er Antek im Wirtshaus. Natürlich geht
gleich die Fragerei los.
Antek: Na, wie is in Ehe?
Franzek: Ganz scheen.
Antek: Was du nich sagst, ich meine, wie
ist deine Frau?
Franzek: Meine Frau ist ein Engel.
Antek: Da hast du aber Glück gehabt,
meine lebt noch!

Rusla, wenn du meine wärst

Rusla, wenn du meine wärst?
Nu ja ja, nu ja ja!
Und nach meinem Willen tätst?
Nu ja, ja, ja!

Rusla, pflück dir Kränzelkraut,
nu ja ja, nu ja ja.
Du sollst werden meine Braut.
Nu ja, ja, ja!

Kränzelkraut, das mag ich nicht,
nu ja ja, nu ja ja.
Deine Braut, die werd' ich nicht.
Nu ja, ja, ja!

Ich bin stolz und mag dich nicht,
nu ja ja, nu ja ja.
Schlag dir lieber ins Gesicht.
Nu ja, ja, ja!

Bist du stolz und magst mich nicht,
nu ja ja, nu ja ja.
Bleib ich jung und heirat' nicht.
Nu ja, ja, ja!

Hansel, frag doch noch einmal,
nu ja ja, nu ja ja.
Vielleicht sag' ich dann doch noch ja,
Nu ja, ja, ja!

Ibberschriften . . .

Fäst umschlungen sitzen sie,
Der Alois und sein Braut Marie.
Wenn das Licht wird wieder hell,
Gehn sie auseinander schnell.
(Ibberschrift: Där Kinobesuch)

❋

Wie der Kater auf die Mäuser
Ieber Dächer, ieber Häuser,
So schleicht sich der Antek hin
Zu dem Haus von Schwegerin.
(Ibberschrift: Die Bruderliebe)

Mangelnde Auswahl

In der Konditorei Schnappka in Gleiwitz
erscheint Antek: „Haben Sie kleines,
süßes Geschenk für meine Braut?"
Die Verkäuferin zeigt ihm Schokolade-
herzen mit der Zuckergußüberschrift:
„Aus Liebe." Sagt Antek: „Überall ‚aus
Liebe'! Haben Sie nicht welche, wo steht
‚aus Poremba'?"

Neue Ibberschriften . . .

Zuerst lockt ihn das Töchterlein
Mit Liebesblick ins Haus hinein,
Hierauf besauft ihn Alter schlimm
Und Schwiegermutter bindet ihn.
(Ibberschrift: Der Verlobigung)

Frau Trudla gab mit Interesse
ein Schlag in ihres Mannes Fresse.
Er wahrte nicht das Gleichgewicht,
bloß flog er um auf Angesicht.
                    (Ibberschrift: Der Umschlag)

❊

Schwiegermutter am Gestade
von dem Meere sich gebadet.
Haifisch ist dort zwar gekommen,
doch er ist nicht rangeschwommen.
                    (Ibberschrift: Der Unglick)

Carl von Holtei

Schlesische Weisheiten

Wer ein böses Weib hat am Sonntag,
Der schneid' nen Stecken am Montag,
Prügle 's Weib am Dienstag.
Wird sie krank am Mittwoch,
Holt er den Doktor am Donnerstag,
Stirbt sie am Freitag,
Begräbt er sie am Sonnabend,
Hat er nen guten Sonntag.

Eine Handvoll Sprichwörter
von der Liebe

Der Schnuppen, der Rooch und die Liebe,
die lußn sich nie verbergen.

Die Liebe is a Fieber: wers hot, der hots.
Dr eene liebt de Mutter, dr andr de
Tochter; uff die Aart giht olls weg – und
moncher olle beede.
A bieses Weib macht aus m besta Mann
in Toifel.
Guder Wein und schine Frauen sein
zwee sisse Gifte.
N gude Froo macht n guda Mann.
Spitzbuwa on Weiber senn aus eem
Holze gemacht.
Wenn ma a alt Weib will am Orsche
lecken, muß mas ballde tun, eh em der
Optit vergiht.
Gude Männer sein dinne gesät.

Wie man in Schlesien sagt

Zur Frau: Aloster, Argerscheit, ale Baabe, ale Babke, ales Band, Battelliese, ale Batze, ale Bichs, Bisgurn, Bisse, Brummarschen, Brummeisen, Brüsel, Buttel, ale Dorre, Doargel, Drachscheit, Drolle, Drulle, ale Drussel, Eeschichtige, Fetzpopel, Flederwisch, Flapse, ale Frele, Frotzen, Frovolk, ale Fuchtel, Fürtula, Futze, Gake, Gansla, Gebäcke, ales Gefitze, Gekla, ales Geniste, ales Gerecke, Gescheeche, Gestecke, Gezoke, Gezoika, ale Glapa, ale Grachel, Gratsche, Greh, Griebsch, Grietschel, Grula, Grußel,

Gummel, ale Gundel, Gunk, Gunkla, Gurke, ale Gurre, Hanschkla, ale Heckel, ale Heeke, Henne, ale Hippe, Jammerjette, ale Jettel, Jule, al Kaak, Kaline, Klatsche, Klauster, Kluck, Kohkotze, Krabbe, Krachscheit, ale Kracke, ale Krah, Kratze, Kricke, Kroke, Krucke, ale Kruste, Kuth, Laster, Latsche, Luma, Mahrplänte, Mäste, ales Mistgewitter, Mohbabe, Mohmulle, Muhme, alte Murchel, Neßla, Neuschierla, Nissel, Notsche, Nuchel, Plader, Plane, ale Plärre, ale Platsche, tumme Plente, Pinze, Pluchs, Pulderzjnte, ale Plutsche, Potsche, Priesla, Prise, Prootzel, Prutsch, ale Puhscheil, Putla, Quotschmeste, ales Raaf, Ritschka, alde Rochel, alte Schbracke, ale Schalaster, Scharteke, Schecke, Schickse, Schlabaster, Schlampe, Schlumpe, Schlunze, ale Schlurre, Schneppe, Schniegake, junge Schnirch, Schöndoos, ale Schorre, Schranze, ale Schrulle, alde Schrump, Schucke, Schusermeste, ale Schute, Schwopp, ale Spille, Spinatwachtel, Steppel, junger Schwopp, junger Stiesel, Stompe, Strunze, Taperline, ale Teele, al Tees, Tekla, Tiesterla, Timpelkröte, Timpelkrobe, Tinnel, alte Titte, Tocke, ale Tole, Tolke, Tomsterlom, ales Toocht, ale Tordel, Traam, Trampel, Trantalan, Tranfuntze, Triene, Truchter, alte Trunte, Trutsch, Tunte, Tuttersuse, Vettel, ale Unke, ale Urschel, Wachtel, Wischader, Winsel, Wampa, ales Wurschtgwitter, Wuschwiberle, Zauchtel, Zauck, Zauke, Zaunse, Zaunsel, Zelooter, Zenkla, Ziegla, ale Zibbe, Zigonnka, Zille, Zinne, Zospel, Zulker, ale Zumpe, Zuttelbock; Drechselluder, Klackerweib, Klaffke, Laberlies, Labertitte, Plaudertoasche, Quasselstrippe, Quatschmäste, Quatschliese, Quatschtistk, Tratsche, Bohnenstange, Gestecke, Hopfenstange, Achtl, langer Besen, Spindel, Stabete, Stelze, Strunze, Zweistöckige; Frauensleut', Frauenszimmer, Frauensvölker, Froflieger, Kittelleute, Kittelvolk, Waispl, Weiber, Weibsbilder, Weibsen, Weibsleute, Weibsvolks, Weibervolk.

Zum Mann: Dingrich, Gamel, Gimpel, Gratsch, Haar, Herrgott, aler Jäckel, alder Jiesel, Jirge, Kacker, Kalfakter, Katzla, Kerle, Kitzlich, aler Klachl, Klapidudek, Kloapp, meschanter Kläppel, Klersch, Klauker, aler Knoot, Kragelsack, Krossel, alter Krauter, ale Krauthacke, Kreipel, Kremper, ales Kriehilster, ales Kriems, Krippensetzer, Kroop, Krooß, Kroppelsack, Kröpper, Krummholz, Labanda, Labersack, Lamps, Latsch, Latschel, Lätschel, Loappe, Loatschtäubrich, Lerbe, Leubel, Loffel, Lobe, Lointrieh, Lopps, Lorban, Lorbas, Lüderlack, Lullatsch, Lurge, Moanrich, Moansbild, Mannskerl, Mannsleute, Mannsmann, Mansmer, Mannsvolk, Marlich, Mistfinkenkroabs, Mohgote, Mohgottel, Moorlick, Muchel, Natz, die Nomßen, Norrensaak, alter Pampel, Pampoin, Panuffel, Pfeffermann, Pichel, Piesepimpel, Pimpel, Pims, Pinsel, Ploatterich, Plenterich, Plimpel, Plimpelplatsch, Plootsch, Plumsack, aler Poitrich, aler Poms, Pomuchel, Poperarsch, Potter, Prenzel, Pretschlich, Pömmer, Racker, aler Rall, Räudel, Raubwerzel, Ritzlich, Rotzlich, Ruba, Schamster, Schapprich, Schaps, Schlacks, Schlurks, Schmakotsch, Schnakel, Schnakker, Schnacks, Schnapprich, Schneetlich, Schnippel, Schnirk, Schnodrsack, Schmöslich, Schnottrich, Schnuderlak, Schoot, alter Sege, Siendla, Simpel, aler Soft, Softgote, Stäber, Stärdel, Stärarsch, ole Stasch, Stiefel, Stieslich, aler Stirdlich, aler Stirglich, Stoffel, aler Stöppel, Stromer, Toalk, Toapergote, Tapergreis, Taperkuk, Toaperkuk, Toapermichel, aler Toapersack, aler Tata, Tatschik, Toatersack, Tatulek, Teegesel, Timlich, Tapper, Toaprich, Toffel, Toopkrat, Tootsche, aler Trampel, Treemlich, Trempel, Trotsch, Tschmock, Tschulipapka, Tummjan, Zausel, Zerrfak, ales Ziloter, Ziloterbock, tälscher Zippel, Zittelbottel, Mandel, Männchen, Männel . . .

Zum dicken „Weib": Balze, Baust, Bumme, Fettschwuppe, Fummel, Kanone, Maschine, Rumme, Rumpe, Rumpel, Strunze, Tausendtalerpferd, Trampel, Trulla, Trumms, Wampe.

Zum „alten Weib": ale Büchs, Bule, Flaume, Gurke, Hexe, Hottel, Huttruse, Meste, Rose, Schaloster, Schlunze, Schmarrn, Unding, Unke, Ziege.

Zum „schmutzigen Weib": Dreckbasem, Dreckbüchs, Dreckbuste, Facke, Finke, Klauster, Misthenne, Mistsau, Schlammfang, Schlammpeitzger, Schlauder, Widehuppe, Schachtel.

Zur „Strunze": Babka, Frauenzimmer, Gamen, Gescherre, Gezeuke, Hexe, Hirlitze, Kaatsche, Karutze, Lostr, Loffe, Lutsche, Menschla, Plautze, Potsche, Scheusel, Schleuder, Schlunze, Tolke, ahle Tante, Brocken, eine Bulle, Bumme, der Bummer, Dragoner, Dralle, dicke Dralle, die Druschke, Elphant, Elphantenkuken, Faß, Fettbolzen, der Hachusbachus, Kanone, Kasten, stramme Katze, Kiste, Klumpen, dicker Knoten, Knolle, die Knulle, fette Made, Maschine, dicke Mäste, dicke Nudel, der Packer, Petzka, Plempe, Pomeranze, Primme, Prutschke, Pummel, Pummelchen, die Pulke, ein Rumm, ein Rumpen, Stumpe, fette Schnecke, die Stampe, eine Stramme, Strunze, dicke Schrunze, Tönne, Trampel, Trine, Trulle, Truntsche, eine dicke Tuntel . . .

Will-Erich Peuckert

Zur schlesischen Erotik

Ein paar Worte zur schlesischen Erotik: Die innere Verkrampfung des Ebenen-Schlesiers, auch in der Erotik, zeichnet (der Schriftsteller) Horst Lange. Im Schlesier der Ebene liegt Hemmung und Sucht; er bringt es gemeinhin nur zum Begehren, und langt er weiter, dann wird es ihm schwindlig, dann graut ihm zuletzt vor dem eigenen Wunsche. Sein Lieben und Wollen erwächst aus dem Rausche; der Rausch reißt ihn hin; er loht in ihm auf; wenn ihn der Rausch hat, dann wird er „groß", dann übersteigert sich Trieb und Begehren; er glüht, steht im Ofen der inneren Feuer.

Der Mensch des schlesischen Vorgebirges lebt freier; sein Lieben folgt dem natürlichen Gesetze. Er peitscht sich nicht hinein ins Begehren, doch wenn sie ihm aufgehen, dann folgt er ihnen. Es ist die Ausgeglichenheit, die ihn bindet, die ihm eignet, und die sich hier auch als Sicherheit zeigt. Er lebt ein heitereres, gelösteres Leben. Und diese Gelöstheit hat in die schlesische Ebene, soweit die Woge schlug, Böhmen gebracht.

✳

Es ist im Grunde die schlesische Schwachheit, die wir sehen müssen, die sich so oft in große barocke Üppigkeiten lügt.

Der Schlesier – ich meine hier aber vor allem den Schlesier aus den ebenen Bezirken – ist ein von seinen sinnlichen Erregungen leicht verlockter Mensch. Es gab in diesen schlesischen Ebenendörfern kaum ein Haus, in dem der Mann nicht „fremd ging", nicht nach andern langte. Man wußte es und verstand es, weil es einfach „menschlich" war, weil man begriff, daß hier ein nicht-zu-Zähmendes spürbar wurde, eins, das noch tiefer lag als alle Sittlichkeitsgesetze. Das Unruhige im Lieben aber trieb in keine Leidenschaft, die jach aufging und wie ein Feuer alles um sich hier verbrannte.

✳

Hajo Knebel

Schlesischer Limerick

Ein Mädchen aus Schlesisch-Frankenstein,
wollt länger nicht mehr alleine sein.
  Drum pflückte im Walde sie Pilze;
  ihr Wunsch erfüllt sich: Nun stillt 'se.
Gesucht wird der Vater des Klein'!

Von schlesischen Lergen und Madla's

(. . . sein ja liebe Kinderla . . .)

Wie die schlesische Mutter ihr kleines Kind nennt

Balg, Battel, Battlich, Beschtlich, Datz, Dergel, Dorn, Flutsch, Frupper, Geniste, Gezeukla, Goldlein, Hamscherla, Happekindla, Haschla, Hemdafietz, Hoppek, Hosenmatz, Hosapissa, Hosenscheißer, Hoasaseecher, Jährlich, Kacker, Kenoll, Kenolla, Kläne, Kläner, Knaupe, Knärdl, Knerps, Kroop, Kroopzeug, Lerge, Lorbas, Luscherl, Nickerla, Pächtling, Paporla, Pusche, Peepel, Petzker, Potzlich, Pfaffer, Pieps, Protzel, Puchtala, Pummer, Puppla, Putzala, Quork, Racker, Schapperla, Schoßakindl, Stäppl, Stepka, Steppke, Stupps, Stuwaretsche, Tamsterla, Wackerla, Wärmla, Wutzala, Wewebel, Wochakendla, Wuschper.
Schönster Kosename einer schlesischen Mutter für ihr Kind: Herzenspünkerle.

Will-Erich Peuckert

Von schlesischen Kinderspielen und Kinderliedern

Auch schlesische Kinder spielen gern, schon wo sich zwei oder drei zusammenfinden. Schon bei den Kleinen fängt es an: Hoppe, hoppe Reiter; Hust an Toalr; Kam ein Mäusel; Pinke, panke, wu ligt dr Schranke, uba odr unda?

Wer kennt noch den Abzählreim: Eene, deene, dittchn dattchn, zepple, bepple bunte klatschn; zepple bepple buff; du bist uf!
Oder: Ich und du, Müllers Kuh, Bäckers Esel, der bist du.
Oder – aus'm Isergebirge: Schlissl im Ring, ale Hure – spring!
Aus Ziebendorf stammen: Eine Wand, die andre Wand – Petrus kommt vom Boden gerannt. Er rennt bis hinters Rathaus. Dort sah eine schöne Frau raus. Schöne Frau, was siehst du raus? Ich zähl mir meine Hähndel ins Haus. Meine Hähndel sind nicht gar; es fehlen 14 und ein Paar. Kapphahn, Haushahn; wen wolln wir nun rausja'n?
Oder: Hicke, hacke, Heu. – Hicke, hacke, Haberstroh. – Vater ist ein Schnitzler worden. – Schnitzelt mir ein Bolz. – Zieh ich mit ins Holz. – Zieh ich mit ins grüne Gras. – Guck, Vater, was ist das? – Mein Kind, das ist ein weißer Hase. – Puff, den schieß ich auf die Nase.
Abzählreim aus Rankau: 1, 2, 3. In der Bäckerei war ein kleines Kind geboren. Wie soll es heißen? Magdalena Rumpelkasten. Wer will die Windeln waschen? Ich oder du? – Wir kaufen eine Kuh. Was die Kuh für Milch gibt, die trinkst du!
Aus Breslau: 1–9. In Breslau steht eine Scheun. In Breslau steht ein Puppenhaus, da gucken vier, fünf Frauen raus. Eine

138

macht Seide, die andre macht Kreide, die eine macht Hemden, dir eins, mir eins – und der pulsche Jude kriegt gar keins. Oder: 1–4, 's soaß a Mannla uf dr Tier. Schlug mit dr Drumml naus. Pinkla pankla, du bist raus! Uni, duni Gänseschnabel. Wenn ich dich im Himmel habe, reiß ich dir eine Feder aus, mach mir eine Pfeife draus. Drauf pfeif ich alle Morgen. Komm'n die Vöglein horchen. Geht die Mühle klipper klapper, du verdammter Hosenkacker. Oder: Eene, deene, dinus; kara, wacka, wienus. Kara, wacka, wicka, wacka; eia, weia, wum! Oder: Wir machen erst kein' langen Mist – und du bist!

Jungenspiele waren das Packen, Haschen, Fangnusspiel, Räuber und Schandeckel, Zigeuner, Sedan und Kaisersgeburtstag, Versteckerle; Neckspiele wie Meister und Geselle, Gewandtheitsspiele wie das Butterschnittenschmeißen mit flachen Steinen übers Wasser, Schindern und Wiegen auf brüchigem Eis, Fitschepfeilschießen, Messerwerfen, das Großvaterspiel, Schippeln und Scheiteln, Sautreiben, Kobeln, Knöpfespiel, Münzschlagen, Springerspiel, das Paradiesspiel Himmel und Hölle, das Ballspiel Kaiser, König, Edelmann, Bürger, Bauer, Bettelmann, das Toppschloin, Saakhopsn, Mäuschen komm 'raus, Vogel verkaufen, Fuchs aus'm Loche, Blinde Kuh, Plumpsack...

Wer kennt noch das Ratespiel:
Einen Blinden zu bedauern,
wenn er noch so traurig ist.
Er muß sitzen wie geboren
und muß raten, wer das ist?
(Der ihn schlägt)
Oder:
Im Keller, im Keller ist's finster.
Warum soll's denn im Keller finster
    sein,
es scheint ja Sonne und Mond herein?
(Das ,blinde' Kind setzt sich im Kreise
auf ein kauerndes)
Ich sitz' auf einem Stein –
Wie heißt der Stein? –
Frieda Männich.
(Ist's falsch): Hast's schlecht gemacht, hast's schlecht gemacht, drum wirst du auch recht ausgelacht.
(Stimmt's): Hast's gut gemacht...

Nennen wir ein paar Mädchenspiele: Die Tiroler sind lustig; Mutter und Tochter; Alle meine Gänschen kommt nach Haus; Wolf und Schäfchen; Ziehet durch die goldne Brücke; Kuslababa; Ringelringelreihe; Ringel ringel räte; Es kommt die Frau aus Ninive...
Einiges sei auch über das schlesische Kinderlied in Erinnerung gerufen, etwa: „Schloof, Kindla schloof; dei Voatr is a Schoof; d' Mutter is a Tusseltier; woas konnst du ormes Kind derfier? Schloof, Kindla, schloof."

Wer kennt noch: „Hunne, trutte, sause; de Kitsche is ne zu Hause; de is zu Nubbrsch Kuh gegangn; ward sich wul a Mäusl fangn?" Die Variante dazu: „Huinne, puppe, sause; wu wohnt dr Vettr Krause? Ei dam huchn Hause, wu de hibscha Ma-idl sitza und de gorschtchn Junga schwitza."

Unzählig sind die Spottreime: „Emil, Zweemil, Zwibbelstiel; deine Kindr frassn viel; olle Tage a Finfbihmbrut; nimm de Keule und schloi se tut."

Antwort darauf: „Zunoahm, Zunoahm tut ni wih; Du hust ja lautr Läus und Flih; du hust o lautr Wanzn; murne gihn mr tanzn."

Ein Lied aus Zillerthal im Gebirge: „Korle, Korle, Schlenkerbeen; treibt de aala Weibr heem; Treibt se ei a Schuppa; heebt se, daß se huppa; treibt se iebr Stuck und Steen; daß se brecha Hols und Been."

Eine große Rolle spielt auch die ‚Liebste' in solchen Kinder-Spottversen:

ABC Zinka, d Junga stinka,
de Maadl richa wie Faffrminzkichla.
Spinn, Ma-idl, spinn. –
Dei Hemde wird goar dinn!
Luß dr de Muttr a neues macha,
daß de Ma-idl und Junga ne lacha.
De Sunne geit zu rüste.
De Ma-idl gein zu Christe.
De Jung gein ee a Gänsestoal
und spickn olle Dreckr oa.

Se spickn immr noomoh nee
und denken, 's ies a Birnebree.
Schließlich auch (obwohl es des Aufzählens kein Ende gibt):

Rund ist die Kugel, rund ist die Welt.
Breslauer Mädel sind im Verein,
haben große Fressen (Fotzen)
und bilden sich was ein.

✳

Volkslied

Inse Bruder Malcher

Inse Bruder Malcher,
de wulld' a Reiter warn.
A hott ock keenen Sabel,
a kunnde keener warn.
De Mutter noahm de Ufagoabel
und schnallt's m Malcher im a Noabel.
Reit, Malcher, reit . . .

Inse Bruder Malcher,
der wulld' a Reiter warn.
A hott ock keenen Hutt nich,
a kunnde keener warn.
De Mutter noahm a Ufatoop,
satzt ihn 'm Malcher uff a Koop.
Reit, Malcher, reit . . .

Inse Bruder Malcher,
der wulld' a Reiter warn.
A hott ock keene Spörner,
a kunnde keener warn.
De Mutter noahm vum Book de Hörner
und goabs 'm Malcher stoats der Spörner.
Reit, Malcher, reit . . .

Inse Bruder Malcher,
der wulld' a Reiter warn.
A hott ock keene Handschka,
a kunnde keener warn.
De Mutter noahm a Hirschebrei
und stackte Malchers Hände 'nei.
Reit, Malcher, reit . . .

Inse Bruder Malcher,
der wulld' a Reiter warn.
A hott ock kee Pfard nich,
a kunnde keener warn.
De Mutter noahm de schwoarze Kuh
und soate: „Malcher, reit ock zu."
Reit, Malcher, reit . . .

Schlesische Kinderschreckgestalten

Alb, Boomann, Bonschemon, Boschab-
sack, Bubatsch, Schwarzer Bubu, Bubulk,
Buhmann, Buschenecke l, Butzemann,
Essekehrer, Feuermann, Feuermannla,
Geier, Geister, Grießgram, Grabmannla,
Grulahexe, Grulamutter, Gumprecht,

Habernitza, Heemann, Heulschuhmann,
Himmelszeehe, Huckuf, Imgäbla, Joat-
hans, Kaminkehrer, Käsemann, Klun-
ker, Kornmandla, Kornmuhme, Korn-
schaufel, Kornweibel, Krampus, Kress-
nekl, Lausewenzel, Mäta, Mubmänner,
Mora, Muff, Mummer, Mummex,
Mumm-Mumm, Mutter Hexe, Neckel,
Peter Pitt, Popanz, Popelmann, Puder-
lucker, Puscheil, Puschweib, Raffnkehrer,
Rauchfangkehrer, Relpe, Rilpen, Room-
kehrer, Rübezahl, Rupprecht, Sat-
zensuse, Satzichtkater, Satzichzie-
ge, Scheekmännel, Schmitschmatsch,
Schnoawkall, Schnoblgons, Schwarzer
Mann, Spillagritte, Spillahulle, Spilla-
liese, Spillalutsch, Storch, Taifl, Uder-
wulf, Utopletz, Verschlepper, Wasser-
lisse, Wassermann, Weiße Mandel, Wet-
terhexe, Zigeuner, Zappabschneider,
Zwerg . . .

Barbara Suchner

Elternweisheit und Kindermund

*Noch heute klingen sie mir im Ohr, die
Redensarten und Ausdrücke, die ich als
Kind unzählige Male zu hören bekam
oder benutzte und die als Ratschläge
tiefe Lebensweisheiten weitergaben.
Noch heute verwende ich sie und bringe*

sie bei den passendsten und unpassend-sten Gelegenheiten selbst an. Hier eine kleine Auswahl:

Was der Bauer nicht kennt, das frißt er nicht.
Trapp' nich' in die Morgenmilch!
Der eine ist 'nen Taler wert, der andre 30 Böhme.
Mach' das Fenster offen, die Gusche zu!
Du bist zu nischt nich' nutze.
Von nischt kommt nischt.
Mach keine Menkenke.
Du bist ja tümmer als lang.
Tu nicht wie tulpe!
Lauf gescheut auf dem Trattoir, sonst fliegste ins Gerinne.
Tumm kannste sein, aber Rat mußt de dir wissen.
Mach dich ock fort.
Kipp nich' aus'n Laatschen!
Du hast wohl 'nen Hühnerplinz.
Was man nicht im Kopp hat, muß man in' Beinen haben.
Mach bersch oder mach bersch nich'?
Halt die Gusche!
Wenn ihr mir wollt was gan, da könnt ihr mir's ja im Gelde gan.
Schischau, schäm dich, alle Leute sehn dich!
Tritt nich auf die Tschiepel!
Ich verscherbel dich für'n Korb Äppel.
Wiedersehen macht Freude.
Sag mal: meinswegen!

Du Moschkote!
Nu is aber zappenduster.
Bies ock stille!
Mach keine Fisematenten!
Wiederkloppe gilt nich!
Eß nich wie ein Flaumpauer!
Du brauchst noch ein Laberlätzel, du Kleckerfritze!
Hab' nich' so ein Gemähre!
Model nich' so 'rum!
Du vergratschte Trantute, du schnoddriger Fatzke, du kriwatschlige Zauchtel, du pamufflige Funzel, du doofer Labermichel, du dämliche Krücke, du spilliges Ludersch, du labrige Titte, du pinsliger Spirlefiz, du tummduslige Kuh! (Kinder-Schimpfworte)
Gleich schmeiß ich dir die Appelgriebsche in die Gusche!
Pucklige Muschpoke, verknuchter Schlappschwanz, Latschkefisch, Wampekitt, blöder Gratschker! (Originalton: Breslau).
Grabsch nich' mit deinen dreckigen Tatschen an mein Schakettel, sonst hau ich dir die Hucke vull!
Mach nochmal die Flappe auf, da kriegst de eins mit der Mangelkulle!
Ich sack dich ein wie'n nassen Hund!
Du bist wohl mischugge!
Ich sag's meinem großen Bruder, der schmeißt dich mit Pampe!
Du tücksches Aast, geh' aus dem Wege, sonst mach ich Plimpelwurscht aus dir!

Der Schlesier und seine Sprache

Wie uns der Schnabel gewachsen ist

Will-Erich Peuckert

Von der schlesischen Sprache

Der Schlesier (das Schlesische) ist reich an Sprichworten und Redensarten. Ich will hier nur die aufzählen, die ich aus dem Munde meiner Mutter kenne:
Tumm wie de Sinde; wenn du on deinr erschtn Liege drwurgt wärscht, labste schun lange ni meh; doas is an aale Jacke. Vom Uchs koan ma nie mehr vrlang wie Rindfleesch. Eenr gilt dreißch, dr andre a holb Schook. Daar is ufs Geld, wie dr Teifl uf an orme Seele. Schuldn wie a Major. Die macht Augn wie de Kotze, wenns dunnrt. A sigt aus, wies Leidn Christi; dam koan ma a Voatrunser durch de Backn bloosn. Huffohrt muß Zwang leidn. Rut und grien stiht olln Norrn schien. Setz dich ock durthie, wu de Grußmuttr gesassn hoot, wie se Braut woar, uf deine vier Buchstoabn. Da is wie a biese Greschl, da kimmt immr wiedr. Da mecht wull dr Teifl Meldn kochn. Olles mit Schiedundr. Doas giht wies Prätzlbackn (schnell). Bei dam rapplts, da hoot a Radl zu viel im Kuppe. Ein Betrunkener hoot schief gelodt; dr Wa-ig is m zu schmoal; a hoot sich en uffgehuckt und a hoot Plopprwossr getrunkn. Eenr is faul wie dr bloe Mist. Mit den Kindern hat man sein Kreuz, s meeste, woas ma soit, is ei a Wind geredt; da muß die Rute das Beste tun oder der Kantor, und schoade is im jedn Schlaag, dar drnabn giht.

Johannes Polke

Typisches oder Einmaliges — Schlesische Redewendungen

Wir sind spät dran. Beinahe ist schon alles vergessen, was es an farbenprächtiger, lebendiger Ausdrucksweise in unserer Heimat gab, und nicht nur vergessen, sondern regelrecht ausgestorben. Denn die, die in unserer Heimat und ihrer Sprache lebten, sind zumeist nicht mehr am Leben; und wir, längst anderswo heimisch geworden, richten unseren Sinn nicht mehr so sehr auf das Vergangene.
Natürlich, es gibt hier und da noch (vor allem einfachere) Menschen, die brauchen nur den Mund aufzutun und ein paar Worte zu sprechen, da weiß man: Die sind auch aus Schlesien. Bestimmte gedehnte Laute; die weiche Aussprache vieler Konsonanten; ineinandergezogene Wörter — es gibt eine unverwechselbare Sprachmelodie, weniger markant als das Pommersche oder das Ostpreußische oder das Sächsische, bescheidener sozusagen, geschmeidiger, aber eben typisch für unser Völkchen. Oder man denke

144

nur an die verdrehte Satzstellung, wie sie dem Gedankenfluß entsprechend entstehen konnte – zum (x-beliebigen) Beispiel die Ankündigung meiner Mutter: „Ich wer' amal gehn in die Stadt einkaufen ... Butter."

Über Schlesien und Schlesisches ist seit dem Krieg (und nicht erst seit dem Krieg) viel geschrieben worden. Mir fiel auf, daß gerade die Gegend, aus der ich selber stamme, nämlich aus Oels, und mehr noch die Heimat meiner mütterlichen Vorfahren, die Gegend von Festenberg, ein bißchen stiefmütterlich dabei weggekommen ist. Die Heimat meines Vaters, die Grafschaft Glatz, ist längst literaturkundig geworden. Dabei gehörte gerade auch das Gebiet zwischen Breslau und der alten polnischen Grenze zu Schlesien, Grenzland im besonderen Sinn. Wenn ich vom Heimatland meiner Mutter (und Großmutter) spreche, so erweist sich schon anhand der Ortsnamen, wie stark polnisch die Bevölkerung hier einmal gewesen sein mag: Sandraschütz, Dombrowe, Pawelke hießen die kleinen Dörfer, und unter den Familiennamen gab es Lonzek und Bonzek, Piontek, Drobny und Marschallek. Deutsche Namen wie Festenberg, Sechskiefern, Grüneiche, Großgraben zeigen aber daneben auch die deutlichen Spuren deutscher Besiedlung. Dies sind ja altbekannte und immer wieder hervorgekehr-

te Tatsachen, zu denen seltsamerweise auch gehört, daß man selbst in Dörfern mit polnischen Namen deutsch fühlte. Mein Vorfahr Piatek schrieb sich ebensogut Freitag; er sprach offenbar genausogut deutsch wie polnisch. So weit ich weiß, gab es keine Feindschaft zwischen den Nachbarn verschiedener Nationalität. Man vertrug sich, man heiratete untereinander – und die Sprache bekam etwas von der Färbung, die für sie typisch war.

Polnische Wörter, die bei uns jedermann verstand, waren zum Beispiel Lusche (mit langem u und weichem sch) = Pfütze, Kalbasse = Wurst; aber auch, was vielleicht weniger allgemein verständlich war: Poschundek = Ordnung, was wir als Kinder freilich wie „porschuntek" aussprachen – wir verstanden, wir sprachen halt kein Polnisch.

Meine Mutter kennt noch „krapicken" für Hände, „pasurn" für Füße, „Koscharke" für Tasche, „raptern" (aus raboten) für mühevoll arbeiten, und das Schimpfwort „Du alter Schubiak!" geht wohl auch auf „Kaschubiak" (Angehöriger des slawischen Stammes der Kaschuben) zurück. Ob auch „Plente" für Umhang, Jacke, aus dem Polnischen kommt, kann ich nicht sagen. Das jedem Kind geläufige „kascheln" (mit langem a und weichem sch) kommt allerdings aus dem Hebräischen. Kaschal bedeutet im Hebräischen „stolpern, straucheln, hinstürzen", also auch „ausrutschen"; wir stürzten allerdings nicht immer, wenn wir über die gefrorenen Luschen kaschelten, im Gegenteil, es war ein Hauptspaß und höchstens unseren Schuhsohlen abträglich – die allerdings konnten genagelt sein, und dann ging es noch besser.

Das Wort „Ritsche" klingt auch ein bißchen polnisch. Kaum einer, der nicht aus Schlesien stammt, weiß, daß eine Ritsche ein Fußbänkchen ist. Und eine „Stürze" ist ein Topfdeckel. Ein „Plotsch" (mit langem o) ist ein ungeschickter Mensch, und ein „Linkspotsch" (ebenfalls mit langem o) ein Linkshänder, wobei wir als Kinder den „Linkspotsch" durchaus zum „Linksplotsch" machen konnten ... Potschen hingegen (wir kennen nun das lange o schon) sind nichts anderes als Hausschuhe oder Pantoffeln. „Bekitscheln" heißt: Umschmeicheln, „Kitsche" ist die Katze.

Nun aber ein paar hübsche Sprüchel aus dem reichen Schatz meiner Großmutter, der, hätte man sie selbst noch befragen können, noch eine Menge an kleinen Kostbarkeiten hergegeben hätte.

„Dem kalbt der Ochse im Backofen", sagte sie, wenn jemand immer wieder unverhofftes Glück hatte. Oder:

„Der red't er Wort und lebt er Jahr": Das war einer, der viel verspricht, aber sein Versprechen lange nicht einlöst.

„Wer gutt schmärt, der gutt fährt."

Wenn ein Feld nur wenig Ertrag gibt, dann ist da „viel zu behopsen und wenig zu erlopsen".

Oder überhaupt, wenn eine Arbeit mühsam ist: „Es garbt nicht."

Und wenn man sich nicht aussuchen kann, was man gern haben möchte, dann „muß mer's eben nehmen, wie's die Garbe gibt."

„Ein Narr, der's besser macht, als er kann."

„Wenn man's gewöhnt ist, ist es auch in der Hölle schön."

Jemand, der gedrängt wird, doch endlich zu Hilfe zu kommen oder etwas, was man von ihm erwartet, zu tun, sagt entschuldigend: „Ich bin wie die Maus in 'n Sechswochen; aber es is nich meeglich." Er hat selbst zu viel zu tun.

Typisch schlesisch ist, wie auch anderswo in der Literatur schon festgehalten, die Unentschlossenheit des Bescheidgebens: „Nu jaja, nu neenee ..."

Gezänk wird so beschrieben: „Es geht ock immer hacke-rüber, hacke-nüber ..."

„Wasch mir a Pelz, aber mach mich nich' naß."

Eine Wetterregel, für die meine Großmutter die Hand ins Feuer legte, war: „Am Sonntag vor der Zerstörung Jerusalems (10. Sonntag nach dem Trinitatisfest) weint der Himmel – und wenn's nur a paar Troppen sind."

Eine andere Regel zu Peter-Paul (29. 6.):
„Peter Purzel bricht dem Korn die Wurzel." Das heißt: Von Peter-Paul an beginnt der Roggen zu gilben. „Du fehlst mir wie der Böhm zum Taler", heißt: Du hast mir gerade noch zu meinem Glück gefehlt. Ein „Böhm" war ein Groschen, „fünf Böhm" waren dementsprechend 50 Pfennig, und wenn jemand zu meinem Vater kam, um ihm freudestrahlend zu verkünden, auf dem Dachboden seines Hauses sei eine alte Violine gefunden worden, in deren Innerem auf einem Zettel der Name Antonio Stradivari zu lesen sei, dann winkte er verächtlich ab: „Das steht doch in jeder Fünfböhmgeige!"

„Trink für ein' Böhm, trink für zwei Böhm, aber besauf' dich nich'!" hieß ein guter Rat, den vielleicht eine besorgte Ehefrau ihrem Mann auf den Gang in den Kretscham (ins Wirtshaus) mitgab. „Beschicker dich nich", hieß dasselbe.

„Achwohärock" antwortete dann wohl der Mann, denn das war der Ausdruck der Zurückweisung und des Zweifels, zu hochdeutsch „Ach, woher denn!" Man sprach es schön zusammengezogen, und das schlesische „ock" (= denn, doch) hatte immer etwas Begütigendes an sich. Wenn einer einem anderen überlegen zu sein glaubte, dann sagte er: „Den streit ich!" So glaubten zum Beispiel die Schüler der Sandraschützer Dorfschule, als

mein Großvater als junger Lehrer dorthin versetzt wurde, mit dem Städter aus Oels leicht fertig zu werden. Sie sprachen untereinander: „Dän streit ber!" Sie sollten sich wundern!

Hühner sollen Eier legen. Wenn eins anfing, das Brutfieber zu kriegen, und man hatte vielleicht schon eine Glucke auf den Eiern sitzen, eine zweite also nicht nötig, dann steckte man das bedauernswerte Tier in einen Sack und hing den irgendwo im Dunkeln in der Scheune auf – übrigens auch anderswo verfuhr man so, nicht nur in Schlesien. Aber es hieß bei uns: „Dann vergeht der Britt!" Der Britt, das war der Ausdruck für die Lust zum Brüten. Man konnte das leicht auch auf Menschen übertragen. Nach einem Streit hieß es vielleicht: „Na, dann mußt du eben machen, was du willst." – „Nee", kam die Antwort, „jetz' is' mer der Britt vergang'."

Von Mädchen, die sehr beliebt waren und einen großen Andrang von Burschen hatten, hieß es: „Die hat Verdrang!"

Wen man nicht leiden konnte, dem „war man nicht grün".

Jemand, der blaß und krank daherkam, der sah aus wie „Braunbier und Spucke". Und wer sozusagen aus dem Nichts etwas auf die Beine stellen konnte, „der machte aus Dreck eine Peitsche".

Wer ganz arm war, der hatte nur „einen Rock und einen Gott".

Wer abgerissen herumlief, aber im weiteren Sinne auch unpassend bekleidet, vielleicht in auffälliger Farbzusammenstellung, der „sah gefressen aus". Wer über den großen Onkel ging und einen etwas schlumperigen Gang hatte, von dem sagte man: „Na, där schlokt sich 'was Ährliches zusamm'n."

Übergriffe parierte man mit dem Ausruf: „Nischte wird!" Und mit denselben Worten konnte man auch eine Bitte abschlagen.

Und wenn jemand sich etwas abgespart hatte, ein schönes Stück Kuchen oder ein Stückchen Fleisch, um es einem anderen Bedürftigen zu schenken, dann wehrte man das wohl erst einmal ab und würdigte die Gabe mit den Worten: „Nu, das haste dir doch selber aus'm Halse gerissen!" Nach einigem Zieren hieß es dann: „Siste, jetz' hab ich's genomm'n."

„Nu, 's schmeckt doch jeder Dreck so gutt!" lobte ein hungriger Schüler seine Gastgeber, bei denen er zum Mittagessen eingeladen war, und langte kräftig noch einmal zu.

Bei einer Hochzeitsfeier oder einem Familienfest soll denn auch der Hausvater den Ausspruch getan haben, um seine Gäste zum tüchtigen Zulangen zu ermuntern: „Eßt ock, eßt! Draußen hat's noch Gans." Das, was gerade gegessen wurde, war etwas Geringeres.

Und bei einer Hochzeit – es war schon spät geworden – wollte eine alte „Muttel" langsam den Heimweg antreten. Sie begründete ihre Absicht mit dem Hinweis: „Mir sein die Füße schont eingeschlafen." – „Hauptsache, du bist oben rum noch munter", entgegnete ihr der Brautvater und hieß sie sich wieder setzen.

Bleiben wir noch ein wenig beim Essen: „Gut Schwein alles frißt." Ein Wort, das, auf Menschen bezogen, tief blicken läßt. Wer immer nur an sich selber dachte (und solche Leute soll es auch bei den guten, „gemittlichen" Schlesiern gegeben haben), dem legte man ein seltsames Tischgebet in den Mund: „Herr, in m e i - n e n Bauch!"

Wer aber den Mund ganz weit aufriß, vor allem beim Gähnen, dem sagte man: „Ich hab ja bis inner Magen gesehn."

Zufriedenheit nach dem Essen konnte mit dem kleinen Reim ausgedrückt werden: „Gutt geschmeckt, Maul beleckt."

Und da wir gerade beim Mund (auch Gusche genannt) sind: Wer da einen Grind oder einen Ausschlag hatte, der hatte „eine Griewe" an der Lippe.

Das Gerstenkorn am Auge hieß „Bernickel".

„Schickt merrer Esel, kommt er Esel wieder!" Das habe ich als Kind selbst des öfteren hören müssen, wenn ich einen Auftrag nicht richtig ausgerichtet hatte.

„Der is' gutt nach 'm Tode zu schicken",

sagte man von einem, der von einem Botengang lange nicht zurückkam.

Wir sagten niemals: „Dummer Kerl!", sondern etwas milder: „Tummer Kerle". Und das Wort „Dümmlich" wurde zu „timplich", ja zu „trübetimplich". Lustig war „spickig", und ein Mensch, der sich pamuffelig benahm, war „ein alter Gamel"; „herumgameln" hieß, sich faul und träge herumdrücken. Schimpfwort war auch „Fagebund", was in seiner Bedeutung nicht ganz genau das deckte, was ein Vagabund ist. Es hatte immer den Unterton des Nichtsnützigen. Die alte Frau Katterwe (Betonung wie bei allen slawischen Namen, Remane, Kursawe, Muschalle, Koffmane, Babucke, auf der zweiten Silbe) sagte von ihrem Jungen: „Der Paulchen is' schonn gutt, bloß awing nischnützig."

Einer, der mich übervorteilt, der „hat mich geschneppert". Er hat mich „behumst beim Keupeln" (= betrogen beim Handeln, Tauschen).

Was mag es heißen, wenn jemand sagt: „Es gibt gleich was aus der Armenkasse"? Richtig: Damit wird eine Tracht Prügel angedroht — man stelle sich vor, welch bittere Erfahrung ein Armer offenbar zuweilen machen mußte, wenn er als Bittsteller kam.

Freilich, der Schlesier fuchtelte bei solch einer Drohung schon gleich mit der Hand und mit dem Arm herum und deutete an, was gemeint war. Man sprach auch — schlesisches Abschleifen von Endungen — das Wort „Armenkasse" eher wie „Arm'-kasse" aus. So bekam die Sache gleich den richtigen „Verstand".

Man konnte natürlich auch sagen: „Es gibt gleich er paar auf'n Nüschel!" (Der Nüschel war der Kopf; vielleicht aus „Nüssel" entstanden? Denn wenn jemand einen kleinen Kopf hatte, dann hatte der ein „kleines Nüssel"; man beachte allerdings den Unterschied „der" Nüschel und „das" Nüssel). „Ein paar" wurde abgeschliffen zu „er paar" (das „er" sehr kurz gesprochen), wie wir es schon bei dem Ausdruck „Der redt er Wort und lebt er Jahr" angetroffen haben. Ganz feine Ohren hören sogar: „... auw' er Nüschel" (und das ü klingt wie ein y). Es sähe sehr lustig aus, wenn man die typische Aussprache schriftlich wiederzugeben versuchte — nämlich so: „'s gippt glaijjerpaa auwer Nyschl!"

So hieß es auch: „Ich geh inner Wald." Kinder neckten sich mit folgendem Spiel: Eins forderte das dümmere andere auf, zu allem, was es sagte, hinzuzufügen „Ich auch!" Und dann ging es los:

„Ich geh inner Wald." — „Ich auch!"

„Ich nemmer er Äxtel mit." — „Ich auch!"

„Ich hack mer er Bäumel um." — „Ich auch!"

„Ich mach mer er Trögel draus." — „Ich auch!"

149

„Meine Schweine fressen draus'." – „Ich auch!"

Harte Arbeit kostete Schweiß. Bei den Frauen allerdings sagte man: „Das kostet Brust!" Übrigens auch, wenn jedes Jahr ein Kind zu gebären war ... Und harte Arbeit und viele Kinder gab es nicht nur bei den „Howeweibern", den Landarbeiterinnen, die auf dem Gutshof arbeiteten, „auw' m Howe". Es gab sie überall.

Auch das ein Beispiel zur schlesischen Aussprache: Das zum w erweichte f ist für mich eins der untrüglichsten Zeichen der Zugehörigkeit zu unserem heute weit zerstreuten Völkchen. Wir schrieben „Briewe", wir hatten „Zweiwel" und waren „verzweiwelt", uns stach der „Hawer", und die Uhr schlug „Fümwe"; und wenn etwas verloren ging und trotz langen Suchens nicht zu finden war, dann „hatte der Teuwel seine Hand draufgelegt". Durchgängig war das allerdings nicht: Laufen und werfen und schlafen sprachen wir wie überall in Deutschland mit f. Aber ein Schlafanzug wurde schon wieder zum „Schlawanzug", und die Silbentrennung müßte nach unserer Aussprache eigentlich „Schla-wan-zug" sein. In der Regel blieb auch ein r im Wort auf der Strecke: Es hieß „schwatz" statt schwarz, „Schonnstein" statt Schornstein, „vonne" statt vorn.

Und die Verkleinerung wurde meist mit -el am Schluß gebildet: ein Tippel, ein Käntel, ein Ränftel, ein Tischel, ein Büchel, ein Häusel. Es ging aber auch manchmal mit einem -erle am Ende: Ein kleiner Sack war nicht nur ein Säckel, sondern auch ein Sackerle. Namen wurden zärtlich zu Fritzel und Hansel und manchmal auch zu Heindl, zu Hannerle und Elserle und Everle und Bienerle und Annerle und Reinerle – kein Name, den man nicht irgendwie liebreich auszusprechen gewußt hätte. Eins der zärtlichsten Koseworte, die eine Mutter für ihr Kind hatte, war: „Mein Herzepünkerle" (Herzpünktchen, wobei man dann freilich das schlesische ü ein wenig nach dem slawischen y färben muß ...).

Übrigens konnte auch das Wort „ein paar" noch einen Diminutiv bekommen. Dann waren er nur „paardl" – wie im Sommersonntagslied, das wir am Sonntag Laetare mit den Sommerstecken in der Hand anstimmten: „Sommer, Sommer, Meier, gib mir paardl Eier ..." Lang, lang ist's her.

Ein paar, ein wenig: Ein wenig hieß bei uns daheim „bissel"; in der Heimat meiner Mutter sagte man aber eher noch „awing". „Komm' Se ock awing ahinger", so lud man dort Besuch in die gute Stube ein, „ein wenig nach hinten".

Kinder ... „Sie sind mer immer awing gesturb'n", sagte eine alte Frau wehmütig, voller nachdenklicher Schwermut.

Schwermütig konnte auch meine Großmutter bisweilen sein, und wenn dann
trotzdem Fröhlichkeit durchbrach und sie
herzlich lachen mußte, seufzte sie ein bißchen auf, schüttelte wohl ihren Kopf über
sich selber und sprach: „Ach, hätte ich
heute doch nicht mehr gelacht!" Als ob sie
sich entschuldigen wollte; denn das Leben war eben nicht immer zum Lachen.

„Du bist wohl gar ...!" rief man, wenn
einer unverschämt, ungezogen oder un-
gehörig wurde (Betonung auf dem
„gar"). Welches Eigenschaftswort hinter
dem „gar" folgte, blieb offen; am ehesten ließ sich der Ausruf verstehen als
„Du bist wohl ganz und gar von allen
guten Geistern verlassen!" Man sagte
aber nur: „Na, du bist wohl gar...!"

Und in einem besonderen Falle, nämlich
dann, wenn Kinder ungezogen wurden
und nach ihren Eltern schlugen, hieß es
warnend: „Naa watt! Dir wächst auch
nochermal die Hand aus'm Grabe!" Für
uns Kinder war das eine seltsame, fürchterliche Vorstellung, eine fürchterliche
Strafe Gottes, daß einem die Hand aus
dem Grabe wachsen sollte – aber so hieß
es nun einmal, und so war es offenbar.

Am Sonntag, wenn es zur Kirche ging,
steckten die Frauen in der Heimat meiner
Mutter ein Marienblatt ins Gesangbuch,
„ein Riechel". Die Kirchen waren immer
voll, und die Luft konnte schlecht sein.
Das Marienblatt – sein Name deutet auf

einen uralten, noch aus der Zeit vor der
Reformation stammenden Brauch – hatte
einen wunderbaren Duft.

Schnell mußte man aber heimgehen,
wenn die Kirche aus war und ein Gewitter aufzog. „Es grommelt schonn!" sagte
man, wenn der ferne Gewitterdonner
grollte.

Daheim, vor allem nachts, legte man
beim Gewitter einen Laib Brot auf den
Tisch, ein Messer, einen Strick und eine
Kerze; das Messer, um damit das Brot
schneiden zu können (immer mit dem
Kreuzzeichen vor dem Anschnitt) und
um im Stall das Vieh abschneiden zu
können, und den Strick, um es wieder
anzubinden.

Zum Schluß noch ein besonders hübsches
Beispiel für den humorvollen Sarkasmus,
mit dem meine gute Großmutter und ihr
Volk sich über einen Angeber und Groß-
sprecher lustigmachen konnten. Man
ahmte seinen großspurigen Gang nach
und ließ ihn sprechen: „Herr, was hab'
ich, was bin ich – und was kann ich noch
werden!"

Und damit war alles gesprochen.

Robert Rößler

Der Nußboom-Krause

Ei insem Durfe im letzten Hause,
Do wohnt' a Moan und där hieß Krause;
Asu genennt in Kleen und Gruß,
Ollengen hieß a „der Krause" bluß.
Bei Vürnähm woar a, wie bei Geringe,
Halt „der Herr Krause". Gutt dam
  Dinge! –

Bestand hoat ober nischt uf Erden;
Dahie sullt's ooch noch andersch werden.
Denn's Schicksoal salber mengte sich nei:
's zug noch ee Krause eis Dörfel rei. –
Nu hieß natierlich jeder vo beeden
„Herr Krause". Wie sullt ma se
  underscheeden?

Ei insem Durfe ober die Leute
Sein nich vo gestern und nich vo heute,
Vo Tulpe sein die sicher nich,
Die schofften Roat und holfen sich.
's stand justement vor Krauses Hause,
(Vurm Hause nämlich vom irschten
  Krause),
A rechter hübscher Nußboom doa.

Der Unterschied loag uf der Hand!
Se hießen da Krause (erscht vur Spoaß
Dernoachert woar'sch nich meh doas,
Denn 's wurde ernst just aus der Flause),

Se hießen ihn halt a „Nußboom-Krause",
Und weit und breet im ganzen Land
Woard a als „Nußboom-Krause"
  bekannt. –

Der zweete Krause woar a Koofmann,
Und doas wißt ir ju: „A Koofmann
  a Loofmann."
's ihs schlimm, wenn der Mensch kee
  Glücke hoat, –
Där schluß de Bude, wurde pankroat
Und hoat sich ei 'ner finstern Nacht
Amol stockstille furtgemacht;
Nischt ließ a wie Schulden zuricke. –

Dam irschten Krause schien 's a Glicke;
A grämte sich zwoar über sen Noamen,
Sugoar die Kinder, diede koamen
Zum Summersunntige schriegen im
  Hause:
„Grüß euch Goot, Herr Nußboom-
  krause."
Doch hufft a nu uf olle Murd,
Doß ha, weil der andre Krause furt,
Da verdommten Spitznom' würde
  verlieren.
Und weil a'n länger nich wullde hieren,
Do hoat a da Boom (a woar im
  vertrackt),
Ei enner Nacht glottweg gehackt.
Schlau ducht' a, ihs erscht vurm Hause
  reen der Fleck,
Bleibt wull der Nußboom ooch vurm
  Krause weg.

152

Quorgspitzen! Ei insem Durfe die Leute
Sein eemol nich vo gestern und heute.
Die ließen sich nich necken und norrn,
Und fiffig wie sie ebenst worn,
Do hießen se da ormen Moan
(Woas sohl ich euch noch wetter soan),
Weil a obgehackt a Boom vurm Hause,
A obgehackten Nußboomkrause;
Und's Weib (nu denkt euch bluß die
 Flausen!)
Die hieß de obgehackte Nußboom-
 krausen.
Die Sühne und de Töchter gaar nicht
 minder;
De obgehackten Nußboomkrausekinder.
Asu blieb's bei Vürnähm und Geringe,
Und damiet basta. – Gutt dam Dinge!

Robert Rößler

Die Krausen

Die Krausen wullt mit ihrer Mutter
Uff Liegnitz zu am Dukter fohrn.
Doas ale Weibla hotts eim Maga,
's kunnt keene Kließla me vertraga.
 Weil's Fritzla keene Schule hotte,
 Ließ ar da beeda keene Ruh,
 Bis se doas Perschla miete noahma,
 Und sachte ging's 'm Boahnhof zu.
Zwee ganze Koarta und an holba
Verlangt die Krausen zu der Foahrt.
Der Boahner guckte schorf uff's Fritzla
Und brummte ei seen langa Bort:

„Der Junge – und noch nicht zehn
 Jahre?
Das ist ja beinah schon ein Mann!
Der muß mit ganzer Karte fahren,
Der hat ja lange Hosen an!"
„Aha!" meent's Fritzla, „'s gieht nach a
 Hoasa!
Do war i e c h euch die Koarta soarn!
Ich brauch an ganze, die Mutter an holbe,
Und die Großmutter – koan imsunste
 foahrn!" . . .

Hermann Breiter

Dar bloas merr a Hubel

Die Gusche zum singa,
is Harz zum lieba!
Mit Juchzern und Springa
ward Trübsal vertrieba.
Is rechte Woart immer,
eim Leed wie eim Trubel:
Und war nich mei Freund ies,
dar bloas merr a Hubel.

Zum Nachsprechen

Hitze hätt se, sat se, hätt se,
Kühlung braucht se, meent se,
secht se.
Ala Nala hala nee, neue Nala
haala a nee.

Ernst Schenke

Tausend Worte schlesisch

Assa, trinka, schlofa, stiehn und sitza,
sagt bei uns der Mensch, der sich nicht
ziert,
renna, lofa, liega, friern und schwitza,
das wird hier von jedermann kapiert.
Essen, trinken, schlafen, stehn und
sitzen,
ist auch in der Schläsing täglich Brauch;
rennen, laufen, liegen, friern und
schwitzen
muß der „Usinger" wie andre auch.

Wischt er die Nase sich, — so ist's die
„Noase",
läß er sich einen Zahn ziehn, ist's
„der Zoahn".
Schießt einen Hasen er, — so ist's
„der Hoase",
die Frau, das ist die „Froo", der Mann
„der Moan".

Uba, unda, haußa oder hinne
bringt der Schlesinger sein Dasein zu:
kommt er nicht heraus, so „steckt er
drinne",
„trübetimplich" ist er, — doch auch
„fruh".

„Muksch" ist er mitunter, —
„miseldrähtig",
„Eppsch" tun kann er, wenn ihn was
verdrießt,

„freindlich" kann er sein, jedoch auch
„grätig",
wenn er hustet, — „kuutzt" er, — dieses
„Biest".

Liebt er ein „Madel", nennt er sie
„Schatzla".
„Mei Schamster", sagt zu ihm das
„junge Blutt";
umhalst er sie und gibt er ihr
„a Schmatzla",
spricht leise sie zu ihm: „Iech bien derr
gutt."

Ist die Liebe dann so weit gediehen,
daß 'ne Heirat draus wird, — macht er
„Huxt",
möglichst wenn im Mai die „Beeme"
blühen,
und da wird getanzt, „geteebst",
„gejuxt".
„Kließla" gibts von frischem „weeßem
Mahle",
„Sträselkucha", Sauerkraut und „Krien".

Und „derr Bräutjam" spricht zu seiner
Braut: „Na, Ale,
is uff inser Huxt nich wunderschien?"
Doch später, da gibts „Surga monch
Gebindla",
do wird „is Köppla" schwer, „als wie a
Kerbs",
und wenn „derr Seeger" schlägt,
„is letzte Stündla"
spricht er: „Ju, ju, iech gieh jitz uff
a Sterbs."   (gekürzt)

Silesia cantat — Schlesien singt

Wenn mer sunntichs ei de Kerche gieh'n

Wenn mer sunntichs ei de Kerche giehn,
's woar immer asu, 's woar immer asu.
Bleib'n mer erscht a wing beim
   Kratschem stieh'n,
's woar immer asu, asu!
Do lon ber moancha guda Truppa
zu unse Kahle nunder huppa.
Denn mer seen joa gude Kinderla,
's woar immer asu, asu!

Schimpft uns der Pforrer ei der Prädicht
   aus,
's woar immer asu, 's woar immer asu.
Schloafen mersch eim Omte wieda aus,
's woar immer asu, asu.
Du lieber Goot machst oalles gleiche
und nimmst uns ei dei Himmelreiche,
denn mer seen joa deene Kinderla,
's woar immer asu, asu!

Wenn die Urgel 's letzte Stückla spielt,
's woar immer asu, 's woar immer asu.
Aalt und jung sich wieder dorschtich
   fiehlt,
's woar immer asu, asu.
Zum Kratscham lenk mer unsre Schriete,
v'leicht kimmt der Pforrer bisla miete.
denn mer seen joa seene Kinderla,
's woar immer asu, asu!

Wenn's uff heemzu awing wacklig gieht,
's woar immer asu, 's woar immer asu,
Weeß der Kuckuck, wo doas Käppla
   stieht!
's woar immer asu, asu!
Derheem empfängt uns die Koarline
mit 'ner bitterbiesa Miene:
Na, ihr seid mer scheene Kinderla,
's woar immer asu, asu!

Noaz Jusel und Noaz Julian

1. Noaz Jusel und Noaz Julian,
Zwee Pauern aus Skuptschine,
die goffta sich de Sunne oan
mit tummduslicha Miene
und wußta nischt, als doß doas Ding
oalltäglich übersch Bargla ging.
2. Und wenn se schien,
do woarsch halt Tag,
und schien se nich,
woarsch finster;
doch wie doas bluß su kumma mag,
doas macht a Hirngespinster.
Se duchta hie, se duchta har,
ock bluß, die Lösung woar zu schwar,
und woas se duchta, ging derquar.
3 „Nee, Jusel", meente Julian,
„mir bleebts halt doch a Wunder:
eim Murga kimmt de Sunne oan;
eim Oomde gieht se under.

Nu muß se doch zuricke kumm,
ock wie? – Doas macht mich reene
   tumm!"
4. „Nee, Julian, mit dir stieht's schlimm,
hust weder Oart no G'schicke!
Se dräht halt obends wieder im
und gieht de Nacht zerricke,
daselba Wäg, doas is gewieß:
Ma sitts ock nich, weil's finster ies!"
5. „Zerricke sull de Sunne giehn?
Nee, hier ock, Jusla, weeßt de:
doas muß Kollege Knaak verstiehn,
dar Moan is bibelfeste,
und doas gieht ieber a Verstieß:
Ma sitts ock nich, weil's finster ies!"
6. Wenn ich dernoo gesturba bien,
do kumm ich ei a Soargla.
Ma trät mich uff a Kerchhof hien,
macht uba druf a Bargla.
Da kommt ma dann ei's Paradies:
Ma sitt's ock nich, weil's finster ies!

Philo v. Walde

Doas Heemtelied

Is der Frühling do,
Blühn de Velchen bloo,
Tausend Vögel singen,
Deß de Beeme klingen,
Is der Frühling do,
Blühn de Velchen bloo,
Und de Bächel uf de Reese giehn.

O du guldne Zeit
Zengs eim Lande weit,
Ei de Heemte, Heemte möcht ich ziehn.
   Durt am Rasenplatz
   Tanzt mit ihrem Schatz
   Schmuck de Pasterfriedel.
   Wenn derklingt die Fiedel,
   Tanzt am Rasenplatz
   Schmuck mit ihrem Schatz
   Und eim Kreese alle zensgrüm stiehn.
   O du guldne Zeit
   Zengs eim Lande weit,
   Ei de Heemte, Heemte will ich ziehn.
Under'm Lindenboom
Sitzt schier wie eim Troom
Uf der Bank vu Steene
Wassermüllers Lene,
Under'm Lindenboom
Sitzt sie wie im Troom,
Starrt su eegen traurig vur sich hien.
O du guldne Zeit
Zengs eim Lande weit,
Ei de Heemte, Heemte muß ich ziehn.
   Wenn a Unglück käm
   Und mirs Leben nähm,
   Lät am Durfkirchhofe
   Mich zum letzten Schlofe,
   Wenn a Unglück käm
   Und mirs Leben nähm,
   Neben mei lieb Mutterle mich hien,
   O du guldne Zeit
   Zengs eim Lande weit,
   Ei der Heemte, Heemte schläft sich's
      schien.

157

Das Tarnowitzer Glöcklein

1. Schon wieder tönt vom Schachte her
des Glöckleins dumpfes Schallen;
laßt eilen uns, nicht säumen mehr,
zum Schachte laßt uns wallen.
Drum, Freunde, reicht die Hand zum
   Gruß,
laßt scheiden uns, weil sein es muß,
das ist des Schicksals Lauf.
Glück auf! Glück auf! Glück auf!
   Glück auf!

2. Bald fahren wir mit heit'rem Sinn
die steile Fahrt hernieder.
Ein jeder eilt zur Arbeit hin,
und alles regt sich wieder.
Man hört des Pulvers Donnerknall,
des Schlägels und des Eisens Schall,
der Hunde Räderlauf.
Glück auf! Glück auf! Glück auf!
   Glück auf!

3. Und sollte einst in ew'ger Nacht
mein letztes Stündlein schlagen,
so steh ich ja in Gottes Macht,
der hilft mir alles tragen.
Drum liebe Freunde, weinet nicht!
Den Tod nicht scheu'n, ist Bergmanns
   Pflicht.
Wir fahren zum Himmel hinauf,
Glück auf! Glück auf! Glück auf!
   Glück auf!

August Lichter

Schönes Schlesien

Schmuck und schien is ünse Schläsing,
ünse Heemte, lieb und traut,
wenn ma vo de blooa Berga
zengstrüm weit eis Land neischaut.
's is a Bild, als wie's kee Moler
mit sem Pinsel tuscha koan,
und deswegen hoot a jeder
seine eenz'ge Freude dran.

Joseph Wittig

Heim und Heimat

Mit Heim und Heimat hat es nämlich ein Geheimnis. Nicht umsonst hängt das Wort Ge-heim-nis mit dem Wort Heimat zusammen. Nur dort hat der Mensch ein Heim, wo er sein – im guten Sinne – Geheimnis hat. Nur dort ist es ihm heimlich, wo die Dinge nicht im starren toten Schweigen um ihn herumstehen, sondern es ohne alles anspricht. Wo ein heimliches Flüstern und Reden in allen Winkeln und Ecken ist. Wo alle Dinge zu erzählen beginnen. Wo sie ihn immerfort erinnern, das heißt, wo sie sein Innerstes zu neuem Leben erwecken.

*

Wo man singt, da laß dich fröhlich nieder, böse Menschen haben keine Lieder!

Vom schlesischen Himmelreich, von Baben und Mohnkließla

Spezialitäten aus der schlesischen Küche

Friedrich Bischoff

Die guten Gaben

Meiner Heimat gute Gaben:
Striezel, Streußelkuchen, Baben!
Schlesisch lecker, saftdurchkräuselt,
butterknusprig, duftumsäuselt –
ach, wie hat es uns geschmeckt ...

Kringelsorten gab es sieben,
Ostern, Pfingsten, nach Belieben.
Pfeffermänner, Anissterne
schenkte uns das Christkind gerne.
Doch das Schönste waren Klöße
von Kanonenkugelgröße
aus dem erdgewürzten Mohne,
Sankt Sylvester stets zum Lohne,
der das Jahr im Saus beschloß,
Glühpunsch in die Gläser goß ...

Schlesischer Streusel(Sträsel-)kuchen

Zu dem Hefeteig wurde nach großmüt-
terlichem Rezept auf ein Pfund Mehl ein
Viertelpfund Zucker und ein Ei, sowie
100 g Butter gerechnet. In Rum aufgequollene Rosinen, etwas Muskat, Mandeln kamen in den Hefeteig, der nach
dem Aufgehen dünn auf die Bleche auf-
gerollt wurde. Zum Streusel mengte man
feines, gesiebtes Mehl mit Zucker (etwa
200 g zu 250–350 g Mehl) und goß 250 g
kochend heiße Butter darüber. Die Masse
wurde mit den Fingerspitzen so leise und
so gründlich durcheinandergewirkt, daß
große, sich der Formung weich fügende
Streusel entstanden. Wer es liebte, würz-
te sie mit etwas Zimt oder Vanille. Sie
wurden auf den Hefeteig gestreut.

Hermann Bauch

Sträselkucha

Schläscher Kucha, Sträselkucha,
Doas ihs Kucha sapperlot,
Wie's uff Herrgotts gruußer Arde
nernt nich su woas Gudes hoot!
Wär woas noch su leckerfetzig,
Eim Geschmack ooch noch su schien,
Über schläscha Sträselkucha
Tutt halt eemol nischt nich gihn!

Woas ihs Spritz- und Äppelkucha,
Babe mit und ohne Moh?
Woas sein Krappla, Pratzeln, Torte,
Strietzel, Ee- und Zwieback o?
Nischte wie latschiges Gepomper,
Doas ma gerne läßt ei Ruh;
Doch vom schläscha Sträselkucha
Koan ma assa immerzu!

160

Dar kennt nischt vo Margarine
Und och nischt vo Sacharin;
Ehrlich tutt der schläsche Kucha
Ei a heeßa Ufa gihn.
Kimmt a raus eim Knusperkleede,
Zieht der Duft durchs ganze Haus,
Und aus olla Stubatüren
gucka weit de Noasa raus.

So a Kucha, weiß und lucker,
Doas ihs werklich anne Pracht.
Jedes Streefla zeigt Rusinka,
Doß een reen is Herze lacht.
Aus' m Sträsel quillt de Putter –
Tausend, wie das prächtig schmeckt,
Doß mer lange noch derhinger
Sich vergnügt is Maul beleckt!

Sträselkucha, dar wirkt Wunder!
Tun de Kinder Händel hoan,
Ihs verbuhst de Schwiegermutter,
Reseniert der brumm'ge Moan,
Dorf ich blußig hien zum Tische
Recht an grußa Kucha troan –
Do ihs uff der Stelle Friede:
Jeder muffelt, woas a koan!

Wiel de Müdigkeit mich packa,
Koch' ich mir an Koffee risch,
Tunk derzu meen Sträselkucha,
Und do bien ich wieder frisch.
Koan ich ei der Nacht nich schlofa,
Rück' ich mir a Taller har,
Assa sieba Streefla Kucha
Und do schlof' ich wie a Bar!

Wenn mich wird is Ahlder drücka,
Wiel ich doch nich eemol kloan,
Wenn ich bluß mit Sträselkucha
Noch menn Koffee tunka koan,
Doch possiert's, doß ich uff Kucha
Hoa kee brinkel meh Optit,
Lä ich sacht mich uff de Seite:
„Lieber Herrgoot, niem mich miet!"

Schläscher Kucha, Sträselkucha,
Doas ihs Kucha, sapperlot,
Wie's uff Herrgoots gußer Arde
Nernt nich su woas Gudes hoot!
Wär woas noch so leckerfetzig,
Eim Geschmaak ooch noch su schien,
Über schläscha Sträselkucha
Tutt halt eemol nischt nich gihn!

Babe (in Guglhupf-Form)

30–40 g Hefe, $1/4$ l Milch, 500 g Mehl,
100 g Butter, 150 g Zucker, 2 Eier, Salz,
50 g Mandeln, 100 g Rosinen, Semmelbrösel, Puderzucker
Die Hefe mit 3 Eßlöffeln lauwarmer
Milch in einer Tasse auflösen. Aus Mehl,
der zerlassenen Butter, Zucker, den Eiern,
einer Prise Salz, der restlichen lauwarmen Milch und der aufgelösten Hefe
einen Teig bereiten, zuletzt die abgezogenen, gehackten Mandeln und die gewaschenen Rosinen zufügen. Zugedeckt
an warmem Ort gehen lassen. In die mit

Fett ausgestrichene und mit Semmelbrösel bestreute Form geben, nochmals
aufgehen lassen und bei Mittelhitze bak-
ken. Noch warm stürzen, mit Puderzucker bestreuen.

Mohnstriezel

Hefeteig: 30–40 g Hefe, knapp $^1/_4$ l Milch,
500 g Mehl, 60 g Butter, 60 g Zucker,
abgeriebene Zitronenschale, 1 Ei, Salz.
Mohnfüllung: 250 g feingemahlener
Mohn, $^1/_4$ l Milch, 40 g Butter, 25 g
Mandeln, 200 g Zucker, 60 g Sultaninen,
1 Ei, Zimt, evtl. Semmelbrösel; 3 Eßlöffel
Butter; Puderzucker
Die Hefe mit 3 Eßlöffeln lauwarmer
Milch in einer Tasse auflösen. Aus Mehl,
der zerlassenen Butter, Zucker, abgerie-
bener Zitronenschale, Ei, einer Prise Salz,
der restlichen lauwarmen Milch und der
aufgelösten Hefe einen Teig bereiten.
Mit einem Tuch zudecken und an warmem Ort aufgehen lassen. – Die Mohnfüllung bereiten: Den Mohn mit ko-
chendheißer Milch übergießen, die zerlassene Butter, die abgezogenen, gehackten Mandeln, Zucker, Sultaninen, Ei und
Zimt zugeben (sollte die Masse zu weich
sein, etwas Semmelbrösel beimischen).
– Den aufgegangenen Hefeteig zu einem
Rechteck, etwa 1 cm dick, ausrollen, und

die erkaltete Mohnmasse nicht ganz bis
zum Rand auf den Hefeteig streichen,
das Ganze zusammenrollen. Den Striezel mit der Naht nach unten auf ein ge-
fettetes Blech legen, nochmals zugedeckt
gehen lassen, mit flüssiger Butter bestreichen und bei Mittelhitze etwa 1
Stunde backen. Dann nochmals mit zerlassener Butter bestreichen und mit Puderzucker bestreuen. (Mohnstriezel kann
auch – mit der Naht nach unten – in
einer gefetteten Kastenform gebacken
werden.)

Käsekuchen nach schlesischer Art

Hefeteig: 50 g Hefe, $^1/_4$ l Milch, 750 g
Mehl, 175 g Butter, 125 g Zucker, 1
Päckchen Vanillezucker, 2 Eier, Salz.
Käsemasse: 175 g Butter, 250 g Zucker,
6 Eier, $2^1/_2$ kg Quark, 1 Päckchen Va-
nillepuddingpulver, 125 g Rosinen.
Hefeteig: Die Hefe mit 3 Eßlöffeln lauwarmer Milch in einer Tasse auflösen.
Aus Mehl, 125 g zerlassener Butter, Vanillezucker, Eiern, einer Prise Salz, der
restlichen lauwarmen Milch und der aufgelösten Hefe einen Teig bereiten. Mit
einem Tuch zudecken und an warmem
Ort aufgehen lassen. Ein Kuchenblech
mit Fett ausstreichen, mit Mehl bestreuen, den Teig aufstreichen und noch-

mals zugedeckt gehen lassen. Den Rest Butter zerlassen und den Teig damit bestreichen. Mehrmals mit einer Gabel einstechen.

Käsemasse: Butter, Zucker und Eigelb schaumig rühren. Quark durch ein Sieb streichen und dazugeben. Puddingpulver zufügen. Das Eiweiß zu Schnee schlagen, die gewaschenen Rosinen zufügen und unter die Käsemasse heben. Auf den Hefeteig streichen und bei Mittelhitze backen.

Ernst Schenke

Doas Kließla-Lied

Kließla, Kließla, Leibgerichte,
Kließla, meine liebste Kust,
weeßne Kließla – weiß und lichte –,
war kennt noch woas Bessersch sust?
Jedes macht enn langa Rüssel,
jeder Mensch eim Glücke schwimmt,
wenn die gruuße Kließlaschüssel
uff a Tiesch geroatbert kimmt.

Welt, woas wärschte ohne Kließla?
Welt, wu wär' do deine Kroft?
Woas sein Flauma und Radiesla,
ohne Kucha, ohne Baba
koan derr Mensch ganz gutt bestiehn,
muuß a ohne Kließla laba,
muuß a glei zugrunde giehn!

Erdtoffelklößchen
(ein Rezept von 1812)

Reibe gekochte Erdtoffeln (= Kartoffeln, Apern, Aperna, Erdäpfel, Krumbeere, Grundbirnen) auf einem Reibeisen, thue ein Drittel Mehl dazu, mache daraus einen Teig von Eiern, geschmolzener Butter, Milch, Zitrone, Salz, Pfeffer, mache daraus runde Klößgen (Klößchen), bestreue sie außen herum mit Mehl und koche sie in einem Kasserolle mit Wasser, nimm ferner eine gute Portion Zwiebeln, schneide sie klein und brate sie mit Butter gelb, richte die Klöße auf einer Schüssel an und gieße die Butter und Zwiebeln darüber.

Rohe Kartoffelklöße
(Oberschlesien)

Roh geriebene Kartoffeln werden durch ein Sieb gepreßt, die Masse mit ein wenig Masse von gekochten Kartoffeln vermengt, Salz hinzu getan, in Salzwasser gekocht.

Kartoffelklößel
(Schlesische Klößel)

1 kg Pellkartoffeln, 250 g Mehl oder 200 g Grieß, Salz, 1 Ei, evtl. Semmelwürfel und etwas Butter.

Die gekochten, geschälten Kartoffeln stampfen oder durch die Kartoffelpresse drücken, mit Mehl oder Grieß, Salz und Ei vermischen und rasch zu einem Teig kneten, der nicht an den Händen kleben darf (sonst noch etwas Mehl oder Grieß hinzufügen). Einen Probekloß formen, ihn in Mehl wälzen und sofort in kochendes Salzwasser einlegen und auf kleiner Flamme aufgedeckt etwa 15 Minuten gar ziehen lassen. Wenn der Kloß zu weich wird, dem Teig noch etwas Mehl oder Grieß zufügen. Nun von dem Teig 4 bis 5 cm dicke Rollen formen und davon Klöße abschneiden (in Butter angeröstete Semmelwürfel können in die Mitte jedes Kloßes eingerollt werden). Vor dem Einlegen in kochendes Salzwasser jeden Kloß in Mehl wälzen. (Es muß darauf geachtet werden, daß die Klöße sofort nach der Zubereitung ins kochende Salzwasser kommen, also rechtzeitig das Wasser aufsetzen!) Wieder auf kleiner Flamme aufgedeckt etwa 15 Minuten gar ziehen lassen.

Hefeklöße

30–40 g Hefe, $\frac{1}{4}$ l Milch, 500 g Mehl, 50 g Zucker, 1 Päckchen Vanillezucker, 50 g Butter, 1 Ei, Salz.
Die Hefe mit 3 Eßlöffeln lauwarmer Milch in einer Tasse auflösen. Aus Mehl,

Zucker, Vanillezucker, zerlassener Butter, Ei, einer Prise Salz, der restlichen lauwarmen Milch und der aufgelösten Hefe einen festen Teig bereiten und schlagen, bis er Blasen wirft. Eventuell noch etwas Mehl zugeben; der Teig soll nicht an den Händen kleben. Mit einem Tuch zudecken und an warmem Ort 30 Minuten gehen lassen. Aus dem Teig etwa 10 Klöße formen, auf ein bemehltes Brett legen, zudecken und nochmals etwas aufgehen lassen. Einen breiten Topf etwa zu einem Drittel mit Wasser füllen und aufkochen. Ein Tuch, möglichst aus Mull, darüber spannen, die Klöße darauf legen, mit einer großen, umgestürzten Schüssel zudecken und über dem kochenden Wasser 10 bis 15 Minuten garen. Die Klöße vor dem Servieren mit 2 Gabeln oben leicht aufreißen, evtl. mit brauner Butter übergießen. – Pflaumenmus, Backobst, Heidelbeeren (Blaubeeren) dazu reichen.

Quarkklößchen

750 g Quark, 1 Ei, Salz, 125 g Mehl, 60 g Rosinen, 50 g zerlassene Butter, Zucker, Zimt.
Quark durch ein Sieb streichen, mit Ei, Salz, Mehl und Rosinen vermischen. Davon mit einem Teelöffel Klößchen abstechen und in kochendes Salzwasser ein-

legen. Auf kleiner Flamme etwa 15 Minuten ziehen lassen. Die abgetropften Klöße mit brauner Butter übergießen und mit Zucker und Zimt bestreuen.

Schlesisches Himmelreich (Backobst mit Klößen) I

1 l Wasser, 5 g Salz, 250–375 g Schweinefleisch, 250 g Backobst, $^1/_2$ l Wasser zum Einweichen, 30 g Zucker, Zimt oder Nelken, schlesische Kartoffelklöße oder Semmelklöße.
Das Fleisch wird fast weich gekocht, ehe das gut aufgequollene Backobst dazugegeben wird. Wenn das Fleisch gar ist, nimmt man es heraus. Die Brühe wird gut abgeschmeckt, wenn nötig, durch etwas Butter und Mehl gebunden und über das in Würfel geschnittene Fleisch und die in Salzwasser gargekochten Klöße gegeben. Kochzeit: 2 Stunden.

Schlesisches Himmelreich (nach Hanna Grandel) II

250 g Backobst, 500 g Schweinefleisch (oder Pökelfleisch), Salz, 30 g Butter, 30 g Mehl, Zucker, evtl. Zitronensaft.
Das Backobst über Nacht in $^1/_2$ l Wasser einweichen. Schweinefleisch in 1 l kochendem Salzwasser, Pökelfleisch in 1 l kaltem Wasser ohne Salz ansetzen, etwa 1 Stunde garen. Das eingeweichte Backobst zufügen, zusammen weichkochen. Aus Butter und Mehl eine Einbrenne bereiten, mit Brühe ablöschen, mit Salz, Zucker und evtl. Zitronensaft abschmekken und mit dem in Scheiben geschnittenen Fleisch und Backobst vermengen. – Schlesisches Himmelreich wird mit Semmelklößel serviert.

Karl Klings

Schläsches Himmelreich

„... und däm kimmt kä Gerichte eim ganze Lande gleich!"

Schlesische Semmelklößel

8 altbackene Semmeln, 40–50 g Butter, $^1/_4$ l Milch, 1–2 Eier, 80 g Mehl, 10 g Zwiebeln, Petersilie, Majoran gerebelt, 30 g Butter zum Bräunen.
Die Semmeln werden in kleine Würfel geschnitten und mit der feingehackten Zwiebel und Petersilie in der Butter geröstet. Man übergießt sie mit der Milch, läßt sie weich werden und gibt Eier und Mehl hinzu. Den Teig verarbeitet man zu einer geschmeidigen Masse, formt Klöße daraus und kocht sie in Salzwasser gar.

Schlesischer Schwärtelbraten

1 kg magere Schweinekeule mit Schwarte, Salz, Pfeffer, Kümmel, 1 Zwiebel, 2 Teelöffel Stärkemehl, evtl. $^{1}/_{8}$ l saure Sahne.

Das Fleisch mit Salz, Pfeffer und Kümmel einreiben, $^{1}/_{4}$ l Wasser aufkochen, das Fleisch – mit der Schwarte nach oben – hineingeben, zudecken und im mittelheißen Backrohr etwa 45 Minuten dünsten. Dann die Schwarte und die darunterliegende Fettschicht karoförmig einschneiden, Zwiebelscheiben zufügen und die Keule unter öfterem Begießen unzugedeckt im Backrohr braten. Während der letzten 15 bis 20 Minuten Bratzeit das Fleisch nicht mehr begießen, damit die Schwärtel (Schwartenstückchen) schön knusprig werden. Die Sauce mit dem angerührten Stärkemehl binden, abschmecken und evtl. saure Sahne zufügen. Das Fleisch in Scheiben schneiden und mit der Sauce anrichten.

Karpfen mit polnischer Tunke

Man koche den Karpfen: Mohrrüben, viel Zwiebeln, Petersilienwurzel, Sellerie, Gewürz, Lorbeerblatt werden in halb Wasser, halb hellem, leichtem Bier weichgekocht, auch eine dunkle Brotkruste. Man seiht es durch, tut noch etwas braunen Pfefferkuchen daran, so daß es sämig ist, gibt Zucker, Essig, Rosinen, mitunter auch Mandeln hinzu, das nötige Salz, und läßt die Karpfenstücke darin ziehen. Kleine Butterflöckchen werden obenauf gestreut.

Braunbiersuppe

1 Stück Zimt, Zitronenschale, Salz, 20 g Butter, 40 g Mehl, $^{1}/_{4}$ l Milch, $^{1}/_{2}$ l Malzbier (hell oder dunkel), 1 Eßlöffel Zucker.

$^{3}/_{8}$ l Wasser mit Zimt, Zitronenschale, Salz und Butter aufkochen. Mehl in Milch anrühren, in die kochende Flüssigkeit geben, 10 Minuten weiterkochen. Bier zugießen, erhitzen und nicht mehr kochen lassen. Mit Zucker abschmecken und Zimt und Zitronenschale herausnehmen.

Will man stattdessen die *Schlesische Warmbiersuppe*, sollte man die Mehlmenge auf 20 g reduzieren oder anstatt des Mehles 40 bis 50 g Stärkemehl verwenden.

Und wie wäre es mit einem Gläschen schlesischen Wein, Grünberger also?

Johannes Trojan

Vom Grünberger Wein

Aber der Grünberger
Ist noch viel ärger.

Laß ihn nicht deine Wahl sein!
Gegen ihn ist der Saalwein
Noch viel süßer als Zucker.
Er ist ein Wein für Mucker,
Für die schlechtesten Dichter
Und dergleichen Gelichter.
Er macht bang die Gesichter,
Blaß die Wangen; wie Rasen
So grün färbt er die Nasen.
Wer ihn trank, den durchschauert es,
Wer ihn trank, der bedauert es.
Er hat etwas so Versauertes,
Daß er sich nicht läßt mildern
Und schwer nur ist zu schildern
In Worten oder Bildern . . .
Na denn: Prosit!

Schlesische Mehlsuppe

$1/2$ l Milch, Salz, 40 g Mehl, 20 g Butter,
1 Eigelb, evtl. 1 Stück Zimt (oder Zitronenschale).
Milch mit $1/4$ l Wasser verdünnen und
mit etwas Salz zum Kochen bringen.
Mehl mit $1/4$ l kaltem Wasser anrühren
und in die kochende Flüssigkeit geben.
Nach 10 Minuten Kochzeit die Butter
dazu tun, und die Suppe mit dem verquirlten Eigelb abziehen. – Man kann
auch Zimt und Zitronenschale mitkochen.

Hanfsuppe

Der gekochte, zerquirlte und durch ein
Sieb gedrückte Hanf wird meist noch mit
etwas Hirsemehl verrührt. Die Suppe,
mit Zwiebeln, Pfefferkörnern, Salz und
Zucker gewürzt, wurde oft mit dicker
eingekochter, süßer Heidegraupe gegessen.

Alfons Hayduk

Die Speisekarte von Antek und Franzek aus Oberschlesien

Die ganze Woche lebten wir auf billig –
Montag gibt es Kälberzäh'n mit
    Schlickermilch.
Dienstag: viel Kartoffli aus dem Keller,
Flaki oder Zur im tiefen Teller!
Mittwoch etwas für die Atemlust:
Metzno Kren mit Rinderbrust.
Donnerstag gab's Schweinebraten,
Polski Klußki und im Kraut die
    Schwarten.
Freitag: Schledsch mit sehr viel Zwiebel,
Daß erlöst wir sind vom Übel.
Samstag, weil es schnell geh'n mußt ja,
Fetten Krupnio mit Kapusta.
Sonntags wurde nicht gespart:
Braten gab es, fein und zart,
Braten gab's in jedem Falle –
War's der Kokott oder nur der Krulik
    aus dem Stalla.

167

Georg A. Magiera

Der Zur

Gänsebraten is vorzieglich,
Wiener Schnitzel macht dir glicklich.
Wurscht das ist, was schon ergetzt,
Doch das Beste kommt zuletzt.
(Ibberschrift: Der Zur – Oberschlesisches Gericht)

Sur (Zur, Schur), Bergmannsessen aus Oberschlesien

In einem Topf aus Bunzlauer Porzellan-erde – dem Schurtopf – wird Schrotmehl mit einem gehäuften Kaffeelöffel Sauer-teig und lauwarmem Wasser gequirlt. Etwa eine Zehe Knoblauch mit einge-rührt, gibt dem Schur einen pikanten Geschmack. Dieses Schrotmehl muß nun in der Nähe des Ofens – jedenfalls in angewärmter Temperatur – eine Nacht gären. Am nächsten Vormittag werden in einem anderen ,Arbeitsgang' am be-sten Räucherrippchen oder anderes Rauchfleisch zu einer Brühe gekocht. Dieser Brühe wird nun das gegorene Schrotmehl beigegeben. Das Ganze wird dann mit Stampfkartoffeln, einem Stück Räucherfleisch oder einem entsprechen-den Stück Krakauer Wurst gereicht.

Mohn-Klöße (Moh-Kließla) — Ein Essen zum Heiligen Abend und zu Silvester

$^1/_2$ l Milch, 4 Eßlöffel Zucker, 5 Eßlöffel Rum, 250 g gemahlener Mohn, 40 g Sultaninen, 40 g gehackte Mandeln, 12 bis 16 Semmelscheiben oder Zwieback. $^1/_4$ l Milch zum Kochen bringen, 2 Eß-löffel Zucker zufügen und mit dem Rum über den Mohn gießen, so daß ein fester Brei entsteht. Sultaninen und Mandeln dazugeben, gut vermischen. – Die rest-liche Milch erhitzen, den Rest Zucker zufügen, Semmelscheiben oder den Zwie-back damit beträufeln. Sie müssen von der Flüssigkeit gut durchweicht sein, dürfen aber nicht zerfallen. – Mohnbrei und Semmelscheiben oder Zwieback ab-wechselnd in eine Schüssel schichten, als oberste Lage Mohn. Die ,Moh-Kließla' kalt stellen und kalt in Puddingschüsseln servieren.

✻   ✻

✻

Assa un trinka hält Leib und Seele zu-somma.
Assa un trinka is holbe Nahrung —, eim Pulscha ziehn se gar de Kinder drmite uf — und moncher labt ganz drvone.

1001 Schlesische Schimpf-, Neck-, Kose- und Fluchwörter

Aas, Aast, Oas,
    Oast
Aasmädel
Abgottel
Absatzpapperin
Achselträger
Achte
Achteklecker
Ackerkuffer
Affenaz, -noaz
Affenkopp, Offa-
    kopp
Affenschwanz
Alberzagel, -zoil
Albschwanz, Olb-
    schwanz
Allerwelter
Allerweltsluder
Aloester
Anforzer
Angniebsch, Oang-
    niebsch
Angstmolcher
Anpustel, Uon-
    pustel
Anschmierer
Antichrist, Enter-
    christ
Antreiber, Otreiber
Apanafroaß,
    -fresser
Apernaheld
Apernasack
Apernpittich

Äppelfatzke
Argarte, Oagart(e)
Ärgergeist
Ärgerkrop, Archer-
    krop, -knoten
    Oargerkropp
Ärgerpacks
Ärgerscheit
Ärmel
Armitschkla, -krla
Armling, Oarmlich
Arschkapplmostr
Arschleck
Arschluchofske
Arschtäufer
Ascherwedela
Aschwedel
Audiack
Audiat
Augendiener
    (Kuppnicker)
Augendreher
    (Schmerleffel)
Augenwischer
    (Schleimler)
Ausgebuffter
Ausgefeimter
Ausgemeckter
Ausgepuchter
Ausgewichster
Auspacklich

Babe, alte Babe
Babenatz

Babke
Bablafresser
Babusche
Babutsch
Bacharsch, -oarsch
Bachorsch
Backablästerich
Backpilz
Backratsch
Backstrieze
Bagoner
Bähaffe
Bählamm, -lemmla
Bähmemme
Balg, Bechtlich
Bäller
Bankert
Bänklasänger
Barbe
Barschte
Batze, alte Batze
Batzer
Bauernlümmel,
    Pauernlümmel
Bauernknuppe,
    Pauernknuppe
Bauernlärge,
    Pauernlärge
Bauernplatsch,
    Pauernplatsch
Bauernplumpel,
    Pauernplumpel
Bauernschickse,
    Pauernschickse

Bauerntrampel,
    Pauerntrampel
Bauerntunte,
    Pauerntunte
Bauernplempel,
    Pauernplempel
Bauernpupe,
    Pauernpupe
Bauerntruchte,
    Pauerntruchte
Bauernwachtel,
    Pauernwachtel
Baumaff', Bomoaff
Baumkroppa
Behum(p)ser
Beißer, Beißerin
Beißzahn, Beeß-
    zoahn
Bengel
Bescheißer
Beseibler
Besentier
Bettellies
Betteltiene, -tine
Bettseicher, -secher
Biegelbruder
Bierarsch, -oarsch
Bieregel, -igel
Biergratze
Bierhengst
Bierlackel, -laggel
Biermaul
Bierplamp, -plemp
Biersäuflich,

-sefflich
Biertonne
Bierwamps,
  -woamps
Bierwanst, -wanz
Bierziche
Bierzutsche
Biest
Bisse
Blasengel
Blästerback
Blecharsch, -oarsch
Bliezel
Blislich
Blödel, Blödian,
  Blödist
Blödling
Blödock
Blöö
Boba, Bobä,
  Bobaak
Bobbelfritze
Bobelsack
Boddel
Böhmacke,
  Biehmake
Bohmann, Booma
Bohnenstange
Bojatz, Boiatz
Bolloch, Bollacke
Bomm(e)
Bostnickel
Borschtajippel
Borschtwisch
Boschake, oarmer
  Boschake
Böschte
Boßiger
Bosthake, Buust-
  haacka
Bosthammel,

Buusthammel
Bostknechel,
  Bustknechl
Bostknoten,
  Buustknoata
Bostkopf,
  Buustkoap
Bostnickel,
  Buustneckel
Bostöchsla,
  Bustöchsla
Bostschädel,
  Bußtschadel
Bötschel, Bärtschel
Brachel
Brammeisen
Brammel
Brämmler
Brasselfatz
Brausepeter
Bremsetrompeter
Brummarsch,
  -oarsch
Brummbär, -sack
Brummbart
Brummel,
  Brümmer
Brummhannes,
  -kater
Brummkopf, ahler
  Brummkupp
Brummliese, -sack,
  -saak
Brummschädel
Brummsumsel
Brutsch
Bruttellies
Büffelochse,
  Püffel-Oachs
Büffich
Buitl, Botla

Bullache, Bollache
Bulle
Bullerjan
Bullerkopf, -kupp
Bummfiedler
Bummelsack, -saak
Bummer, Pommer
Bummlatschke
Bummler
Bumstich
Bünkel
Bunschlog
Busch-Eule,
  Puusch-Eule
Busch-Kerl,
  Puusch-Koarl
Buttling, Buttlich
Butz
Bux
Buzelmann
Buzling, Buzlich

Dämel, Demel,
  Damel
Damelarsch,
  Damelosch,
  -oarsch
Dämelsack,
  Dämlack
Damian
Dämlack, Dämlak
Dämmellack,
  Dehmellack
Darm, Därmlich
Datterch
Depp
Dechtliese, du alte
  Techtlise
Dichtsack, Techt-
  saak
Dickflaps

Dickhäuter
Dickkopp, Deck-
  kopp
Dickmoppel, -mops
Dickmulps
Dicknüschel
Dickpoppel, -popel
Dickprumms
Dickschädel
Dickwams, -wanz
Diebsscharulle
Dieselpriem
Dlutsche
Dodel, Dodl
Domingo
Donnerbesen,
  Dunnerbes'n
Donnersack,
  Dunn'rsack
Donnerschädel,
  Dunn'rschädel
Dorfgansla, Dorf-
  gänsla
Dorftrottel, Durf-
  trottel
Dorgsel, Dergel
Dörre, Dorre
Dorschte
Dorzel
Döskopp, Tees-
  kupp
Dragoner,
  Traggoner
Drämel, Dreemel,
  Dremmel
Drämelkerl
Drämer, Dremer,
  Drömer
Dräschnuch
Dreckamstel, Dräk-
  omstel

Dreckbär
Dreckbartl, -battel
Dreckbatzen,
  -biene, -büchse,
  -bürste, -ferkel,
  -feze, -fink,
  -fleck, -flag,
  -fresser, -ham-
  mel, -luder,
  -maul, -mist
  (Draikmäst),
  -musch (Dräck-
  musch), -peter,
  -pudel, -sack,
  -sau, -schwalbe,
  -schwolme,
  -schwarte,
  -schworte,
  -schwein, -kerl
Dreckskerl, -kopf
Dreckspatz, -stück
Dreharsch, -oarsch
Drehlade, Dräih-
  laude
Drehndich
Drehner, Drähner
Drehnersack,
  Drähnersack
Drehniger,
  Dräniger
Drehnickel
Drehschemel
Drehsimma
Drehstrumpf
Dreiachsler
Dreihucker,
° -hukker
Dreiocker
Drehlode, Drelode
Dritschel
Drodelarsch,

-oarsch
Drolle, Trulle,
  Trulla
Dromme
Droosel, Troosl
Drosselsack,
  Drooslsaak
Droosel-Simma
Droosler
Drückfüllsel,
  Drockfüllsel
Drummel,
  Drumpel
Druschka, Drusche
Druschall
Dukatenscheißer
Dummbach,
  Tummbach
Dummdorf,
  Tummdorf
Dummdusel,
  Tummdusel
Dummerjan, -jahn
Dummian,
  Tummian
Dummlack, Tumm-
  lack
Dümmlich, Timm-
  lich, Timplich
Dunstkopf
Duppa
Dürrbein, -beindel
Dürrfilz, Deerfilz
Dürrfiez, Derrfistla
Dürrländer, Dörr-
  länder
Dürrspecht
Duseltier, Tuseltier
Dusetimplich,
  Tusetimplich
Dussel, ahler

Dussel

Ecksteppel
Edun
Einsenrich E(e)sen-
  rich
Eintiederlich
Eisenbeißer
Ekelgans, Egelgans
Entenarsch, -oarsch
Epelpaket
Eselsfresser
(= Schlesier)
Essigtoop
Eßla

Fagoot
Färzeljürge
Faschelfritze
Faselarsch, -oarsch
Faselbär
Faselfritze, -gritte,
  -hannes, -kopf,
  -sack, -strippe,
  -titte
Fässelreiter
Fatkebruder
Fatzke
Fatzknoota
Fäuling, Fäulich
Federleser
Feger
Feingefiehlich
Ferbummlich, Ver-
  bummlich
Ferrbuttlich, Ver-
  buttlich
Ferjuchtler, Ver-
  juchtler
Fettel, Vettel
Fettkulle

Fettmade, -moppel,
  -nappel, -sack,
  -schwappe,
  -wampe,
  -wo(a)mpe,
  -wams,
  -wo(a)ms,
  -wanst, -wanstla
Fetzl
Ficke, die aale Ficke
Fiete, Viete
Fietschegockel
Fietzefotzel,
  Vietzefotzel
Figlarsch, Fig-
  oarsch, -orsch
Filu, Filou
Firks
Fitsch
Fitschikokel
Flabbe
Flamsch
Flänser
Flaps, Flapse,
  Floapse
Flärrjulle, -liese,
  -mäste, -näse,
  -näste, -puppe,
  -sack, -suse,
  -zeker
Flasterwanze
Flätsch
Flatterich
Flausanorr
Fläz
Flegel
Fleink
Flenne-Balzer
Flenn-Eule
Flennfatz, -futze,
  -jokala, -liese,

171

-michel, -suse,
-tante, -tunte
Flennrich
Fletschlich
Flietscher
Flischla
Flohhenne
Florre
Flotsch
Flotter
Flotz
Fludrian
Flutsch
Flutschliese, -meste
Foderlomp
Fotze
Fratsche, Frotsche
Fratz, Frotze
Frau
Freßpantsch (Gier-
schlung)
Frieslaschke, Fries-
latschker
Früchtel (Kräutel)
Frühlochs
Fruzel
Fumfeif
Fummel
Fummelduse, -liese
Fummler
Funkus
Furchenlatscher
Furchenscheißer
Furzkopp
Futzlich

Gacksich
Gaffer
Gaffran
Gähnaffe, Gänoffe
Gakaaz

Gakbär, Gakbier
Gake, ale Gaake
Gakelhans, -lise,
-lille, -witz
Gäker
Gakersack,
Goakersoack
Gäkfutze
Gäklich
Gäkliese
Gakrich
Gaksack, Gacksack
Gaksch, Goksch
Galgan
Galgengeschtinkel
Galgenhund,
Golgahund
Gallertjürgel
Gallzeppel
Gamel, Gaamel
Gamelowske
Gamelsack
Gamerfotze
Gamerich
Gamerliese, -sack
Gamprich,
Gamrlich
Ganerich
Ganneff
Gappel
Garsthammel
Gattschliche
Gaunrich
Gawermatschlich
Gäze, alberne Gäze
Geckoas
Geckel, Geggel
Geipla
Geistel
Geizhammel,
-kroaga,

-kroappa, -stie-
fel, -teiwel,
-wanst
Gempel
Gerbsch
Gerglich
Geesche
Geschmäke
Glagel
Glamel
Glatzer Naazla
Gloatzer Noazla
Glauderlich
Glimmseffe
Glupschauge,
Glubsooge
Glupschkopf
Gnärglich
Gnatschmeste
Gnatze
Gnatzkopf
Gniche
Gnietschsack
Gnieskes, Gniskes
Gobfilz
Gobsch
Gochgans
Gockerhex
Godderlotsch
Gohme
Gokelmann,
-mannla
Gokelsack, Goakel-
saak
Gokerlich
Gokermäste
Gokerotsch
Gokersack, Gocker-
saak
Gölpel
Gonkelmännel

Gopsch
Gör
Gorkser
Gorr
Gote
Gootrich
Gotterlotsch
Grabald
Grabla
Gragerlik
Grallawatsch
Grallegratsch
Gramarsch, Grom-
oarsch
Gramhals
Grammel
Grammelsack
Grämmler
Grampelputzer
Grängler, Grängel
Grapscher
Grärlich
Grassel
Gratschkopf, -sack,
-liese, -michel,
-peter
Grinselkopf
Grippschel
Griwatsch
Grobelnik
Grölzer
Groschegransa
Grunzer, Gronzer
Grunzmichel
Grupsch
Gruselkopf
Gulkes
Gummel
Gummwetrich
Gundel, alt Gundel
Gunke, Gunkes

Gurgelwurps

Habernitza
Hachane
Hachar
Hachel
Hachrich
Hachusbachus
Haderhotscher
Haderkatze
Haderlump,
  Hoaderlump
Haderpittich
Hagelskerl,
  Hoagelskerl
Hahnejockel,
  Hoahnerjokel
Hahnepampel
Hajar
Häke
Haksch, Hoksch
Haldrian
Hallawach, -wachl
Hallodri
Hallot
Hämbichlich
Hämiak
Hammel
Hampelpampel
Hämsch
Hamschel
Hanake
Händelfloh, -fluh
Händelluder,
  -macher, -sack,
  -teufel, -teifel,
  -ziege
Hängearsch.
  -oarsch
Hannefatzke
Hanschker,

Hänschker
Hansepampel,
  Hoansepampel
Hansepampelusche
Hanspoch, -tarps,
  -taps
Happernatsch
Haschel
Haschpel
Hässel
Hatschekendla
Heimticker
Hemiak
Hemschala
Herduas
Hernseschadel
Herzaschadel
Heul-Aff
Heularsch, -oarsch,
  -liese, -meier,
  -memme,
  -michel, -peter,
  -rose
Heulsmeste
Heultitte
Heul-Ochs
Hickerhoan
Hillerkrippl
Himpel, Himperle
Himperliese,
  -michel, -suse
Hinkeperz
Hodohudu
Hoksch
Holo
Holschlunke
Holzaxt, Hulzaxt
Holzklotz, -kopf
Hoppek
Hosenkacker,
  -klecker,

-matschler,
-orcher, -pauker,
-pisser
Hosaseecher,
  -trumpeter
Hudler
Hühneralp,
  Hinnrolp
Hühnerarsch,
  Hinnroarsch
Hühnerfatz,
  Hinnrfatz
Hühnerplinz,
  Hinnrplinz
Hullrig
Hultay
Hummelziege
Hundaas, -lerge,
  -drulle
Hundsfott
Hungerdarm,
  -doarm
Hungerlappen
Hupptatrusch
Hurkerl
Huschaweidl
Huschebock
Hutschpudel
Hutzlich
Huzel
Huzkatrine

Igelfresser
Ingerla
Irrwisch
Isegrimm

Jäckel, alter Jäckel
Jagdbengel, Joit-
  bengel
Jammerjette,

-lappen, -sack,
-saak
Jätsche
Jauergesindel
Jeschlich
Jeschsoak
Jeslatante
Jettel
Jokel, Jokala
Juchta
Juchtel
Juchten-Weib
Juchterliese
Jule
Jungafiez
Jürge, Jürgla
Jutte

Kadsche
Kaffeelutsche
Kaffer
Kake, Gake, Goke,
  Goake
Kalb Moses
Kalk-Eule, Kalg-
  Aile
Kalle
Kampel
Kandelbock, -buck,
  Kudelbock
Karl, Koarl, Kerl
Karlusch
Kanallje
Karnöffel, -nuffel
Karnuffelskopf
Karnutje
Kartoffelwampe,
  -woampe
Karutze
Kasche
Kaschper

Katerfrietze
Katschperliese,
  Koatschperlies
Katzenaas, -ast
Katzfatz
Katzla
Katzpeckra
Kauke, säcksche
  Kauke, biehm-
  sche Kauke
Kaularsch, Kaul-
  oarsch
Keife, Keifze
Kekjer
Kellersack
Kerl, Kerlsla
Kib
Kifitze
Kikrille
Kilstermichel
Kindschkarl
Kistawichtig,
  Kistawichtich
Klabastel
Klabatschke,
  Klabatschker
Klabs
Klachel
Klacke
Klackenliese
Klackerache, -oache
Klackerhans, -liese,
  -weib
Klaffersäckel
Klaffe, Klaffter
Klagehammala
Klajo
Klammgelaß
Klankersack
Klapatschke
Klapidudek

Klapperbab, -latte,
  -liese, -tasche
Klappiduda,
  Klappidudek
Klater
Klatschfutze,
  -gusche, -liese,
  -memme,
  -pastete, -base,
  -suse, -trine,
  -weib
Klätzel
Klauster
Klecke
Kleidertocke
Klensler
Kleppadrecker
Klößelfresser,
  Kließlafresser,
  Kließafresser
Klotzkopf
Kluffma
Klugsack, Kluck-
  säckla
Klugscheißer,
  -schieber,
  -schnacker,
  -schnauzer
Klunkerbock, -ling,
  -liese, -sack
Klunte
Knärgelarsch,
  -oarsch, -sack
Knarrsack
Knärschel
Knaster
Knatsack
Knautersack
Knergler
Kneesersack
Knickersack,

Knieckersack
Knörgelfritze
Knörgler
Knorpelbruder
Knorps
Knote, Knöta
Knudel
Knupper
Knurrbock, -hahn,
  -kopp, -sack
Knurpian
Knutschmemme,
  -meste, -sack
Kokaluder
Kollersack
Korinthenkacker
Köttelmarin
Krabatt, -batzke
Krachete
Krachudel
Krachunze
Krakelkopf
Krääsamt, Krääs-
  omt
Krawallschachtel
Krichilster
Kriepel
Krietschel
Kriwatsch
Kroke
Kromersack
Kronoster
Kropp, Krop, de
  aale Kroop
Kropfaas, Kropf-
  igel
Krummstiefel
Krunla
Krutzer
Kuddelbock, -bär,
  -kopf, -sack

Kuffsack
Kuhfotze, Küh-
  fotze
Kuhfotzbauer,
  Kühfotzpauer
Kuhleder
Kuhpläkepauer
Kuhjohn
Kuke
Kümmeltürke,
  Kimmeltirke
Kuttelmarie
Kwarchelsook
Kwasselkopp
Kwatscher
Kwatschfinke,
  -gaake, -gans,
  -goote, -hans,
  -henne, -jürge,
  -kopf, -lieb.
  -liese, -lotte.
  -luder, -macher,
  -mäse, -mäste,
  -maul, -michel,
  -sack, -suse,
  -tante, -tasche,
  -topf, -tüte,
  -weib, -ziege
Kwoatfutze
Kwengler, Quäng-
  ler
Kwerdelkopf, -sack
Kwergelkopf, -sack
Kwerkopf (Quer-
  kopf)
Kwintipse, Quin-
  tipse
Kwiregel, Quiregel

Laban, langer
Laban

Labander, Labanda
Labenschel
Laberaffe, -arsch,
  -ente, -fritze,
  -fotze, -gake,
  -gustel, -hannes,
  -jürge, -jirge,
  -jule, -kerle,
  -liese, -michel,
  -sack, -suse,
  -tante, -tasch(e),
  -triene, -titte,
  -ziege
Laberer
Lackaff, Lack-
  oaff(e)
Lackel
Ladel
Lahmoarsch
Lähmgeige
Lahmsch
Laake, Lake, Lakes
Lallää
Lallaband
Lallpuh
Lahmatsch
Lahmeck, Lameck
Lämpersack
Langewitsch
Langines
Langstürdel
Lanich
Lanschel
Lape, Lapp, Lapp-
  arsch
Lappel
Laps, Labs, Labbes,
  Lappes
Lapssack, Lappsack
Lapschwanz
Larbersack

Lärge, Lerge
Larkersack
Larwersack
Laschake
Laske
Lasterband, -darm,
  -gans, -knecht
Latrich
Latsch, Laotsch,
  Loatsch
Lätschel
Latschgritte
Latschkrappe,
  -liese
Lauser, Lausert
Lawatsch
Lebel
Leduche, Leiducha
Lehdichhar,
  Lahdichhar
Lellerich
Lems, der gruße
  Lems
Lenkaläffel
Lerge, Large,
  Lärge, Lerche,
  Lerke, Lergenau
  = Breslau
Leschake
Letschel
Leubel
Liederjan, Lidrian
Liederlack, -latz
Liedrichjahn
Lillatsch, Lullatsch
Lillepopps
Linkerpotsch
Linksgratsche,
  -platsch, -tatsch,
  -tratsch
Lodrian

Lorbas
Lorbeerarsch,
  -oarsch, -miesel,
  -sack, -tette
Lorwelsack
Löschma, Loschma
Loske
Loster
Lotschbarbe
Lotscherich, Lotsch-
  teppa, Lotsch-
  tepper
Lotschkroppen
Lottel
Luder, Luderbein
Luderla, Luderlorz,
  Ludermentsch,
  -mensch, -stück,
  -vieh
Ludrian
Luffe
Lügenpeter,
  -plenne, -sack,
  -schippel, -wänze
Lukser, Lukscher
Lulatsch, Lullatsch
Lulleboddel
Lullefriede
Lulleputte
Lullerarsch, -oarsch
Lümmel
Luntergote
Lurbas
Lurks
Lurksack
Lurz
Lusche

Machsachte
Mährliese, -michel,

-peter, -pittich,
-sack, -plänte,
-suse, -tante,
-tasche
Märarsch, -oarsch
Marberber
Märente, -fotze,
  -gans
Märgelle
Märgeorg, -gote,
  -gotel, -greis,
  -hans, -haus
Marjella, Margelle
Markitschket
Märkopf
Markssack
Märmäste, -meste,
  -michel
Maremsel
Marras
Märsack
Märtrine
Marunke
Maruschka
Marweib
Maschine
Mätsch
Matschek, Matsch-
  kulla
Matzlik
Maulaff
Meckafenga
Meckerarsch,
  -oarsch, -bock,
  -fotze, -fritz,
  -hans, -sack,
  -ziege
Memme
Memmfotze,
  Memmfutze
Merge, Mergel

Meste
Metze
Miche
Mieselpriem,
  -pampel, -peter,
  -timpel
Miezel
Mischpoke
Mistbär, Mistbar,
  Mestbär
Mistbitt, -bittich,
  -bube, -fink,
  -henne, -kerl,
  -kroppe,
  -mensch, -sau,
  -stück
Mochel
Modegigel, Mode-
  togge
Mooh
Mohloh
Mohnbabe, -fatzke,
  -ficker, -fertzel,
  -fotze, -gatel,
  -gimpel, -goten,
  -kalb, -mann,
  -michel, -möse,
  -mulle, -tüte
Molcher
Molkendieb
Mollenfriedhof
Molpes
Momus
Mondkicker, -kalb,
  -kopf
Moppe, Moppel
Mops, Mopsla,
  Mups
Mopsgusche
Mora
Morbock, Murr-

bock
Morchel
Morrezääl
Motzfotze
Mousanze
Mox
Muchel
Muckadunner
Muckas
Muckakupp
Muckenpittrich,
  -trulle
Mucker
Muckschädel
Muckscher
Mucksteppel
Mudelarsch,
  -oarsch
Mudelliese
Mudelsack
Muffel, Muffel-
  kopp
Muffer, Muffler
Mulch
Muldon
Mulls
Mulps
Mummel
Mummelack, -sack,
  -lack
Mups
Muras
Murchel
Murkser
Murmelsack
Murrbock
Murre
Murrfatz, -fotz,
  -jahn, -kopp,
  -mätz, -peter,
  -sack, -ursel,

-wagel, -wätz,
  -wenzel, -patz
Murschel
Muschel
Musebock
Muz

Nachtfunze, -jacke,
  -ranzer
Nackarsch,
  -oarschla
Nafke
Nandel
Nappleinspieler
Nargelgote
Narrefanz, Nerre-
  fenz
Narrenluder,
  -stück, -hans
Naschgusche, -liese
Nasewatz
Natschbock
Natsche, Natscher
Natschermaul
Natschkaline, -kerl,
  -kopf, -liese,
  -mäste, -memme,
  -peter, -sack,
  -titte, -trine,
  -tunte
Natzla, Naazla
Naudel
Neckerhans, -jahn,
  -sack
Nepper
Nieselpriem
Nischdegutt
Nisselsisser
Nöhlack
Nöhlhans, -peter,
  -sack, -suse,

-tasche
Nörgelfritze, -sack
Nudelgloge
Nulpe
Nultocke
Nurkelsack
Nuschelfritze, -sack

Ochsenfurz, -kopp
Olosta
Otzmichel

Paches
Pachonjer
Pachower
Pachulke
Pachus
Packslaträger
Päker
Päcksack
Paluschtrich
Pampe, Pampel
Pampeluse
Pamper
Pampersack
Pamuchel,
  Pamuffel
Papersack, Papper-
  sack
Paslack
Patschloolak
Pechnaz, Pechsack
Peftin
Pempel
Penaz
Pensel
Petzka
Peudewetzel
Peuheu
Pflasterscheißer
Pforz

Picks
Piepel
Pieron, Piron,
   Pierun, Pierunje
Pieseltopf
Piesepampel,
   -pimpel, -topf
Piffel
Pimpel
Pimpelfritz, -gritte,
   -hannes, -jörge,
   -karl, -kopf,
   -liese, -meier,
   -sack, -suse,
   -tante
Pimperliese
Pimplich
Pinkel
Pinsel
Pissack
Pladerotz
Pläksack
Plapperarsch,
   -oarsch, -fritz,
   -gröschla,
   -gusche, -hans,
   -käte, -latte,
   -lotze, -mäste,
   -sack, -tasche,
   -votze
Plärrguste, -liese,
   -suse, -wanst
Platsche
Plauze
Plempel
Plente
Plerke
Plerre
Plimpel
Plöpel
Ploppejerge

Ploppsack
Plotsch
Plumbutsch
Plumpsack
Plune
Pojatz
Pomuchel, Pomuf-
   fel, Pomuffel-
   kopp
Pomuschlo
Ponschsack
Popel, Pöpel
Popelaffe, -arsch,
   -mann
Poppsack
Popsteffel
Pottekopf
Powidelböhm,
   Powidelbiehm
Powtrulle
Prackse
Prellgusche
Prutsche, Prut-
   scher, Prutschker
Puffel
Puhsch-Eil, Pusch-
   Ail
Pukel
Pumuffel, Pum-
   muffel
Punze
Puper
Pusch-Kerl-
   Puhsch-Kerl
Pusch-Olp
Putzel

Rabastel
Rabauke
Rabaustel
Rabenaas, -oas

Raben-Eul(e)
Rabeule
Raboster
Rabulasterkopf
Rabunzel
Rabusch
Rabutzel
Racker
Radiesel
Raft, Raaft
Räkel
Ranserliese
Rappeltälsch
Rapunzel
Raseband, Roase-
   band
Raspelliese
Reckarsch, -oarsch
Rehrose
Reihback, Reiback,
   Reibach
Reupel
Riepel
Riesenlabander
Rils Fils
Romme, Rombell
Rongul, Runkun-
   kel
Rontsche
Rotzjunge, -kilb,
   -kauke, -liesel,
   -löffel, -nickel,
   -perschtel,
   -popel, -tasche,
   -tonne
Rülpe
Rülps
Rülz
Rumpa, Rumpanz,
   Rumpass
Runks

Runkunkel
Rüpel
Ruschabock
Ruschel
Ruschelwähn
Ruschewedel
Ruschke
Ruse, Rusel

Saatkräh(e)
Sabbelliese
Sabberbart, -maul,
   -michel
Saberlatsch
Sackermentskerl
Saftgote
Samgake, Sam-
   gaake
Sapperlotsmadla
Satansdrache
Sauarsch, -aas,
   -beutel, -bärbel,
   -bärtel, -därm,
   -darre, -gote,
   -kopp, -pittich,
   -wanze, -igel,
   -kerl, -leder,
   -luder, -magen,
   -määrta, -pelz,
   -pepel, -platze,
   -ringel, -stück
Schacheinerliese
Schakete
Schalaster
Schandgusche,
   -kerl, -lappen,
   -maul, -nickel,
   -schnauze
Scharbaster
Scharke
Scharteke

Schaule
Scheeche
Scheibenlecker
Scheißerich
Scheißkerl, -matz
Scherga
Schetlich
Scheusal
Schoißlich
Schickse
Schikel
Schimpfaus
Schindaas
Schindluder
Schißhase
Schissikus
Schißtrine
Schkandare
Schlabaster
Schlabberhans,
    -maul, -michel
Schlabrinka
Schlacks
Schlafmichel,
    -mütze, -ratz,
    -sack
Schlaks
Schlamieser
Schlammfang
Schlampe, Schlam-
    per, Schlampsack
Schlamüser
Schlangbammel
Schlankel
Schlapp
Schlappsack
Schlappskrest
Schlarks
Schlawacke
Schlawiner
Schlawonier

Schlenkerbalg
Schlenkerich
Schlenkersack
Schlenkrian
Schleppsack
Schlergs
Schleuderliese
Schliffel
Schlinkschlank
Schlitzdragoner
Schlitzohr
Schlodrian
Schlöffel
Schlom
Schlonchter
Schlonsack
Schlorfsack
Schlorks
Schlorpe
Schlorps
Schlot
Schlottming
Schluder, -weib
Schluffe, Schlüffel,
    Schluffen,
    Schluffer
Schlufflich
Schlumpe, Schlum-
    per
Schlumpergritte,
    -käte, -miche,
    -sack
Schlunkerlich
Schlunt
Schlunze
Schlurch
Schluz
Schmarkotsch
Schmierfatzke,
    -jockel, -katze,
    -lapp, -michel,

-peter, -tiegel
Schmierlich
Schmodder
Schmöderkath
Schmorake
Schmotasch
Schmotzhannes
Schmuddelhans,
    -peter
Schmudelfink,
    -liese, -trine
Schmudlian
Schmutzbartel
Schmutzfutze
Schnakenmacher,
    Schnokamacher
Schnaközel
Schnarrpfeile
Schnauzer
Schnedlich
Schnösel
Scholaster
Schöpschristel
Schossenmacher,
    -narr, -reißer
Schranz
Schreckeul(e),
    -schraube
Schreihals, -kragen,
    -sack
Schrulle
Schrumpel
Schubiak
Schuffmatone
Schummel
Schürzenbruder,
    -hengst
Schuschack
Schusel, Schussel
Schuuß
Schusselbock,

-fritz, -peter
Schusserkupp
Schwachmatikus
Schwafelsweib
Schwappermäsate
Schwappermaul
Schwapps
Schweinlatreiber
Schwernotsgusche,
    -schnauze
Schwertschnauze
Schwittjee
Schwodersack
Schwofkopp
Schwopp
Schwuchtel
Schwuchterkarle,
    -liese
Schwuder
Schwudergritte,
    -liese, -sack,
    -weib
Schwüstel
Schwutzgusche,
    -sack
Sehn'rgusche
Sehnziege
Seichbüchse, Seich-
    bixe
Selbersich, Salber-
    sich
Serdel
Simpel, Sempel
Softakorle
Sonsermetze
Sotsche
Spadefantel,
    Spanefantel
Spanifantel,
    Sparefantel
Spaßefantel,

Spassettelmacher
Spatefantel
Spautmacher
Speikmacher
Spellenlutsche
Sperrefantel
Sperrgusche
Spieluch, Spielun-
  kes
Spirlefips
Spirtes
Spritzbüchse
Spritzla
Stachansker
Stadtfatzle, -frack,
  -fritze, -gake,
  -klecker, -klun-
  ker, -lerge, -lum-
  pen, -prise,
  -priezeln, -wopse
Stallpomeranze
Stänker
Stänkerbiene, -koz,
  -sack
Staterklecker
Sternaas
Stiesel, Stieslich
Stillmucker
Stinkadores
Stinkbock
Stoff, Stoffel
Stolprian
Strabanzer, Stra-
  pantzer
Strawanzer
Streithammel
Striesel, Striezel,
  Strietzel
Strotzkopf,
  Schtrutzkupp
Strunze

Strötz, Strutzer,
  Strutzkopf
Strützel
Stubalallups
Stumpe
Stussel
Suffkupp
Susanna

Täbscher
Taiwelzujoaga
Talgsack
Talk, Talke
Tallsack
Tälscher
Talsimma
Tamische,
  Tamischmatz
Taml
Tamsch
Tamterlamp
Tanterlan
Tannaff, Tannoffel
Taper, Tapper
Taperarsch,
  -oarsch
Tapergote, -greis,
  -gritte, -hannes,
  -kuk, -latsch,
  -liese, -mann,
  -meste, -michel,
  -nickel, -sack,
  -schürze, -seele
Tapert
Täpperarsch,
  -oarsch
Täppertäwitzer
Tapps
Tappsack
Taprich
Taps, Tapse

Tarsack, Tarsak
Tasch, Tätsch
Tathurn
Tatlape
Tatsch
Tattersack
Tättharn
Tattrich
Taugenichts
Teekessel
Teigaffe, -man-
  scher, -memme
Teixel
Tekla
Tekschma
Tepper, Tepper-
  sack
Teeskupp
Teufelskerl, -jirge,
  Taifelskerl,
  Taifelsweib
Timpel
Timpelfritze, -jirge,
  -krähe
Tintemüller
Tirschel
Tisterle, Tisterlich
Titte, aale Titte
Toffhans, -sack
Tolk, Tolke
Tolkersack, -mäste
Tolks
Tolksack
Tolle
Tollfotze, -meste,
  -sack, -patsch
Tolpatsch
Tolpe, Tolps,
  Tölpel
Tompeterlomp,
  Tompterlomp

Tomsterlomm
Tooft
Torkelsack
Tosterich
Totsch, Tootsch
Toule
Trabisch, Troabisch
Trache
Trampel
Trampelliese, -tier,
  -vieh
Trammterlamm
Tranfunzel,
  -lampe, -liese,
  -tunte, -tuntich,
  -tute
Trapsch
Tratsche, Tratsche-
  rin
Tratschguste,
  -kaliene, -liese,
  -sack, -suse,
  -weib
Trauerklößel,
  Trauerkließel,
  Trauerkließla
Traumtütte
Trempel
Triene
Triesterla
Trilpatrolp
Trilps
Trippstrill
Trithar
Tritschker, Trit-
  scher
Trödelhans
Trolle
Trolps
Tromba
Tromms

179

Trompeter, Trompeterle
Trumptrlomp
Trübetümpel
Truchtel
Trull, Trulla, Trullulu
Trumkerle
Trunte
Truschel
Trutsch, Trutschke
Tschampe
Tschappel, Tschapper
Tschesche
Ttschetsche
Tschippe
Tschompe
Tschunke, Tschunkerle
Tuffe
Tulch
Tuleja
Tultsch
Tunte, Tuntel
Tumerich
Tunterlunte, Tuntersack
Tuseltier
Tuuslabaabe
Tüte, Tütte, Titte

Unflat, Unfläter
Ungut
Unke
Urschkatrine
Usinger = Schläsinger, Schlesinger, Schlesier

V siehe F

Wachtel
Wachtelarsch, -oarsch
Wakoliene
Walloner
Wampas
Wampe
Wampendoms, -hans, -posener
Wamperla
Wasche
Wasserpolack, -pollack
Watschweib
Wätzel
Webs
Weib
Weibsen
Weichselbalg, Weichselbolg
Weinel
Weißbild, Weibsbild
Werkmörge
Wetsch
Wetzabär
Wezel
Wöps
Wotschgaake
Wuchtel
Wuntsok
Wurschtelsack
Wurstsack
Wutpinkel
Wutzel

Zaaka
Zammel

Zankapfel, -besen, -bruder, -bock, -drachen, -eisen,
Zänker, -bock, -geist, -haken, -katze, -lippe, -luder
Zänkneckel
Zankprikich
Zanksack, -steppel
Zankteln
Zankteufel, -tippe
Zänkwams
Zapp
Zappelfritz, -heinrich, -jürgen, -mann, -philipp, -sack, -tante
Zarnpinkel
Zarrsack
Zassel
Zatsche
Zatzke
Zauche
Zauchtel
Zauke
Zaulebock
Zaunpinkel
Zausel
Zauselbär, -kopf
Zebedäus
Zeberle
Zegunke
Zeichmaddra
Zelke
Zeloter, Zeloterkopf
Zenkgeist, -haken
Zerrafleck, Zerrbock

Zerrenfleck, Zerflacht
Zerrfleck, -hans, -liese, -nickel, -sack, -tasche, -teufel
Zesale, Zessla
Zeterbock, -bube, -junge, -kröte, -mädel
Zeughocker
Zibbe, Zicke
Zieraffe, Zieroppl
Ziffe
Zigoinker, Zigonka
Zilla
Ziloter, Ziloterbock
Zimbersch
Zimperliese
Zobel, Zoik
Zolke, Zulke, Zolker
Zolkerbäcke, -baar, -bart, -bast, -besen, -bock, -mäste, -sack
Zompel, Zorkel
Zornbock, -nickel, -pinkel, -schippel
Zottebock
Zottelbär, -besen, -kopf
Zudel, Zudelbock
Zulterbock
Zumpelarsch, -oarsch, -jette, -liese
Zutzel
Zwirnbock

Literaturhinweis

Schlesien — lexikalisch

F. A. Brockhaus, Schlesien — lexikalisch (1886). Aus: Brockhaus' Conversations-Lexikon, Allgemeine deutsche Real-Encyklopädie, 13. vollständig umgearbeitete Auflage, 14. Band Rußland-Spahis, Leipzig 1886

F. A. Brockhaus, Schlesien — lexikalisch (1956). Aus: Der große Brockhaus, 16. völlig neubearbeitete Auflage in 12 Bänden, 10. Band Rin-Sok, Wiesbaden 1956

Egon H. Rakette, Die Oder bleibt immer die Oder. Aus: Egon H. Rakette, Gedichte (Zeichengebungen), Delp-Verlag, München 1975

Hajo Knebel, Das schlesische Eichenblatt — verwelkt. Originalbeitrag. Alle Rechte beim Autor

Der Schlesier als solcher

Pankraz Geyer (Vulturinus), ... heiter an Gemüt. Aus: Slesia Bresla et totias Silesie, 1504. Zitiert nach: Arno Lubos, Geschichte der Literatur Schlesiens, 1. Band, Bergstadt-Verlag, München 1960

Joachim Cureus, Von der schlesischen Gemütsart. Aus: Volkskalender für Schlesier 1976, Aufstieg-Verlag, München 1976

Kaspar Schwenkfeldt, ... frische Farben. Aus: Volkskalender für Schlesier 1976, München 1976

Joseph Kausch, Schlesische Tugenden und Untugenden. Aus: Volkskalender für Schlesier 1976, München 1976

Wenzel Scherffer von Scherffenstein, Gut schlesisch allerwege. Aus: A. Lubos, Geschichte der Literatur Schlesiens, 1. Bd., München 1960

Paul Winckler, ... tapfere schlesische Kavaliere. Aus P. Winckler, Der Edelmann, 1696.

Zitiert nach: A. Lubos, Geschichte der Literatur Schlesiens, 1. Bd., München 1960

Johann Wolfgang von Goethe, Distichon für die Knappschaft in Tarnowitz. Aus: Traud Gravenhorst, Schlesien — Erlebnisse eines Landes, München 1952

Arno Lubos, Der Schlesier und die Romantik. Aus: A. Lubos, Geschichte der Literatur Schlesiens, 1. Bd., München 1960

Carl von Holtei, Heem will ihch. Aus: C. v. Holtei, Schlesische Gedichte (1830), Breslau 1871

Carl von Holtei, Fromme (schlesische) Wünsche. Aus: Katharina Steiner (Hrsg.), Kleine Bettlektüre für heimattreue Schlesier, München o. J.

Arno Lubos, Eselsfresser ... Aus: A Lubos, Geschichte der Literatur Schlesiens, 1. Bd., München 1960

August Kopisch, Der schlesische Zecher. Aus: Schauenburg's Allgemeines Deutsches Kommerzbuch, Gaudeamus igitur, 69. und 70. Auflage, Lahr 1898

Arno Lubos, Die Schlesier und der Realismus. Aus: A. Lubos, Geschichte der Literatur Schlesiens, 1. Bd., München 1960

Gustav Freytag, Die Schlesier. Aus: Gustav Freytag, Bilder aus der deutschen Vergangenheit, Berlin-Grunewald o. J.

Volksmund, Schlesier unter sich. Aus: Alfons Hayduk, Himmel der Heiterkeit, München 1965

Joseph Partsch, Vom schlesischen Volksstamm. Aus: J. Partsch, Schlesien — Eine Landeskunde für das deutsche Volk, Breslau 1896 (1911)

Karl Weinhold, Der Schlesier — ein Kaleidoskop. Aus: J. Partsch, Schlesien — Eine Landeskunde für das deutsche Volk, Breslau 1896

Hermann Stehr, Vom Wesen des Schlesiers.

Aus: P. Hultsch, Der schlesische Mensch (Vortrag), Hannover 1954 (gedruckt: Düsseldorf 1953)

August Lichter, De schläs'sche Gemittlichkeet. Aus: Bunte Bilder aus dem Schlesierlande, hrsg. vom Schlesischen Pestalozzi-Verein, Breslau 1898 (Nachdruck: W. Weidlich, Frankfurt 1977)

C. Luppa, Eigentümlichkeiten der Oberschlesier. Aus: Bunte Bilder aus dem Schlesierlande, Breslau 1898 (Nachdruck: W. Weidlich, Frankfurt 1977)

Max Waldau; Gustav Freytag; Karl Klings; Victor Kaluza; Über den Oberschlesier. Aus: A. Hayduk, Himmel der Heiterkeit, München 1965

Georg A. Magiera, Von den oberschlesischen Bergleuten. Aus: Georg A. Magiera, Lachen im oberschlesischen Kohlenpott, Wolfenbüttel o. J.

Will-Erich Peuckert, Der Schlesier. Aus: W.-E. Peuckert, Schlesische Volkskunde, Heidelberg 1928 (Nachdruck: W. Weidlich, Frankfurt 1978)

Ernst Günther Bleisch, Von der schlesischen Heiterkeit. Aus: E. G. Bleisch, Heitere Leute von Oder und Neiße, Aufstieg-Verlag, München 1958

Philo vom Walde, Ä schläsch Gemütte. Aus: Maria Klerlein (Hrsg.), Das Philo vom Walde-Buch, Breslau 1926 (neu: Philo vom Walde-Buch, München o. J.)

Albrecht Baehr, Allerlei Schlesier. Aus: Albrecht Baehr, Schlesisches Lachen, München 1963

Josef Nadler, Schlesien und die Schlesier. Aus: T. Gravenhorst, Schlesien — Erlebnisse eines Landes, München 1952

Friedrich Bischoff, Was schlesisch sein heißt. Aus: P. Hultsch, Der schlesische Mensch (Vortrag), Hannover 1954 (gedruckt: Düsseldorf 1953)

Joseph Klapper, Umriß zu einer schlesischen Volkskunde. Aus: J. Klapper, Schlesische Volkskunde auf kulturgeschichtlicher Grundlage, 2. umgearb. Aufl., Stuttgart 1952

W. Hellpach, Die Schlesier — die Rheinländer des Ostens. Aus: P. Hultsch, Der schlesische Mensch (Vortrag), Hannover 1954 (gedruckt: Düsseldorf 1953)

Volkslied, Schlesischer Bauernhimmel. Aus: Theodor Siebs und Max Schneider (Hrsg.), Schlesische Volkslieder mit Bildern und Weisen, München 1924

Der Schlesier und seine Heimat

Philo vom Walde, Schlesierlied. Aus: Singende Heimat Schlesien, hrsg. von Fritz Wenzel und Gerhard Wilhelm, Goslar 1951

Philo vom Walde, Schläsingerliedel. Aus: M. Klerlein (Hrsg.), Das Philo vom Walde-Buch, Breslau 1926

Joseph von Eichendorff; Hermann Stehr; Gerhart Hauptmann; Hans Christoph Kaergel: Lob der schlesischen Heimat. Aus: A. Hayduk, Wir feiern Feste der schlesischen Heimat, Ein Werkbuch, München 1953

Will-Erich Peuckert, Lob der schlesischen Heimat. Aus: W.-E. Peuckert, Schlesisch, München 1962

Hans Rößler, Lob der schlesischen Heimat. Aus: Der schlesische Mensch — Von seinen Wesensmerkmalen und schöpferischen Talenten, hrsg. von Gerhard Pankalla und Gotthard Speer, Dülmen 1969

Paul Keller, Der Bergkrach. Aus: P. Keller, Der Bergkrach, In Szene gesetzt von Helmut Niepel (gekürzt und bearbeitet), Lippstadt o. J.

Unbekannter Verfasser: Rübezahls Brief (gekürzt). Aus: A. Hayduk, Wir feiern Feste der schlesischen Heimat, Ein Werkbuch, München 1953

Susi Gerloff, Schlesienfahrt 1979 Originalbeitrag. Alle Rechte beim Autor

Johann Wolfgang von Goethe, ... in diesem zehnfach interessanten Land (1790). Aus: T. Gravenhorst, Schlesien — Erlebnisse eines Landes, 4. Aufl., München 1952

V. Hampel, Riesengebirglers Heimatlied. Aus: Schlesien singt, hrsg. von G. A. Magiera, Salzgitter-Bad o. J. (ca. 1952)

Oberschlesisches Heimatlied, Du oberschlesische Heimat. Aus: Wie's daheim war, Liederbuch der Oberschlesier, bearbeitet von Hermann Janosch und Rudolf Woide, 2. erw. Aufl., Bonn o. J. (ca. 1953)

August Lichter, Heemte. Aus: A. Lichter, Derheeme, 1900. Zitiert nach: Arno Lubos, Geschichte der Literatur Schlesiens, 2. Band, München 1967

J. von Eichendorff, Das Zauberwort Heimat. Aus: R. Irmler, Das Jesuskind fliegt nach Breslau, Marktheidenfeld o. J. (ca. 1979)

Der Schlesier und seine Vergangenheit

Alfons Hayduk, Schlesische Legende. Aus: A. Hayduk, Wir feiern Feste der schlesischen Heimat, Ein Werkbuch, München 1953

Johannes Polke, Väter und Mütter. Originalbeitrag. Alle Rechte beim Autor.

Volkssage, Herr Peter Wlast. Aus: Schlesischer Märchen-, Legenden- und Sagenschatz, hrsg. von A. Hayduk, München 1963

Volkssage, Die Gründung von Wahlstatt. Aus: Schlesischer Märchen-, Legenden- und Sagenschatz, hrsg. von A. Hayduk, München 1963

Alfons Hayduk, Das Sieben-Sack-voll-Ohren-Fest in Wahlstatt. Aus: Schlesischer Märchen-, Legenden- und Sagenschatz, hrsg. von A. Hayduk, München 1963

Volkssage, Kunigunde von Kynast. Aus: Schlesischer Märchen-, Legenden- und Sagenschatz, hrsg. von A. Hayduk, München 1963

Jochen Hoffbauer, Der Vogel Greif (einer Volkssage nacherzählt). Aus: Die schönsten Sagen aus Schlesien, erzählt von J. Hoffbauer, München 1964

August Kopisch/Alfons Hayduk, Der Spitzname „Eselsfresser". Aus: Schlesischer Märchen-, Legenden- und Sagenschatz, hrsg. von A. Hayduk, München 1963

Wilhelm Müller, Der Glockenguß zu Breslau. Aus: Der ewige Brunnen, Ein Volksbuch

deutscher Dichtung, hrsg. von Ludwig Reiners, München 1957

Hans von Schweinichen, Aus den Memoiren des schlesischen Ritters. Aus: Engelbert Hegaur (Hrsg.), Memorialbuch der Fahrten und Taten des schlesischen Ritters Hans von Schweinichen. Nach seiner eigenhändigen Aufzeichnung aufs neu an Tag gegeben, München o. J. (1924)

Jochen Hoffbauer, Rübezahl als Wettermacher. Aus: Die schönsten Sagen aus Schlesien, erzählt von J. Hoffbauer, München 1964

Ernst Ludwig Werther, Die Schlacht von Leuthen (5. Dez. 1757). Aus: E. L. Werther (Hrsg.), Das Eherne Herz, Friedrich der Große im Siebenjährigen Krieg, Ebenhausen 1939

August Kopisch, Friedrichs des Zweiten Kutscher (Ein Schlesier). Aus: Der ewige Brunnen, Ein Volksbuch deutscher Dichtung, hrsg. von L. Reiners, München 1957

Jochen Hoffbauer, Der Husarensprung. Aus: Die schönsten Sagen aus Schlesien, erzählt von J. Hoffbauer, München 1964

Johann Peter Hebel, Der Husar in Neiße. Aus: J. P. Hebel, Schatzkästlein des Rheinischen Hausfreundes, Wiesbaden o. J.

Carl von Holtei, Die Belagerung von Breslau 1806/1807. Aus: C. v. Holtei, Vierzig Jahre, Breslau 1843/1850

Julius Mosen, Der Trompeter an der Katzbach 1813. Aus: Georg Richard Kruse (Hrsg.), Kriegslieder, Leipzig o. J. (ca. 1890)

Heinrich Heine, Die schlesischen Weber. Aus: Karl Otto Conrady (Hrsg.), Das große deutsche Gedichtbuch, Bonn 1977

Ernst Schenke, Mutter Schläsing. Aus: Singende Heimat Schlesien, hrsg. von F. Wenzel und G. Wilhelm, Goslar 1951

Durchs schlesische Jahr

Barbara Strehblow, Januar, Februar, März, April . . . Aus: B. Strehblow, Die Knoblauchschmiede, Leer 1977

183

Mundartlied, Eim Aprille, eim Aprill. Aus: Schlesien singt, hrsg. von G. A. Magiera, Salzgitter-Bad o. J. (ca. 1952)

Will-Erich Peuckert, Sommersonntagssingen. Aus: W.-E. Peuckert, Schlesische Volkskunde, Heidelberg 1928 (Nachdruck: W. Weidlich, Frankfurt 1978)

Barbara Strehblow, Mai. Aus: B. Strehblow, Die Knoblauchschmiede, Leer 1977

Alfons Hayduk, Alter Ratiborer. Aus: A. Hayduk, Himmel der Heiterkeit, München 1965

Barbara Strehblow, Juni, Juli . . . Aus: B. Strehblow, Die Knoblauchschmiede, Leer 1977

Hajo Knebel, Erinnerung. Originalbeitrag. Alle Rechte beim Autor

August Kopisch, Die Roggenmuhme. Aus: Schlesischer Märchen-, Legenden- und Sagenschatz, hrsg. von A. Hayduk, München 1963

Barbara Strehblow, August, September . . . Aus: B. Strehblow, Die Knoblauchschmiede, Leer 1977

Ernst Schenke, Kermslied. Aus: Das heitere Ernst Schenke Buch, Troisdorf 1958 (E. Schenke: Schlesische Gedichte, Schweidnitz 1938)

Will-Erich Peuckert, Kirmes. Aus: W.-E. Peukkert, Schlesische Volkskunde, Heidelberg 1928 (Nachdruck: W. Weidlich, Frankfurt 1978)

Volkslied, Wenn ock immer Kermes wär. Aus: Lieder der Schlesier, gesammelt von Gerhard Strecke, Rodenkirchen/Köln o. J.

Volkslied, Die Grottker Vasper. Aus: Wie's daheim war, Liederbuch der Oberschlesier, bearbeitet von H. Janosch u. R. Woide, Bonn 1953

Friedrich Bischoff, Kirmes. Aus: A. Baehr (Hrsg.), Schlesien wie es lachte, Frankfurt 1975

Will-Erich Peuckert, 10 Gänge des Kirmesessens. Aus: W.-E. Peuckert, Schlesisch, München 1962

Barbara Strehblow, Oktober, November . . . Aus: B. Strehblow, Die Knoblauchschmiede, Leer 1977

Robert Sabel, Schweineschlachtliedel. Aus: R. Sabel, Lichtaobendkalender 1928, Breslau 1928

Ernst Schenke, Dar biese Troom. Aus: Das heitere Ernst Schenke Buch, Troisdorf 1958 (E. Schenke: Schlesische Gedichte, Schweidnitz 1938)

Alfons Hayduk (?), Wellfleeschessa. Aus: Hanna Grandel serviert schlesische Spezialitäten, München 1965

Barbara Strehblow, Dezember. Aus: B. Strehblow, Die Knoblauchschmiede, Leer 1977

J. Koschnieder, Weihnachten in Oberschlesien. Aus: Bunte Bilder aus dem Schlesierlande, Breslau 1898 (Nachdruck bei W. Weidlich, Frankfurt 1977)

Joseph von Eichendorff, Weihnachten. Aus: Deutsches Lesebuch für Volksschulen, 5./6. Schuljahr, 4. Aufl., Dortmund 1938

Erich Hoinkis, Gute Forseze für den Neuen Jahr. Aus: E. Hoinkis, Ibunk auf Gesundheit (?), Augsburg o. J. Zitiert nach: A. Baehr (Hrsg.), Schlesisches Lachen, München 1963

Hajo Knebel, Vorbei. Originalbeitrag. Alle Rechte beim Autor.

Der Schlesier und die Liebe

De schlas'schen Mardel (Die schlesischen Mädchen). Aus: A. Baehr, Schlesisches Lachen, München 1963 (Ein Gedicht von Emil Barber?)

Philo vom Walde, Schlesierinnen. Aus: A. Hayduk, Himmel der Heiterkeit, München 1965 (1971)

Carl von Holtei, Mei Madel. Aus: A. Hayduk, Himmel der Heiterkeit, München 1965 (1971)

Volkswitz, . . . die Weiber haben's gutt. Aus: A. Baehr (Hrsg.), Schlesien wie es lachte, Frankfurt 1975

Volkslied, Rusla, wenn du meine wärst. Aus: Schlesien singt, hrsg. von G. A. Magiera, Salzgitter-Bad o. J. (ca. 1952)

Volkswitz, . . . die lebt noch. Aus: A. Baehr, Schlesisches Lachen, München 1963

Ibberschriften. Aus: Hugo Hartung, Der Witz der Schlesier, München 1972

Mangelnde Auswahl. Aus: Richard Pawelitzki, Allerlei Fröhliches aus Oberschlesien, Oberschlesischer Volkshumor, Düsseldorf 1970

Neue Ibberschriften. Aus: G. A. Magiera, Lachen im oberschlesischen Kohlenpott, Wolfenbüttel o. J.

Carl von Holtei, Schlesische Weisheiten. Aus: A. Baehr, Schlesien wie es lachte, Frankfurt 1975

Eine Handvoll Sprichwörter von der Liebe. Aus: K. Rother, Die schlesischen Sprichwörter und Redensarten, Breslau 1928

Wie man in Schlesien sagt: Zur Frau — Zum Mann — Zum Weib — Zum alten Weib — Zum schmutzigen Weib — Zur Strunze. Zusammengestellt von Hajo Knebel nach: Walther Mitzka, Schlesisches Wörterbuch, Bd. I, II, III, Berlin 1963, 1964, 1965

Will-Erich Peuckert, Zur schlesischen Erotik. Aus: W.-E. Peuckert, Schwarzer Adler unterm Silbermond (Neuauflage: Schlesien — Biographie einer Landschaft), Hamburg 1950

Hajo Knebel, Schlesischer Limerick. Originalbeitrag. Alle Rechte beim Autor.

Von schlesischen Lergen und Madla's

Wie die schlesische Mutter ihr kleines Kind nennt. Aus: W. Mitzka, Schlesisches Wörterbuch, Bd. I, II, III, Berlin 1963, 1964, 1965

Will-Erich Peuckert, Von schlesischen Kinderspielen und Kinderliedern. Aus: W.-E. Peuckert, Schlesische Volkskunde, Heidelberg 1928 (Nachdruck: W. Weidlich, Frankfurt 1978)

Volkslied, Inse Bruder Malcher (gekürzt). Aus: Singende Heimat Schlesien, hrsg. von F. Wenzel u. G. Wilhelm, Goslar 1951

Schlesische Kinderschreckgestalten. Aus: W. Mitzka, Schlesisches Wörterbuch, Bd. II, Berlin 1964

Barbara Suchner, Elternweisheit und Kindermund. Aus: B. Suchner, Land der Tränen und Träume — Schlesische Kindheitserinnerungen, Günzburg 1978

Der Schlesier und seine Sprache

Will-Erich Peuckert, Von der schlesischen Sprache. Aus: W.-E. Peuckert, Schlesische Volkskunde, Heidelberg 1928 (Nachdruck: W. Weidlich, Frankfurt 1978)

Johannes Polke, Typisches oder Einmaliges — Schlesische Redewendungen. Originalbeitrag. Alle Rechte beim Autor.

Robert Rößler, Der Nußboom-Krause. Aus: Bunte Bilder aus dem Schlesierlande, Breslau 1898 (Nachdruck: W. Weidlich, Frankfurt 1977)

Robert Rößler, Die Krausen. Aus: Heemte, guldne Heemte, Velen i. W. o. J. Zitiert nach: A. Baehr (Hrsg.), Schlesisches Lachen, München 1963

Hermann Breiter, Dar bloas mer a Hubel. Aus: Albrecht Baehr (Hrsg.), Schlesien wie es lachte, Frankfurt 1975

Zum Nachsprechen. Aus: Karl Rother, Die schlesischen Sprichwörter und Redensarten, Breslau 1928

Ernst Schenke, Tausend Worte schlesisch (gekürzt). Aus: Volkskalender für Schlesier 1977, München 1977

Silesia cantat — Schlesien singt

Volkslied, Wenn mer sunntichs ei de Kerche gieh'n. Aus: Singende Heimat Schlesien, hrsg. von F. Wenzel u. G. Wilhelm, Goslar 1951

Volkslied, Noaz Jusel und Noaz Julian. Aus: Singende Heimat Schlesien, hrsg. von F. Wenzel u. G. Wilhelm, Goslar 1951

Philo vom Walde, Doas Heemtelied (gekürzt). Aus: M. Klerlein (Hrsg.), Das Philo vom Walde-Buch, Breslau 1926 (neu: Philo vom Walde-Buch, München o. J.)

Volkslied, Das Tarnowitzer Glöcklein. Aus: Bunte Bilder aus dem Schlesierlande, Breslau 1898 (Nachdruck: W. Weidlich, Frankfurt, 1977)

Als wichtige Quelle für alle schlesischen Volkslieder dieses Buches, besonders auch im Hinblick auf Textvariationen und Schreibweisen, erwies sich die von August Heinrich Hoffmann von Fallersleben und Ernst Richter herausgegebene Sammlung „Schlesische Volkslieder mit Melodien", Leipzig 1842/1852.

August Lichter, Schönes Schlesien. Aus: Das August-Lichter-Buch, Schweidnitz 1929

Joseph Wittig, Heim und Heimat. Aus: Rudolf Irmler, Das Jesuskind fliegt nach Breslau, Marktheidenfeld o. J. (ca. 1979)

Vom schlesischen Himmelreich, von Baben und Mohnkließla

Friedrich Bischoff, Die guten Gaben (gekürzt). Aus: F. Bischoff, Der schlesische Psalter, München 1965

Schlesischer Streusel(Sträsel-)kuchen. Aus: Dora Lotti Kretschmer, Schlesisches Himmelreich, Bergstadt-Verlag, München o. J. (1954)

Hermann Bauch, Sträselkucha. Aus: H. Bauch, Lichteroabend, Breslau 1927

Babe (in Guglhupf-Form). Aus: Hanna Grandel serviert schlesische Spezialitäten, Gräfe und Unzer Verlag, München 1965

Mohnstriezel. Aus: Hanna Grandel serviert ..., München 1965

Käsekuchen nach schlesischer Art. Aus: Hanna Grandel serviert ..., München 1965

Ernst Schenke, Doas Kließlalied. Aus: Das heitere Ernst-Schenke-Buch, Troisdorf 1958

Erdtoffelklößchen (Ein Rezept von 1812). Aus: Johanne Auguste Schaar, Kochbuch, Freystadt 1812

Rohe Kartoffelklöße. Aus: D. L. Kretschmer, Schlesisches Himmelreich, München o. J. (1954)

Kartoffelklöße (Schlesische Klößel). Aus: Hanna Grandel serviert ..., München 1965

Hefeklöße. Aus: Hanna Grandel serviert ... München 1965

Quarkklößchen Aus: Hanna Grandel serviert... München 1965

Schlesisches Himmelreich (Backobst mit Klößen)

— I. Aus: Dr. Oetkers Schul-Kochbuch, Ausgabe D, Bielefeld 1939

Schlesisches Himmelreich (nach Hanna Grandel) — II. Aus: Hanna Grandel serviert ..., München 1965

Karl Klings, Schlesisches Himmelreich. Aus: Das Karl-Klings-Buch, hrsg. von Wilhelm Menzel, Wolfenbüttel 1967

Schlesische Semmelklößel. Aus: Dr. Oetkers Schul-Kochbuch, Ausgabe D, Bielefeld 1939

Schlesischer Schwärtelbraten. Aus: Hanna Grandel serviert ..., München 1965

Karpfen mit polnischer Tunke. Aus: D. L. Kretschmer, Schlesisches Himmelreich, München o J. (1954)

Braunbiersuppe. Aus: Hanna Grandel serviert ..., München 1965

Schlesische Mehlsuppe. Aus: Hanna Grandel serviert ..., München 1965

Hanfsuppe. Aus: D. L. Kretschmer, Schlesisches Himmelreich, München o J. (1954)

Johannes Trojan, Vom Grünberger Wein (gekürzt). Aus: J. Trojan, Die achtundachtziger Weine, zitiert nach: Hajo Knebel, Vom sauren Grünberger zum Königsberger Blutgericht, in: Oskar Bischoff (Hrsg.), Die literarische Weinstunde, Neustadt/W. 1977

Alfons Hayduk, Die Speisekarte von Antek und Franzek aus Oberschlesien. Aus: A. Baehr (Hrsg.), Schlesien wie es lachte, Frankfurt 1975

Georg A. Magiera, Der Zur. Aus: G. A. Magiera, Lachen im oberschlesischen Kohlenpott, Wolfenbüttel o. J.

Sur (Zur, Schur), Bergmannsessen aus Oberschlesien. Aus: G. A. Magiera, Lachen im oberschlesischen Kohlenpott, Wolfenbüttel o. J.

Mohn-Klöße (Moh-Kließla), Ein Essen zum Heiligen Abend und zu Sylvester. Aus: Hanna Grandel serviert ..., München 1965

Assa un trinka. Aus: Karl Rother, Die schlesischen Sprichwörter und Redensarten, Breslau 1928

1001 Schlesische Schimpf-, Neck-, Kose- und Fluchwörter

Kleines schlesisches Schimpfwörterlexikon, zusammengestellt von Hajo Knebel, nach:
Walther Mitzka, Schlesisches Wörterbuch, Bd. I, II, III, Berlin 1963, 1964, 1965
Karl Rother, Die schlesischen Sprichwörter und Redensarten, Breslau 1928
Barbara Suchner, Land der Tränen und Träume, Schlesische Kindheitserinnerungen, Günzburg 1978
Paul Drechsler, Sitte, Brauch und Volksglauben in Schlesien, Leipzig 1906

Alfons Perlick, Sitte und Brauch in Oberschlesien, Münster 1963
Richard Mager, Das menschliche Leben in der schlesischen Mundart, in: Heimatblätter des Kreises Wohlau 1929/1930, neu herausgegeben von Richard Hoppe, Wiesbaden o. J.

Nachwort
Jochen Hoffbauer, In der Heimat. Aus: G. Hoffbauer, Passierscheine (Gedichte), Delp-Verlag, München 1976

Nachwort

Und das war alles vom „typisch Schlesischen"? Enttäuscht, lieber Leser?

Im ganzen Buch nichts vom lieben Ludwig Manfred Lommel, nichts von Paul und Pauline Neugebauer aus dem unvergänglichen Runxendorf, nichts von Carl Hauptmann und Hans Niekrawietz, nichts vom schlesischen Schwan Friderike Kempner, nichts von den schlesischen Mundart-Matadoren unserer Zeit, nichts vom Menzel-Wilhelm, kaum etwas aus Oberschlesien?

Hugo Hartung dazu (in: „Deutschland, deine Schlesier", Hamburg 1970, S. 100): „Als ich vom Plan dieses Buches mit einem intelligenten Niederschlesier sprach, sagte er zu mir: ‚Aber Sie werden doch die Oberschlesier nicht mit aufnehmen! Das sind doch keine richtigen Schlesier …' Da liegt der Hase im Pfeffer, da wird der Wasserpollacke in die Pfanne gehauen."

Ein Trostpflaster: Vielleicht gibt's bald eine Fortsetzung dieses Bandes unter dem Titel „Typisch oberschlesisch". Wäre das was? Das wäre was, Pierunje!

Dank, herzlicher Dank ist zu sagen dem Verleger Wolfgang Weidlich, der so lange geduldig-ungeduldig auf die Fertigstellung des Manuskriptes warten

mußte, Dank den Verlagen, die freundlicherweise Nachdruckrechte erteilten – voran dem lieben schlesischen Bergstadt-Verlag Wilhelm Gottlieb Korn in München, aber auch dem Gräfe und Unzer Verlag, München, dem Rautenberg-Verlag, Leer, dem Aufstieg-Verlag, München, dem Delp-Verlag, München, Dank den Damen und Herren der Bibliothek im ‚Haus des Deutschen Ostens', Düsseldorf, die alle meine Buchwünsche so prompt erfüllt haben und uneigennützig halfen: im Dienste der schlesischen Heimat.

Dank, herzlicher Dank, Frau Susi Gerloff aus Simmern und Herrn P. Kühn, Tettens/Jever, die – unabhängig voneinander – gewissermaßen als Beitrag zu diesem Buch und als schönstes Geschenk zu meinem 50. Geburtstag – eine Reise nach Schlesien und in meinen Heimatort Martinwaldau bei Bunzlau unternahmen und mir als Gaben ein Hufeisen aus der Schmiede meines Großvaters Reinhold Hentschel, schlesische Heimaterde aus dem Garten „daheim", ein Tannenreis aus dem Walde, schlesische Setzkartoffeln, ein ganzes Herbarium mit heimatlichen Feld-, Wald-, Wiesen-, Gartenblumen und -gräsern und dazu viele,

viele Bilder aus Schlesien mitgebracht haben (ich habe mich der Tränen nicht geschämt).

Dank auch Frau Barbara Suchner (Günzburg und Tann/Niederbayern), die mir Mut gemacht hat bei meinem Vorhaben, dieses Buch zu schreiben, mit dem Motto ihrer kleinen Schrift: „Brinkel mach'n Brut!"

Denn: mehr als Brinkel kann diese kleine Sammlung des typisch Schlesischen gar nicht bieten, Brinkel, die vielleicht dann doch Brot machen. „Nehmt mir's nicht krumm, wenn's hätte besser werden können", so schrieb Barbara Suchner in ihrem Nachwort. Könnte, sollte, müßte ich das auch hier sagen, liebe Landsleute?

Dank auch meinem Freunde Jochen Hoffbauer, Kassel, in dessen Versen immer das steht, was auch ich eigentlich schreiben und sagen möchte, was auch ich denke und fühle, empfinde und spüre:

„In der Heimat seien die Haselnuß-
Stauden brauner gewesen
und die Amseln hätten lieblicher
gesungen, sagen die Eltern.
Der Holunder am Dorfteich habe stärker
geduftet,
weil in den weißen Dolden die
Erinnerung saß.
In der Heimat wären die nächtlichen
Feuer niemals erloschen
auf Burgen, Bergen und Hügeln.

Hier aber segelten die Wolkenschiffe
ins Leere;
hinter den gläsernen Bergen zersprängen
die Jahre.
In der Heimat ... Wir kannten sie nicht
mehr.
Die Eltern wurden uns fremd. Durch die
Heimat.
Wir nahmen unser Bündel.
Wir waren noch jung.
Wir zogen eines Morgens hinter den
gläsernen Berg.
Und unsere Jahre zersprangen nicht."

Ja, das ist es; das ist, was bleibt. Dank meinen vielen Freunden nah und fern, den treuen, stillen Wegbegleitern, Anregern, Förderern, Kritikern und Helfern; Dank meiner lieben Frau und meinen lieben Kindern, die dafür Verständnis hatten, daß ihr Mann und Vater über die langen Monate der Arbeit an diesem Buch hier und bei ihnen und doch nicht hier und bei ihnen war, sondern mit allen Fasern seines Herzens dort, dort drüben in Schlesien, im Lande der Kindheit, im Land der Erinnerung, dem einzigen Paradies, woraus wir nicht vertrieben werden können (Jean Paul).

Es bleibt wahr, was der gute Robert Rößler schon vor fast einem Jahrhundert geschrieben hat:

„Und wärsch wu andersch ooch noch so schien,

190

so koan doch nischt übr de Schlesing
giehn."
Lerge, Lerge, so ist's tatsächlich, und dabei gibt's kein „Juju, nee nee", sondern
nur ein Ja. Ja, so ist's, so bleibt's,
immer ...   *Hajo Knebel*

*

Eben als die letzte Korrektur beendet
war, das Nachwort im Druck, da brachte
der „Schlesische Gottesfreund" (August/
September 1979, Lübeck) ein paar Verse
von Emmy Scholz, die noch einmal ver-
deutlichen, warum ich dieses Buch herausgegeben habe. „Das Elternhaus", so
hat Emmy Scholz ihr Gedicht überschrie-
ben: Das Elternhaus — das ist für uns
Schlesien:
Weiße Wolken wehen meinem Weg
voraus.
Und im Weitergehen
Kann ich es schon sehen,
Das geliebte Elternhaus.

In den kleinen Räumen spielte ich als
Kind.
In den alten Bäumen,
Die das Haus umsäumen,
Spielt noch heut der Wind.

In der Zeit verrieben wurde Lust und
Leid.
In mir ist geblieben
Mutters zartes Lieben,
Vaters Freundlichkeit.

Der Geschwister Spiele, Pflicht und
Fröhlichkeit.
Dies ist nicht zerronnen,
denn der Kindheit Bronnen
Dauern durch die Zeit.

Und ein letztes: Will-Erich Peuckert hat
1939 (!) eine schlesische Weissagung
aufgezeichnet, weil sie noch einmal das
Bild unserer Stadt Breslau, wie es im ‚un-
terschichtigen' und so laut maulenden
Volke vorhanden war, uns vor Augen
stellt. Es heißt da und stand in der Angst
der Leute: Bald komme die Zeit — die sei
nicht mehr ferne — da fahre ein Postillon
über das Land und zeige den Mitfahren-
den mit seiner Peitsche: Dort stand einst
das stolze und schöne Breslau.
So redete und fürchtete das einfältige
schlesische Volk. Es konnte keine wort-
reichen Wehklagen erheben, aber in diesem Satz zitterte die Angst. Die Angst,
daß die schöne Stadt Breslau vergehe.
Und es ist Trauer und Leid in diesem
Satz — es ist ein einziger Aufschrei voll
Leid. Und dieser Satz kommt von dem
maulenden (schlesischen) Volk. Es ist
nicht not, mehr darüber zu sagen.
Die Weissagung hat sich auf schreckliche
Weise erfüllt: an Breslau, an Schlesien,
an den Schlesiern. Wir wissen es alle und
leiden darunter. Ob dies Buch das Leid
mildern kann?
                           Der Herausgeber

191